上海文化发展基金会图书出版项目资助出版

国际海事安全条约法律问题研究

陈敬根 著

上海大学出版社
·上海·

图书在版编目(CIP)数据

国际海事安全条约法律问题研究/陈敬根著.—上海：上海大学出版社,2018.4
ISBN 978-7-5671-3101-9

Ⅰ.①国… Ⅱ.①陈… Ⅲ.①海事处理-国际条约-研究 Ⅳ.①D993.5

中国版本图书馆 CIP 数据核字(2018)第 085927 号

责任编辑　傅玉芳
封面设计　柯国富
技术编辑　金　鑫　章　斐

国际海事安全条约法律问题研究

陈敬根　著

上海大学出版社出版发行
(上海市上大路 99 号　邮政编码 200444)
(http：//www.press.shu.edu.cn　发行热线 021-66135112)
出版人　戴骏豪

*

南京展望文化发展有限公司排版
上海华业装潢印刷厂有限公司　各地新华书店经销
开本 890mm×1240mm　1/32　印张 10.25　字数 250 千
2018 年 4 月第 1 版　2018 年 4 月第 1 次印刷
ISBN 978-7-5671-3101-9/D·208　定价　42.00 元

序
开展国际海事安全条约研究
助力"一带一路"倡议实施

"国际海事安全"进入学界研究领域,始于20世纪初"泰坦尼克"号沉船事件及随后的《1914年国际海上人命安全公约》。但自20世纪末21世纪初以来,"国际海事安全"与一国海洋权益乃至全球海洋权益愈来愈紧密地结合在一起。究其原因,主要有以下几个方面:

一是《联合国海洋法公约》(United Nations Conference on the Law Of the Sea, UNCLOS)于1994年11月正式生效。UNCLOS不仅为世界海洋新秩序的形成奠定了国际法基石,而且引发了"蓝色圈地"运动:UNCLOS改变了国家主权管辖之外海域的传统格局,除规定领海制度外,还规定了毗连区、专属经济区、大陆架、群岛水域、国际海峡等制度,并赋予沿岸国家享有不同层次的主权权利和管辖权,从而使30%以上的海洋区域(约1.094亿平方千米)被划归沿岸国家的管辖范围。UNCLOS的相关规定,不仅强化了船旗国对于公海航行船舶的国际海事安全责任,而且国家管辖海域的扩大意味着在此海域所采取的任何保障国际海事安全措施成为一国对此海域宣示主权、主权权利和管辖权的重要体现。

二是21世纪初,联合国提出"21世纪是海洋世纪"(2001年),随后欧盟和美国、日本、加拿大等国家纷纷出台本国的海洋政策或战略,如美国的《21世纪海洋蓝图》(2004年)、欧盟的《欧洲海洋战略》(2001年)、日本的"海洋立国"战略(2001年)、加拿大的《加拿大海洋战略》(2002年)等。上述国家和地区海洋政策或战略无一例外地包括两个方面:维护海洋国土资源(领土安全)和发展海洋经济(包括渔业及海洋相关产业和海上运输)。海事安全与这两个方面紧密相关,即海事安全是领土安全的重要组成部分,是渔业及海洋相关产业和海上运输的保障,进而使海事安全成为一国海洋权益必须关注的一个重要方面。

三是海上安全风险被划分为传统风险与非传统风险。在以和平与发展为特征的当今,海上非传统风险最集中地体现在国际海事安全领域,即频繁发生的海盗袭船、海上恐怖活动,因自然灾害或航海过失所致的船舶搁浅沉没、船舶碰撞、船舶溢油等事件或事故,从而使国际海事安全被显著地提到各沿岸国的国家安全议事日程上来,并成为一国海洋权益维护首先考虑的因素。

四是海事安全成为各国易于达成共识和采取共同一致行动的领域。海事安全与海运紧密相关,而海运具有高风险性、较强国际性、技术规则统一性与互通性等特征,这决定了各国无法像管辖国内事务一样排他性地管辖海事安全;另外,相对于政治、领土、军事等领域,海事安全属于敏感度较低的领域,易于使各国就海事安全事项达成某种共识或妥协;海事安全并未因造船技术、操船技术、管船技术的进步及实施"集装箱安全倡议""海事安全一揽子措施"等途径而获得预期的彰显,这本身促使各国须采取进一步地共同行动,来维护一国、次区域、区域乃至全球的海洋权益。

经过百余年的努力和不懈追求,国际社会构建起了较为完善的国际海事安全条约体系,并逐渐形成以《国际海上人命安全公约》(International Convention for Safety of Life at Sea,SOLAS)、《国际防止船舶造成污染公约》(International Convention for the Prevention of Pollution from Ships,MARPOL)、《海员培训、发证和值班标准国际公约》(International Convention on Standards of Training, Certification and Watchkeeping for Seafares,STCW)为"龙头"的并行的分公约体系和国际极地海事规则。应当说,目前国际社会对海事安全的重要性以及面临的严峻形势都有充分的认识,无论是全球性的海事安全公共治理,还是区域、国别性的海事安全治理,都远远胜过以前。但与此同时,从绝对数量上看,国际范围内的海事安全事故或事件并没有减少,相反,随着现代科技快速发展及其在海运业中的广泛运用,科技的便捷性、高效性、智能化并没有相应地抵减海事事故或事件的发生数量。这种情况促使海运界更为深入系统地反思和开展国际海事安全条约的理论与实践研究。

从世界范围看,目前学界关于国际海事安全条约的研究还有待进一步提升:一是相关研究内容呈"碎片化",鲜有全面系统地研究国际海事安全条约的内容构成体系及彼此之间的相互关系,这在一定程度上导致不同内容构成体系的理论存在较大差异,从而不利于有效开展国际海事安全条约的深入研究;二是研究方法的创新性不够,如在制度构建方面,过多地关注规范研究方法而较少关注价值分析方法,事实上尽管海事安全法律制度具有国际性特征,但其最终制定和出台仍存在"最优"与"次优"的选择;三是研究理念过于超越,事实上国际海事安全条约并不能因为海事安全是全球的共同需求而抹杀不同发展程度国家对海事安全具体诉求上的差别,故追求一种"普适"的国际海事安全条约或法律制度并不现实。

从我国的角度看,同时还存在如下几个方面的缺憾:一是研究广度不够,对国际海事安全条约的研究大多处于"介绍"层面,没有开展全面的较为宏观的系统研究;二是研究深度不够,缺少大国博弈、传统文化等方面的深入研究;三是研究维度不够,虽也有"借鉴""本土化"的研究,但还局限于单纯的制度构建或既有制度的简单映射,我国利益诉求体现得仍不足,国别比较和回应实践中的海事安全法律问题的研究也较缺乏。

目前,海运界已走出"头痛医头、脚痛医脚"的被动应对状态,这表现在海事安全立法方面则是主动立法、预防立法、前瞻立法、目标导向型立法,法律规制对象从造船技术、操船技术和管船技术发展到船舶驾驶人员以及岸基机构,法律规制区域也发展到地球两极。当然,基于国家主权、管辖权的考虑,仍有许多海域、许多事项是国际海事安全条约无法规制或不宜规制的,因此,如何更高效地发挥区域性安排的作用就显得非常重要。可以欣喜地看到,区域性安排已然有序构建和推进,并实质性地保障国际海事安全。但随之而来的问题是,如何协调国际海事安全条约与区域性安排。毕竟海运的国际性、统一性决定了海事安全规则也应尽可能趋于统一、明确,以避免船舶、船公司"疲于应付"各种不同的标准。这显然是以后国际海事安全条约亟待解决的问题。另外,频繁发生的海事安全事件或事故,固然有其国际政治、经济、文化等原因,但与相关国际海事安全条约不被严格遵守或执行等紧密相关。因此,保障国际海事安全,关键还在于各国对国际海事安全条约的重要性、执行性形成共识,并内化为一种理念,外化为一种自觉。

我国海事安全面临的风险更具独特性,传统海事安全风险和非传统海事安全风险兼而有之。随着"21世纪海上丝绸之路"的持续建设，尤其是党的十九大报告把"一带一路"建设和实施共建"一带一路"倡议作为经济建设和全方位外交布局的重要组成部分后，未来我国对国际海事安全的诉求更为强烈，对国际海事安全条约的研究更为深入，对国际海事安全条约的制定和完善进程的参与和主导也更为明显。应当说，这正是陈敬根博士撰写本书的逻辑起点和意义所在。期望着陈敬根博士在本书的基础上继续开展相关研究，为国际海事安全条约的完善和我国海事安全法治建设提供更好更多的智识！

是为之序。

大连海事大学教授、党委副书记，中国海商法协会副会长

目　录

第一章　海事安全及其条约的基本理论 ……………………… 1

第一节　海事与海商 ………………………………………… 1

一、Maritime、Marine 和 Admiralty 源流考 …………… 2

二、海事与海商的中文语义考辨 ………………………… 5

三、本书的界定 …………………………………………… 9

第二节　海事安全的时代价值 ……………………………… 13

一、海事安全与经济社会的发展 ………………………… 13

二、海事安全与海洋环境 ………………………………… 14

三、海事安全与国际社会安全 …………………………… 16

第三节　国际海事安全条约的创制主体 …………………… 17

一、专门国际会议 ………………………………………… 17

二、国际海事组织 ………………………………………… 19

三、区域性国际组织 ……………………………………… 30

四、非政府国际组织 ……………………………………… 34

第四节　国际海事安全条约：特征、种类与规范构成 …… 38

一、国际海事安全条约的特征 …………………………… 38

二、国际海事安全条约的种类 …………………………… 40

三、国际海事安全条约规范构成 ………………………… 48

第五节 国际海事安全条约与《联合国海洋法公约》的
　　　　关系 ··· 53
　　一、UNCLOS 不构成国际海事安全条约的"母法" ········· 53
　　二、UNCLOS 与国际海事安全条约有各自的独立性 ······ 54
　　三、UNCLOS 与国际海事安全条约存在不可分割的
　　　　关系 ··· 55

第二章　有关海上安全的主要国际公约 ························· 57
第一节　《1974 年国际海上人命安全公约》 ···················· 57
　　一、框架结构 ·· 58
　　二、适用范围 ·· 59
　　三、船舶检验制度 ·· 63
　　四、修正机制 ·· 68
　　五、接受程序 ·· 74
第二节　《1972 年国际海上避碰规则公约》 ···················· 78
　　一、框架结构 ·· 79
　　二、适用范围 ·· 80
　　三、定线通航 ·· 81
　　四、背离 ·· 84
　　五、历次修正案 ··· 86
第三节　《1979 年国际海上搜寻救助公约》 ···················· 87
　　一、框架结构 ·· 87
　　二、组织与协调 ··· 88
　　三、国家间的合作 ·· 91
　　四、工作程序 ·· 92
　　五、《国际航空和海上搜寻救助手册》 ························ 95

第四节 《1988年制止危及海上航行安全非法行为公约》
.... 96
一、危及海上航行安全的行为 97
二、登临检查 101
三、管辖权适用 105
四、危害海上航行安全罪与海盗罪的区别 107

第五节 《1978年海员培训、发证和值班标准国际公约》
.... 110
一、框架结构 111
二、1995年修正案 113
三、2010年修正案 114
四、国际遵章核实体制 116
五、公司的责任 118

第三章 有关防止船舶造成海洋污染的主要国际公约 120
第一节 《1954年国际防止海洋油污染公约》 120
一、禁排区制度 121
二、提供接收设施 123
三、油类记录簿 123

第二节 《1969年国际干预公海油污事故公约》 125
一、适用范围 126
二、沿海国的权利与行使 127
三、沿海国的责任 129

第三节 《1972年防止倾倒废物和其他物质污染海洋公约》
.... 130
一、规制的行为：从倾倒到焚烧 131

二、规制的物质：从明示名单到反列名单 …………… 133
　　三、为海底封存CO_2而进行的倾倒 ………………… 135
　　四、国际环保原则的吸收 ……………………………… 136
第四节 《1973年国际防止船舶造成污染公约》………… 137
　　一、发展进程与公约框架 ……………………………… 137
　　二、不优惠待遇原则 …………………………………… 141
　　三、特殊区域制度 ……………………………………… 145
第五节 《2001年国际控制船舶有害防污底系统公约》…… 152
　　一、适用范围 …………………………………………… 154
　　二、防污底系统的控制 ………………………………… 154
　　三、防污底系统的检验和发证要求 …………………… 155
第六节 《2004年国际船舶压载水和沉积物控制和管理
　　　　公约》 ……………………………………………… 157
　　一、框架结构 …………………………………………… 158
　　二、适用范围 …………………………………………… 159
　　三、压载水管理方式和排放标准 ……………………… 160
　　四、船舶证书和文件要求 ……………………………… 163
第七节 关于船源污染防备、反应和合作的公约 ………… 163
　　一、《1990年国际油污防备、反应和合作公约》……… 163
　　二、《2000年有害有毒物质污染事故防备、反应和
　　　　合作议定书》……………………………………… 166

第四章 《极地水域船舶作业国际规则》………………… 168
第一节 Polar Code 制定背景 ……………………………… 168
　　一、一般国际海事安全公约适用存在较多局限 ……… 170
　　二、极地水域船舶航行管控规范具有丰富的创制

实践基础 ································· 171
　第二节　Polar Code 制定过程 ······················ 175
　　一、动议与起草 ································· 176
　　二、环保章节的纳入与强制化方式的确定 ··········· 177
　　三、通过 SOLAS 修正案 ························· 179
　　四、通过 MARPOL 修正案 ······················· 180
　第三节　Polar Code 主要内容 ······················ 181
　　一、框架结构 ··································· 181
　　二、适用范围 ··································· 184
　　三、船舶性能与设备 ····························· 186
　　四、环境保护 ··································· 188
　　五、《极地船舶证书》 ··························· 190

第五章　国际海事安全条约的执行 ····················· 192
　第一节　船旗国、沿海国和港口国的管辖和控制 ······ 193
　　一、船旗国的管辖和控制 ························· 193
　　二、沿海国的管辖和控制 ························· 196
　　三、港口国的管辖和控制 ························· 201
　　四、国家海事安全风险管控实践 ··················· 203
　第二节　区域性安排：港口国监督备忘录组织 ········ 208
　　一、区域性安排的概念 ··························· 208
　　二、港口国监督备忘录组织 ······················· 211
　　三、港口国监督备忘录组织的成效 ················· 215
　第三节　履约审核强制化 ··························· 218
　　一、自愿履约审核 ······························· 218
　　二、强制履约审核 ······························· 221

第六章 国际海事安全条约面临的法律挑战 ………… 223
第一节 立法理念过于倚重技术描述带来消极影响 ……… 223
一、国际海事安全条约缺乏稳定性 …………………… 224
二、易形成海运领域新的"技术壁垒" ………………… 226
三、易使国际海事安全条约在一定时间内的实施出现
不一致情形 ………………………………………… 228
第二节 国际海事安全条约管控的统一性面临一定挑战
………………………………………………………… 228
一、国家单边海事行动易割裂国际海事安全条约管控的
统一性 ……………………………………………… 229
二、区域性安排易形成"划海而治"和"分而治之"的状态
………………………………………………………… 230
三、相关条约不能有效实现彼此之间的衔接 ………… 234
第三节 国际海事安全条约规制对象面临新情势 ………… 236
一、与南极旅游相伴随的海事安全风险 ……………… 236
二、难民和非安全移民选择经海路入境的海事安全风险
………………………………………………………… 246
三、极地规则的调整对象亟须扩充 …………………… 258

第七章 国际海事安全条约应对挑战的法律建议 ………… 265
第一节 全面引入目标导向型标准理念 …………………… 265
一、GBS 的发展历程 …………………………………… 266
二、GBS 的强制化 ……………………………………… 267
三、目标型公约 ………………………………………… 268
第二节 构建有效的区域性海事制度安排 ………………… 271
一、持续协调各区域性海事制度安排的内容与标准 … 271

二、积极构建覆盖海域更广的区域性海事制度安排 …… 272
三、区域性安排的法律化 …………………………… 272
第三节 协调相关国家的单边海事安全制度 ………………… 275
一、关注单边国家海事安全制度的协调 …………… 276
二、协调内容与途径 ………………………………… 277
第四节 完善相关的国际海事安全法律制度 ………………… 278
一、完善船舶检查制度 ……………………………… 278
二、完善船员安全法律制度 ………………………… 279
三、健全极地海事生态保护应急制度 ……………… 281
四、加强南极旅游海事安全风险的规制 …………… 282
五、完善难民和非安全移民海事安全风险规制 …… 286

参考文献 ……………………………………………………… 293

后记与致谢 …………………………………………………… 308

第一章
海事安全及其条约的基本理论

本章通过对国际海事安全条约的创制主体、特征、种类、规范构成及其与《联合国海洋法公约》(United Nations Convention on the Law of the Sea, UNCLOS)的关系的探讨,以便对国际海事安全条约有一个较为全面的认识。考虑到目前学界对海事一词存在多种理解和判断,尤其是海事与海商的区别与关系,至今仍是学界讨论的热点问题之一,因此,正确理解"海事安全"的概念与价值以及开展国际海事安全条约研究,首先要区别海事与海商的概念。

第一节 海事与海商

海事、海商均非我国本土词语,这一点已为学界所共识。"中国几千年'重农抑商',忽视海上贸易的传承,缺乏'海商'、'海事'

概念产生的土壤"①。"我国向守闭关主义,陆以外事,素不闻问,不仅对于海商无法,即于海事,亦何尝有律?"②有学者查阅相关古代典籍与文献,也未发现我国古代存有"海商法"一词③。目前,学界尚未达成共识的是两者的概念所指、内容异同及相互关系。此问题不予以厘清,将会在一定程度上影响对海事海商法律内容的理解,也不利于海事海商法律体系、学科(专业)的构建与完善。比如,在我国某海事院校将海商法学自主设置为二级法学学科的过程中,校内外的专家对海商法学、海事法学的具体所指就存在不同看法④。

一、Maritime、Marine 和 Admiralty 源流考

与海事、海商对应的英文有 Maritime、Marine、Admiralty。

Maritime、Marine 均以 Mari 开头,都可表示"有关船舶、航运和海上运输的法律"。国际法律史学界认为,海商法萌芽于欧洲的地中海沿岸,尤其可能萌芽于当时的腓尼基或罗得岛地区,而这些地区在古代欧洲曾是不可一世的罗马帝国的版图的一部分,流行于其上的语言是曾对现今欧洲大部分国家语言形成产生过影响的拉丁语⑤。据考证,Maritime、Marine 的最早源头是拉丁语 Mare⑥,Mare 一词在当时表示"海"的意思,后该词在使用过程中逐渐衍生出了拉丁语 Maritimus、Marinus 等词。两词皆表示与海

---

① 关正义、李婉:《海商法和海事法的联系与区别——兼论海商法学的建立与发展》,《法学杂志》2012 年第 6 期。
② 王效文:《中国海商法论》,上海法学编译社 1930 年版,第 8 页。
③ 余甬帆:《试探名词"海商法"之源》,《中国海商法年刊》2008 年第 1 期。
④ 李天生:《论海商法的概念、调整对象与属性》,《大连海事大学学报(社会科学版)》2012 年第 6 期。
⑤ 威廉·台特雷:《国际海商法》,张永坚译,法律出版社 2005 年版,第 1 页。
⑥ 陆谷孙:《英汉大词典》,上海译文出版社 2004 年版,第 1093 页。转引自余甬帆:《试探名词"海商法"之源》,《中国海商法年刊》2008 年第 1 期。

相关的事物,其中,Maritimus 表示海事的、海运的;Marinus 表示在海中的、海运的、海事的、海商的。随着罗马帝国的扩张,Maritimus、Marinus 被广泛使用在罗马帝国所扩张的地域上①,其拼写方式与表达内涵也不断演化。其中,Maritimus 一词形成了英语、法语以及俄语 Maritime、意大利语 Marittimo、西班牙语 Maritimo 等词,表示航海的、海事的、海商的等意思。另一词 Marinus,则在公元 9 世纪左右对法语产生影响,于是诞生了古法语 Marin 一词,表示海的、航海的、海事的、海商的、海军的等意,后该词又对英语 Marine 一词的产生起到影响作用。

Admiralty 一词最早源于阿拉伯语词根 Amir。Amir 指的是指挥官、司令官,其经常后缀 al,即 Amiral,以表示管理、控制的意思②。Amiral 一词随着阿拉伯与欧洲的商贸往来而进入法国,并于 9 世纪形成了古法语 Amiral,意为海军将军、舰队司令。至 14 世纪初,古法语 Amiral 进入了英国,形成了古英语 Amiral 一词,并逐渐演变为英语 Admiral 一词,其含义仍为海军将军、舰队司令;后又在 Admiral 的基础上衍生出 Admiralty 一词③,但 Admiralty 除了表示海军将军、舰队司令外,还因海军将军、舰队司令参与英国在其本土以外设置的 Naval Court 受理相关海事海商纠纷而被赋予了海事法庭、海事法等意思④。

Naval Court 直译为海军法庭,但其非海军军事法院或法庭,海军军事法院或法庭由 Naval Martial-court 来表示,是指实施管辖海军的法律规则(naval law)的法院(庭)。Naval Court 一词虽

---

① David M. Walker:《牛津法律大辞典》,李双元译,法律出版社 2003 年版,第 733 页。
② The Oxford English Dictionary. New York: Oxford University Press, 1971.
③ 陆谷孙:《英汉大词典》,上海译文出版社 2004 年版,第 23 页。转引自余甬帆:《试探名词"海商法"之源》,《中国海商法年刊》2008 年第 1 期。
④ 罗文:《也谈"海事"与"海商"概念的区别》,《世界海运》1998 年第 5 期。

也有 naval 一词,但 Naval Court 与军事法庭无关,Naval Court 实为海事事故法庭。英国在其本土以外设置 Naval Court,旨在解决发生在公海及国外的海上事故、海上纠纷,专门审理船主或货主及船长、船员提出的紧急调查申诉等诉讼请求或船舶被遗弃、沉没、灭失等意外事故案件的法律问题。(Naval Court: Any officer who commands a ship belong to her Majesty on any foreign station or any consular officer may hold such a court when a complaint which requires immediate investigation arises, when the owner's interest in any Canadian ship or cargo seems to require it or when a Canadian ship is abandoned, wrecked or lost.)[①]由此,与英国本土的军事法庭组成人员不同,Naval Court 的组成人员为停泊国外的船舶的船长、海军舰长、英国驻外领事官员。至于 naval 一词,大概与先前英国的船舶管理均属于准军事化规定有关。在英国本土内,则由港口城市的地方法庭兼任审理与船舶、航运及航运贸易有关的法律诉讼,而并未设置类似 Naval Court 的专门的海事法庭。此后的发展脉络是,英国政府后来逐渐取消了地方法庭的海事独立审判权,设立了隶属中央的 Maritime Court(海事法院),以后又成立继承、离婚及海事法院。1971年,海事法院并入高等法院王座法庭[②]。

毋庸置疑,在 Admiralty 被赋予海事法庭、海事法等意思时,Admiralty、Maritime 两词就趋于同义了。

在英文中,Maritime、Admiralty 都可指海事、海商,但两者原意并无实质差别。美国海商法专家 Grant Gilmore 和 Charles Lund Black 在其合著的 *The Law of Admiralty* 一书中即指出两

---

① 金秋、魏琼:《主要海运国家海上事故调查及审判制度的比较研究》,《北京工商大学学报(社会科学版)》2007 年第 6 期。

② 罗文:《也谈"海事"与"海商"概念的区别》,《世界海运》1998 年第 5 期。

者是同义词:"……谈到实体法,术语'Admiralty'和'Maritime Law'在今天的美国,实质上是一个同义词,虽然前者的产生与英国法院的一个判决有关,而后者有更多更广泛的考证和说明。"① 加拿大海商法专家威廉·台特雷教授也持同样的观点:"如今在 maritime law 和 admiralty law 之间已经根本不可能明确划分清楚其区别和界限了。这是因为它们已经分别在世界各国不同的时代里进化和发展了。"②《元照英美法词典》的相关词条③和我国学者的论述④表明,在英文里,Maritime 和 Admiralty 已基本不再代表不同含义的两个专门用语。

二、海事与海商的中文语义考辨

与英文 Maritime、Admiralty 均指海事、海商不同,在中文里,通常将 maritime 译为海商,将 admiralty 译为海事;相应的,maritime law 通常被翻译为海商法,admiralty law 或 law of admiralty 则被翻译为海事法⑤。在《现代汉语词典》中,"海事"一词包含两种含义:一是泛指一切有关海上事情,如航海、造船、验船、海运法规、海损事故处理等。二是指船舶在航行或停泊时所发生的事故,如触礁、失火等⑥。出现此种情况,与我国对"海商"内涵的认识与传承、建设社会主义市场经济、实现法治诉求紧密相连。

一是海商一词外延的界定紧紧围绕"海事私法领域之事项",并很难撼动。这一点缘于清末修律对日本法的广为借鉴。清末修

---

① 宋丰亮:《"海事"与"海商"概念的区别》,《世界海运》1998 年第 1 期。
② 威廉·台特雷:《国际海商法》,张永坚译,法律出版社 2005 年版,序言。
③ 薛波:《元照英美法词典》,法律出版社 2003 年版,第 37 页。
④ 王千华、白越先:《海商法》,中山大学出版社 2003 年版,第 2 页;余甬帆:《试探名词"海商法"之源》,《中国海商法年刊》2008 年第 1 期。
⑤ 张湘兰:《海商法》,武汉大学出版社 2008 年版,第 1 页。
⑥ 中国社会科学院语言研究所词典编辑室:《现代汉语词典(第 5 版)》,商务印书馆 2005 年版,第 532 页。

律,师法日本,立法理念自然也会深受日本法影响。日本法将"海商法"列入商法,规范的是海事私法领域的事项。"海商法者,商法第五编所规定,即定海商权利关系之法规也。"①"海商法者,商法之一部,规定关于海事私法上之事项也。"②民国时期,无论是理论研究还是立法实践,海商一词仍仅限于海事私法领域的事项。例如,1913年6月,上海科学书局出版的蒋筠专著《商法海商法表解》,将海商归于商事行为③;1929年12月,国民政府公布了我国首部以"海商法"命名的法律,即《中华民国海商法》,规定的也是海事私法领域的事项,诸如船舶的所有权、运送契约、海上保险等④。中华人民共和国成立后,在制定《中华人民共和国海商法》(简称《海商法》)时,Maritime和Admiralty两词已基本融为一体,但仍认为有必要在概念上界定"海事"和"海商":"海商"包括国内沿海贸易、国际远洋贸易及各港口间的贸易等一切以营利为目的的商业行为⑤;而"海事"则有广义与狭义之分,狭义的"海事"仅指商船在海上发生的事故,广义的"海事"则包括"海商"和狭义的"海事"⑥。虽然两词在英语国家的含义已经基本等同,但作为中译词,从中文的语意考察,海商与海事在融入中国本土化语境的过程中,其字面含义以及在中国法律体系中的用语解释,却衍生出了自己独特的内涵。最典型的就是对两个词所作的狭义和广义的理解。所谓狭义的"海事",通常指造成航海财产损失或人身伤亡的

---

① 清水澄新:《法律经济辞典》,张春涛、郭开文译,上海益群书店1914年版,第317页。
② 陶懋颐:《商法·海商法》,东京并木活版所1906年版,第1页。
③ 蒋筠:《商法海商法表解》,上海科学书局1913年版。转引自余甬帆:《试探名词"海商法"之源》,《中国海商法年刊》2008年第1期。
④ 关乃凡:《〈六法全书〉评介》,《文献》1982年第3期。
⑤ 《中国大百科全书·法学》编辑委员会:《中国大百科全书·法学》,中国大百科全书出版社1992年版,第259页。
⑥ 王千华、白越先:《海商法》,中山大学出版社2003年版,第1页。

事故,包括船舶碰撞、海难救助、残骸打捞、共同海损等;而广义的"海事",则泛指与海有关的活动。狭义的"海商",一般指与海相关的商业活动,如海上货物运输及旅客运输、船舶租赁、海上保险等;广义的"海商"则指与海上运输或船舶有关的活动,侧重于商业行为,但不限于商业范畴[①]。我国海事法院分设海事审判庭和海商审判庭,分别审理海事案件(船舶碰撞、船舶触碰其他设施、海上人身伤亡、水域污染、非法留置船舶和船载货物等纠纷案件,一审海事行政案件及海事请求保全案件等)与海商案件(海上货物运输合同、海上旅客运输合同、船舶租用合同、船员劳务合同、船舶或货运代理合同、海上保险合同、海上救助合同、海上打捞合同、海上拖航合同等海商合同纠纷案件)[②],这两种案件所涉领域、审理依据等,都明显体现出各自不同的特点。其中,海事案件主要涉及航海驾驶、机械操作、货物装卸保管、突发事故及处理等技术性问题,海商案件则一般涉及海运合同、贸易、金融保险等商业行为;审理海事案件可能需要考虑航海惯例及海员通常做法,或就具体技术问题听取航海界专家的意见,而审理海商案件则主要依据有关法律规定、国际公约及贸易惯例[③]。上述两种之不同特点进一步强化了"海商"谓"海事私法上之事项"而"海事"谓"海事公法上之事项"的认识。

二是回应社会主义市场经济建设之要求。《海商法》是在党的十四大召开之后颁布的。作为一次具有历史性的会议,党的十四

[①] 关正义、李婉:《海商法和海事法的联系与区别——兼论海商法学的建立与发展》,《法学杂志》2012年第6期。

[②] 天津海事法院内设机构职能。http://tjhsfy.chinacourt.org/article/detail/2014/04/id/1279770.shtml.(天津海事法院网站);大连海事法院各机构职能。http://dlhsfy.chinacourt.org/article/detail/2015/01/id/1527453.shtml.(大连海事法院网站);审判业务部门。http://whhsfy.hbfy.gov.cn/DocManage/ViewDoc?docId=48e967e3-daa9-4948-8fa9-45bdf2e4cd26.(武汉海事法院网站)

[③] 罗文:《也谈"海事"与"海商"概念的区别》,《世界海运》1998年第5期。

大所提出的建设社会主义市场经济,也必然反映在《海商法》中。市场经济强调的是经济主体之间的平等,而这又是"商"的应有之义。贯彻和落实党的十四大精神,首先要突出商,这一理论促使立法机构在确定法律最终之名时选择了"海商法",而非"海事法"[①];其次要少行政,这体现在所立之法的内容上即以调整平等主体之间的特定的海上运输关系和船舶关系为限,这从"文化大革命"后的《海商法》草案(第10稿)被依次删除引航、国际海上运输管理和沿海水域打捞、沉物的打捞和清除、船舶扣押、船舶登记、海葬到最终1992年通过《海商法》的历程可以得出判断[②]。上述所删内容较明显地属于"公法上之事项"。

三是实现法治诉求。法治表明一国的法律和制度在治理国家中的地位和作用,社会主义法治建设就是要重视社会主义法律和制度在治国中的作用。当我国一贯认识将"海商"界定为"海事私法上之事项"并通过法律予以调整时,必然使"海事公法上之事项"处于法律调整不足的状态。这一状态在20世纪末、21世纪初时因我国着重进行社会主义市场经济建设和私法领域的法律创制而尚未引起社会的广泛关注,但随着中国特色社会主义法治建设和行政体制改革的逐步深入,"海事公法上之事项"成为立法关注的焦点之一。这突出地表现为颁布实施了一些行政性的海事法律、法规和条例等,如《中华人民共和国海上交通安全法》《中华人民共和国防止船舶污染海域管理条例》《中华人民共和国船舶登记条例》等。对这一立法需求,出于对海商法律获得骄人成绩的肯定,很显然,再不能以"海商"一言以盖之,势必需要用另外一个词语来涵摄,"海事"一词及使其内涵扩大化便由此而生。这其实是一种

---

① 余甬帆:《试探名词"海商法"之源》,《中国海商法年刊》2008年第1期。
② 司玉琢:《海商法专论》,中国人民大学出版社2007年版,第1—6页。

法治诉求,是对涉海公法上之事项予以法律调整的向往。

三、本书的界定

如果回顾学界关于"广义海商"或"大海商"等提法的建议及其讨论,其中"苦衷"与主观的良好意愿则不难看出,那就是海商法学界不希望抹杀引以"骄傲"的海商立法"成绩"。以 Maritime 和 Admiralty 两者基本同义和法治诉求与需求为由,将海商、海事区别为广义和狭义,或者新创大海商、大海法,其情可有,但本书认为,无论是广义还是狭义的海商、海事,抑或大海商、大海事,充其言为量上的界定,而这种界定,是无论如何不能忽视"公""私"两者性质上的实质区别:

> 首先,两者调整的对象不同。海商法是调整平等民事主体之间的横向法律关系,体现的是对当事人合法利益的平等保护。而海事法则主要是调整行政管理机关与其管理对象之间纵向的法律关系,即在保护被管理者合法利益的前提下,规范行政秩序,建立适应经济发展需要的外部环境。其次,两者在法律体系中的定位不同。在我国的法律体系中,海商法应当属于民法范畴,是民法的特别法,这是学者们较为普遍的认识。而海事法不是一部具体的法律,构成海事法体系的是多部具体的法律,也包括法规或规章等。在我国的法律体系中没有海事法,当然也就没有其定位。只有在将法律进行分类研究时,海事法才能成为一类法律的集合而命名。最后,两者的体系和内容不同。海商法以调整海上运输关系和船舶关系为主线形成自己独特的体系,因而其主要内容包括海上货物和旅客运输、船舶物权、海上侵权行为、保险和特殊的海上活动,如海上拖航、海难救助和共同海损,以及海商法所特有的

海事赔偿责任限制制度等。海事法也有自己独自的体系和内容,海事法的体系是松散的、不太确定的,当然,综合性的海事立法也在被不断地提到立法日程上,诸如船舶法、航运法等法律。①

概念的界定须兼顾历史与现实,唯有此,才能更好地构建我国海事海商法律体系。结合上述分析和我国法治建设诉求,目前,海事界较为流行的观点认为,国家海洋权益(海权)由两部分组成,即静态海权和动态海权。静态海权是指国家海洋领土和海洋资源权益;动态海权是指海洋活动权益。动态海权包括海事事权和海洋事权,其中海事事权包括但不限于航运、造船、港口、航道、航标、船舶、船员、海事教育与培训、海洋污染、环境保护、航行安全、海上保安、海上缉私、海事调查、损害赔偿等涉海事务与法务;海洋事权包括但不限于主权维护、海洋开发、海洋资源、海洋生态、海洋科考、海洋捕捞、海洋综合利用等涉海事务与法务②。海事事权实质是履行国际海事组织规定的缔约国权利与义务所具备的职责与权能,海事事权的创立说明海事不是最狭义意义上的海上交通事故;而海洋事权的创立,从相反角度论证了海事也不是广义的一切海洋事务。

本书认为,海商一词仍仅限于私法领域的事项,且与陆商相对应,不作广义和狭义区分。海事一词依其外延与所涉范围,分为最狭义、狭义和广义。

最狭义是指海上事故、海损事故、海难事故、海上交通事故或

---

① 关正义、李婉:《海商法和海事法的联系与区别——兼论海商法学的建立与发展》,《法学杂志》2012年第6期。
② 贾建伟:《"四型海事"战略构架下的中国海事的未来》,《中国水运》2013年第11期。

船舶交通事故,英文通常用 maritime accident,maritime casualty,average accident 描述。海上事故泛指船舶在海上航行、作业或者停泊中所发生的诸如碰撞、搁浅、触礁、火灾、沉没等事故;海损事故突出事故造成的船舶、其他财产的损失和(或)人员的伤亡;海难事故强调事故导致重大的船舶、其他财产的损失和(或)人员的伤亡;海上交通事故和船舶交通事故则是较新的称谓。这些称谓在含义上存在微小的区别,但没有本质上的不同,其共性表现为船舶在海上或其他可航水域发生事故,导致船舶、其他财产的损失和(或)人员的伤亡。"在1983年9月2日第六届全国人大常委会第二次会议通过的《中华人民共和国海上交通安全法》(以下简称《海上交通安全法》)以及1986年《中华人民共和国内河交通安全管理条例》(以下简称《内河交通安全管理条例》)颁布以前,水上交通安全管理规章中多使用'海损事故'一词,指船舶在海上和内陆可航水域(包括港口)航行或者停泊时发生的各种事故。此后,发生在海上的事故统称为海上交通事故,习惯上简称'海事';发生在内陆通航水域中的事故称为内河交通事故或者水交通事故。"① 狭义"海事"指的是公法领域的事项,即与船舶航行及运输安全有关的所有事项,如水上交通安全、防治船舶污染、船舶及海上设施检验、航海保障等;而广义"海事"包括"海商"和最狭义、狭义"海事"。

本书所述"海事"采狭义概念,其理由为:最狭义"海事"是最终状态的表述,其法律价值在于确定民事责任、行政责任,甚至是刑事责任、国家责任;其管理价值在于确定相关事故的成因及预防。广义"海事"涉及内容较广,既有公法领域事项,又有私法领域事项,而两者的法律意义、构成内容等又存在明显区别,故从法律

---

① 胡正良、韩立新:《海事法》,北京大学出版社2009年版,第1页。

研究的可行性而言,因广义"海事"无法保持逻辑思维、外延构成等的一致性而无法保障研究的顺利开展和得到较广涵盖性的成果;狭义"海事"内涵与外延适中,符合研究对象所应具备的稳定性、一致性要求,同时本书旨在研究国家在海事安全治理的义务与公法责任,而非最终状态的责任承担问题,故采狭义"海事"符合本书研究的目的①。

与安全包括传统安全和非传统安全两类相对应,海事安全也分为传统海事安全和非传统海事安全。传统海事安全体现军事控制性和军事实力较量的特点,具体表现为避免本国沿海秩序遭受外来军事力量的侵扰,避免海上重要运输通道受到军事封锁,避免海上运输主导权被剥夺或削弱,避免海上本国旗船及船载货物被他国军事征收、征用等。非传统海事安全是指传统海事安全以外的内容,具体表现为避免受到海啸、地震、巨浪等来自自然灾害的影响,避免海盗、海上恐怖主义活动等来自非军事力量的侵袭,避免违法排放船舶压载水、各种原因导致的船舶溢油、船源"黑水"与"灰水"的违法排放等船源海洋环境污染②。传统海事安全和非传统海事安全是两种不同的海事安全,其法律调整方法、规范构成等截然不同,不能混用。对于传统海事安全,通常采用战时法律调整方法,规范由海上武装冲突法律或文件构成,如1856年的《巴黎海战宣言》、1949年的《日内瓦第二公约》以及1994年的《圣雷莫国际海上武装冲突法手册》等。对于非传统海事安全,通常采取平时法律调整方法,具体规范构成见后文。

---

① 许民强:《国际海事安全法律制度研究》,大连海事大学博士学位论文,2015年,第10—13页。
② 张晏瑲:《和平时期的海洋军事利用与海战法的最新发展》,《东方法学》2014年第4期。

第二节　海事安全的时代价值

海事安全的目的是保障海上航行之船舶、货物及人员的安全以及避免、减轻和消除船舶及航载人员、货物对海洋造成环境损害,因此,海事安全的价值来源于对海上运输以及海洋环境的重要性的认识。

一、海事安全与经济社会的发展

海上运输是指经由航海行为所实现的货物与人员的空间位移。海上运输业与全球经济和社会发展紧密相关,发挥着基础性、全局性和先导性的作用。

1. 海上运输业发挥着基础性的作用

海上运输的强适货性、大容量、低成本、环保安全,不仅使其承担着国际贸易运输的重要任务,而且一直是各国完成国际货物运输的首选运输方式。根据联合国贸易和发展会议(United Nations Conference on Trade and Development, UNCTAD)的统计,世界货物贸易量的90%都是依靠海上运输完成的。故此,国际社会对海上运输业作出了最高评价:没有海上运输,世界的一半在挨饿,另一半在受冻。随着国际贸易和海上运输业的发展,海上运输业已构成人类生产生活活动不可或缺的重要基础、社会发展赖以凭借的基本条件、民生改善不可忽视的重要方面,其在国家、地区、全球的社会进步和经济发展中所发挥的根本性、基础性作用越来越突出。

2. 海上运输业发挥着全局性的作用

海上运输业是沿海国家(地区)经济和社会发展的重要支柱,与一国的航权、本源竞争力、战略目标等紧密相关、互为内容。离开了海上运输业,沿海国家(地区)的战略性产业,如能源、钢铁、化工以及工业化、城市化、现代化的建设等,均难以正常推进,也无从获得保障。"航海兴,则国运兴;航海弱,则国运弱。"随着全球海洋战略的实施,海上运输业所发挥的全局性作用也越来越突出。

3. 海上运输业发挥着先导性的作用

目前,国际社会处于产业结构调整、发展"低碳环保经济"的阶段。海上运输业虽属于第三产业,处于产业链的末端,但其对相关产业的带动和推动作用不可低估。与海上运输业发展相伴随的,则是船舶制造、租赁与管理,船供体系与港口物流,船载货物的检验与检疫,航运金融与保险,海员培训与教育,海事仲裁与信息服务等产业的发展。而这些产业的发展,完全符合国际社会产业结构调整、发展"低碳环保经济"的内容与要求。正基于此,海上运输业已成为国际社会所关注的、各沿海国家所努力发展的先导性产业[①]。

海事安全的首要目的是保障海上运输业的安全,海上运输业的基础性、全局性和先导性作用,也必然使海事安全与国家、地区、全球的经济和社会发展密切相关。

二、海事安全与海洋环境

海事安全另外一个目的是避免、减轻和消除船舶对海洋造成环境损害。该目的是国际社会因对海洋环境的持续关注而赋予海事安全的新"内涵"。

海洋具有自净能力,早期海上运输活动较少,且其所承运的货物多为大宗物资,故海上运输对海洋环境并不构成一种致害性。随着船舶动力技术、船舶建造技术、船舶载运技术的发展以及国际

---

① 孙光圻:《海运业应纳入国家发展战略》,《中国交通报》2012年3月20日。

社会对石油需求的增长,各类油轮、燃油船舶、化学危险品船等开始大量出现。与其相伴随的,船舶燃油泄漏、油轮或化学危险品船碰撞等海难事故逐渐增多,并对海洋环境构成一种危害。

另外,海上运输业的快速发展,船舶污染物的种类与数量也逐渐增多,油污水、生活污水、固体垃圾、空气污染物、海运包装有害物质、散装有毒液体物质等在船舶航行中被大量排放,已远远超出海洋自净能力,对海洋环境也构成一种危害。

自然资源保护协会(Natural Resources Defense Council, NRDC)于 2014 年 10 月公布的《中国船舶和港口空气污染防治白皮书》指出,绝大部分远洋船是由大型压燃式发动机推动的,其颗粒物(PM)、硫氧化物(SO_x)和氮氧化物(NO_x)等大气污染物的排放量很高。远洋船主要使用燃料油(也称为渣油或重油)来提供动力、供热和电力。船用燃料油是炼油的残余产物,具有含硫量高、黏度高的特点,还含有重金属,如镉、钒和铅等。发动机内的燃料燃烧后,燃料油中的硫转化成二氧化硫(SO_2),一小部分被氧化为三氧化硫(SO_3),产生硫酸和硫酸盐气溶胶,直接以颗粒物形式排出。SO_x 和 NO_x 的排放也加剧了副产物 $PM_{2.5}$(粒径小于 2.5 微米的细颗粒物)的生成。船用燃料油的含硫量是车用柴油的 100—3 500 倍。因此,远洋船单位燃料的二氧化硫和颗粒物排放量远远超过道路车辆。假设一艘中型到大型集装箱船使用含硫量为 35 000 ppm(3.5%)的船用燃料油,并以最大功率的 70% 行驶时,则其一天排放的 $PM_{2.5}$ 量最多相当于我国 50 万辆国Ⅳ货车同一天的排放量。大约 70% 的船舶废气排放发生于距离海岸线 400 千米以内的海域内[1]。根据模型模拟,海陆风能将船舶排放的废气

---

[1] 童克难、刘晓星:《港口污染警报为谁拉响?》,《中国环境报》2015 年 3 月 18 日第 6 版。

向内陆输送几百千米。显然,即使远洋船的废气排放主要发生在海上,其排放也能影响沿海和内陆地区的空气质量、人类健康和生态环境。这些污染物均会引发呼吸系统和心血管疾病,其中的颗粒物还是致癌物质。欧盟的研究显示,2011年远洋船废气排放导致的死亡人数为4.6万人。船舶排放的SO_x和氮氧化物会影响生态系统,导致酸雨海洋酸化以及富营养化和氮富集等。有研究证实,船舶废气对地表水体酸度(pH)的潜在影响和二氧化碳(CO_2)导致酸化的严重性是相类似的。海洋酸化会对海洋生态系统带来广泛的负面影响,如影响植物及水生生物的多样性,破坏贝类和珊瑚,干扰鱼类的嗅觉、大脑神经递质和视力,并且会导致对酸敏感的鱼类和植物种群的减少等。富营养化和氮富集,会造成有毒藻类大量繁殖和鱼类死亡,并改变物种间的竞争关系。另外,燃料油燃烧产生的PM中含有黑碳,这是一种短期气候致暖物质,会加速冰川和极地冰盖融化,并加剧气候变化。

21世纪是"海洋世纪",是人类向海洋索水、索粮、索能的世纪,是海洋可持续发展的世纪。海上运输对海洋环境所构成的危害,显然与"海洋世纪"发展宗旨相悖,因此,国际社会在大力发展海上运输业的同时,必须重视海上运输对海洋环境构成的危害。

三、海事安全与国际社会安全

海事安全已构成国际社会安全的重要内容之一。在没有海上运输时代,或者海上运输活动较少时代,海洋是隔离战火、流行病、人类侵扰和其他一些生物威胁的重要屏障,但自从人类建造船舶尤其是远洋船舶并借此进行大规模跨洋活动后,海洋不但将各国紧密联系在一起,而且也成为各种威胁借以进入或影响沿海国的"捷径"。随着科技发展及其广泛应用于航海领域,造船技术、船舶操纵技术、管船技术等日益发达,船舶日益大型化、智能化,船载货物日益集装化、成组化,船舶航行日益高速化、自动化,人类借助船舶航行活动在相当程度上缩短了两块或两块以上陆地之间因海洋分割所带来的物理距离与时间距离。在此种情形下,某一国家(地区)出现的或可能出现的问题,如人口增长、恐怖活动、食物短少、军力扩充、能源争夺等,就会借助船舶海上运输越过海洋而影响到他国安全乃至国际社会安全。另外,海上运输也逐渐成为某些危险或风险的"受体",如海盗袭扰、恐怖活动、海上武装冲突等。由于海上运输具有基础性、全局性和先导性的作用,一旦海上运输遭到破坏,必将影响整体国际社会的安全,加之与陆地相比,海洋缺少物理边界和应对风险的高机动性,因此,海事安全已成为国际社会安全的重要内容之一。

第三节 国际海事安全条约的创制主体

早期的国际海事安全条约的创制由外交大会承担,在 1959 年国际海事组织(International Maritime Organization, IMO)成立后,创制国际海事安全条约的责任就落到了该组织身上。对北极海域等特殊区域,相关国家成立区域性组织,具体负责该海域的海事安全条约创制任务。另外,其他一些国际组织在某种程度上也承担着参与或辅助国际海事安全条约的创制任务。

一、专门国际会议

在 20 世纪中叶以前,国际海事安全公约的制定一般以召开专门国际会议的形式,就特定议题进行探讨后创制公约。

以国际海上人命安全公约为例,1912 年"泰坦尼克"号客船海难事件发生后,在英国政府倡议下,1913 年在伦敦召开了第一次国际海上人命安全会议,讨论了船舶救生设备、无线电通信、冰区附近航行的减速或转向等事项,并于 1914 年 1 月 20 日制定了第一个国际海上人命安全公约,即《1914 年国际海上人命安全公约》。公约的主要内容涉及船舶结构、分舱、救生和消防设备、无线电通信、航行规则和安全证书等。根据公约规定,各缔约国所属船舶须经本国政府授权的组织或人员检查,符合公约规定的技术标准,取得合格证书,才能从事国际航运。1929 年召开了第二次国际海上人命安全会议,会议于 5 月 1 日通过了《1929 年国际海上人命安全公约》。《1914 年国际海上人命安全公约》是针对"泰坦尼克"号客船海难事件制定的,其许多条款在后来实践中被发觉并不是很完善,故经英国发起并于 1929 年在伦敦召开了第二次国际海上人命安全会议。会议结合一些经验教训,于同年 5 月 1 日制定了较 1914 年公约内容更为详细、具体的《1929 年国际海上人命安全公约》,并规定 1 600 总吨以上的货船必须配备无线电报设备。第三次国际海上人命安全会议于 1948 年在伦敦召开,通过了《1948 年国际海上人命安全公约》,公约于 1952 年 11 月 19 日生效。该公约所包含的船舶范围更广泛,规定更加详细,特别是对水密分舱、稳性标准、船体结构防火等规定作了重大改进,并要求所有 500 总吨以上的货船必须持有国际设备安全证书。

又如防止船舶污染海洋公约,在 20 世纪 50 年代初期,随着石油海上运输规模的不断扩大,国际社会对海洋油污染的危害的关注日益增强,因此,在 1954 年 4 月 26 日至 5 月 12 日由英国召集在伦敦举行了防止船舶污染海洋的国际会议,会议起草并通过了《1954 年国际防止海洋油污染公约》,该公约于 1958 年 7 月 26 日生效。

IMO 于 1959 年成立后,就承担起主要创制国际海事安全公约的使命,故由一国召集的专门国际会议创制国际海事安全公约的情形基本不存在了。例如,1960 年 5 月 17 日至 6 月 17 日在伦敦召开的第四次国际海上人命安全会议并制定的《1960 年国际海上人命安全公约》和 1974 年 10 月 20 日至 11 月 1 日在伦敦召开的第五次国际海上人命安全会议并制定的《1974 年国际海上人命安全公约》,便是由 IMO 负责和组织的。《1954 年国际防止海洋油污染公约》的保管主体在 IMO 正式成立后,也由英国政府于 1959 年移交至 IMO[①]。

二、国际海事组织

IMO 前身是"政府间海事协商组织"(Intergovernmental Maritime Consultative Organization,IMCO)。根据 1948 年 3 月 6 日在日内瓦举行的联合国海运会议上通过的《政府间海事协商组织公约》(1958 年 3 月 17 日生效),于 1959 年 1 月 6—19 日在伦敦召开的第一届公约国全体会议上正式成立的 IMCO,是联合国在海事方面的一个专门机构,负责海事技术咨询和立法。1975 年 11 月,第九届大会通过了修改组织公约决定,并于 1982 年 5 月 22 日起更名 Intergovernmental Maritime Organization(IMO),以加强该组织在国际海事方面的法律地位,使其在海事和海运技术领域起到更大的作用。

IMO 是联合国负责海上航行安全和防止船舶污染海洋的专门机构,总部设在伦敦。该组织宗旨为促进各国间的航运技术合作,鼓励各国在促进海上安全,提高船舶航行效率,防止和控制船舶对海洋污染方面采取统一的标准,处理有关的法律问题,即"航行更安全,海洋更清洁"(Safer Shipping, Cleaner Oceans)。2003

---

① 交通运输部国际合作司:《国际海事组织概览(2010 年修订版)》,大连海事大学出版社 2011 年版,第 54 页。

年11月召开的IMO第23届大会以A.944(23)决议通过了IMO的战略计划,提出新的宗旨,即除了继续致力于海上安全和防止海洋环境污染之外,还增加了海上保安、提倡可持续航运以及促进各国普遍和一致地履行IMO公约等新内容,即"清洁海洋上的安全、保安和高效航运"(Safe, Secure and Efficient Shipping on Clean Oceans)。

IMO通过的国际公约、规则和决议案是各国造船、设计、检验、航运、海事等政府管理部门所必须遵循的法定文件。IMO出版物大致分为几大类:综合类(包含基本文件、IMO公约、大会决议和其他决定、人命安全公约之各种文件、规则、建议等);货物(包括危险货物规则及其各修正以及其他相关文件);便利旅行和运输;法律事项;海上环境保护;船舶技术。

IMO的立法工作分为两个阶段:20世纪70年代晚期之前,主要是拟定国际条约和其他有关安全和防止海洋污染的立法;自20世纪80年代始,主要是更新立法,并确保得到尽可能多的国家的批准。

IMO由大会(Assembly)、理事会(Council)和5个主要委员会(Committees)和若干个支持主要委员会工作的分委员会(Sub-Committees)。5个主要委员会分别是海上安全委员会(the Maritime Safety Committee, MSC)、海上环境保护委员会(the Marine Environment Protection Committee, MEPC)、法律委员会(the Legal Committee, LEG)、技术合作委员会(the Technical Cooperation Committee, TC)和便利运输委员会(the Facilitation Committee, FAL)。(The Organization consists of an Assembly, a Council and five main Committees: the Maritime Safety Committee; the Marine Environment Protection Committee; the Legal Committee; the Technical Cooperation Committee and the

Facilitation Committee and a number of Sub-Committees support the work of the main technical committees.)①其中,大会、理事会和五个委员会在不同程度上承担着立法工作。

IMO立法工作的程序如下:首先由 IMO 成员国根据海运业的最新发展形势和需要向 IMO 的五个委员会提交制定新公约或公约修正案的建议,五个委员会经大会或理事会的授权后启动公约或修正案草案的拟订工作,然后将公约或修正案草案提交外交大会审议②。

1. 大会

大会是 IMO 的最高权力机构,它由全体会员国的代表组成,通常每两年召开一次例会,如有必要,可以召开特别大会。

(This is the highest Governing Body of the Organization. It consists of all Member States and it meets once every two years in regular sessions, but may also meet in an extraordinary session if necessary. The Assembly is responsible for approving the work programme, voting the budget and determining the financial arrangements of the Organization. The Assembly also elects the Council.)

《国际海事组织公约》第 15 条"大会的职责"规定:

(a) 在每届常会上从除联系会员以外的会员中选出大会的主席和两位副主席;大会主席和副主席的任期到下一届常会为止;

(b) 决定自己的议事规则,除非本公约另有规定;

---

① Structure of IMO, http://www.imo.org/en/About/Pages/Structure.aspx,访问日期:2018 年 3 月 20 日。

② 杨培举:《国际海事公约"修行"之路》,《中国船检》2013 年第 5 期。

(c) 设立其认为必要的任何临时性附属机构或根据理事会的建议设立它认为必要的任何永久性附属机构;

(d) 按第 17 条规定选举理事会的成员;

(e) 接收并审议理事会的报告,就理事会提交给它的任何问题作出决定;

(f) 审批本组织的工作计划;

(g) 遵照第Ⅻ章就本组织的预算进行投票并决定本组织的财务安排;

(h) 审查经费开支的情况,并审批本组织的账目;

(i) 履行本组织的职责,但是,对于有关第 2 条第(a)和(b)款的事宜,大会应送交理事会,由理事会起草有关的建议案或文件;而且,由理事会提交大会,但未被大会接受的任何建议案或文件均应退给理事会,由理事会对这样的建议案或文件以及大会可能提出的意见作进一步的审议;

(j) 建议会员通过已经提交给大会的有关海上安全、防止和控制船舶造成海洋污染以及由国际文件或按国际文件的规定交由本组织处理的有关航运对海洋环境造成影响的其他事宜的规则和指南,或这些规则和指南的修正案;

(k) 按照第 2 条第(e)款,考虑到发展中国家的特别需要,采取其认为合适的任何行动来促进技术合作;

(l) 就召开国际会议或按照其他适当的程序来通过已由海上安全委员会、法律委员会、海洋环境保护委员会、技术合作委员会或本组织的其他机构拟定的国际公约或国际公约的修正案作出决定;

(m) 除了本条第(j)款所规定的提出建议的职责不可下放外,将本组织范围内的一切其他事宜交由理事会审议或决定。

根据《国际海事组织公约》第 15 条的规定,大会的主要职责之一是审议通过技术性决议和其下属机构提交的其他决定。IMO 大会决议对船舶的建造、运营等至关重要。从 1959 年 1 月召开的第一届大会至 2018 年,大会已经历了近 60 年。每届大会平均通过 40 余项决议,其中相当多的决议与船舶设计、建造和提交相关,如 A.744(18)《散货船和油船检验期间的强化检查方案指南》、A868(20)《为使有害水生物和病原体传播减至最少对船舶压载水控制和管理的指南》、A.962(23)《IMO 拆船指南》、A.1001(25)《在全球海上遇险与安全系统中提供业务的移动卫星通信系统的衡准》等。一般来说,IMO 缔约国均需执行大会决议。比如,某一缔约国建造的 29.7 万吨超大型油船(VLCC)、74 000 吨散货船和 16 400 吨化学品船等型船舶的《技术规格书》,在"船舶概况"中的"规范/规则"下阐明的关于船舶设计、建造相关文件所遵照执行的 20 余项有关规则和规范,均参照采纳了 IMO 大会决议 A.468(XII)《船上噪声级规则》。

IMO 大会决议编码的含义为:A 表示国际海事组织大会(Assembly),阿拉伯数字表示决议编号,括号内罗马字表示大会届数。从第 13 届开始,大会届数以阿拉伯数字表示。ES 表示特别举行的大会,例如,A.109(ES.III)《实施消防安全措施的建议案》表示第 III 届特别大会通过的 109 号大会决议。

2. 理事会

理事会是 IMO 内唯一通过选举产生的机构,任期两年。理事会由 40 个理事国组成,分为 A 类理事国、B 类理事国和 C 类理事国。其中,A 类理事国为 10 个在提供国际航运服务方面具有最大利害关系的国家;B 类理事国为 10 个在国际海上贸易方面具有最大利害关系的国家;C 类理事国为 20 个在国际航运方面具有特别利害关系并保证如把它们选进理事会将使世界所有主要地区均有代表的国家。

根据《国际海事组织公约》第 15 条(j)和(m)的相关保留规定，理事会在大会休会期间履行除了向各国政府就海上安全和防止污染问题提出建议的职能外的所有的大会职能。[The Council is elected by the Assembly for two-year terms beginning after each regular session of the Assembly. The Council is the Executive Organ of IMO and is responsible, under the Assembly, for supervising the work of the Organization. Between sessions of the Assembly the Council performs all the functions of the Assembly, except the function of making recommendations to Governments on maritime safety and pollution prevention which is reserved for the Assembly by Article 15 (j) of the Convention. Other functions of the Council are to: (a) coordinate the activities of the organs of the Organization; (b) consider the draft work programme and budget estimates of the Organization and submit them to the Assembly; (c) receive reports and proposals of the Committees and other organs and submit them to the Assembly and Member States, with comments and recommendations as appropriate; (d) appoint the Secretary-General, subject to the approval of the Assembly; (e) enter into agreements or arrangements concerning the relationship of the Organization with other organizations, subject to approval by the Assembly.]

3. 委员会

IMO 的全部技术工作由 5 个委员会进行，其主要职责如下：

(1) 海上安全委员会(Maritime Safety Committee, MSC)是 IMO 的最高技术机构，其主要职责是研究本组织范围内有关助航设备、船舶建造和装备、船员配备、避碰规则、危险货物装卸、海上安全、航道信息、航海日志、航行记录、救助救生、海上事故调查以及直接影响海上安全的任何其他事宜。(The MSC is the highest technical body of the Organization. It consists of all Member States. The functions of the Maritime Safety Committee are to "consider any matter within the scope of the Organization concerned with aids to navigation, construction and equipment of vessels, manning from a safety standpoint, rules for the prevention of collisions, handling of dangerous cargoes, maritime safety procedures and requirements, hydrographic information, log-books and navigational records, marine casualty investigations, salvage and rescue and any other matters directly affecting maritime safety".)审议与海上安全有关的 MSC 决议(MSC Resolution)、MSC 通函(MSC/Circ.)等,如 MSC.215(82)《所有类型船舶专用海水压载舱和散货船双舷侧处所保护涂层性能标准》、MSC.244(83)《散货船和油船空舱保护涂层性能标准》、MSC.246(83)《用于搜救作业的自动识别系统搜救发送器(AIS-SART)的性能标准》、MSC/Circ.1135《船上和岸上保留的建造完工图纸》、MSC/Circ.1175《船上拖带和系泊设备指南》等。MSC 决议编码的含义为:MSC 表示国际海事组织海上安全委员会(简称海安会),阿拉伯数字表示决议编号,括号内阿拉伯数字表示海安会届数,如第 84 届海安会决议的编码为 MSC.255(84)—MSC.266(84)。MSC 通函编码的含义为:MSC/Circ.,表示国际海事组织海安会通函(Circulars),阿拉伯数字表示通函编号。

(2) 海上环境保护委员会(Maritime Environment Protection Committee,MEPC)的主要职责是审议本组织范围内有关防止和控制船舶所造成的污染问题,为大会通过的有关公约、规则及其修正案制定实施措施;(The MEPC, which consists of all Member States, is empowered to consider any matter within the scope of the Organization concerned with prevention and control of pollution from ships. In particular it is concerned with the adoption and amendment of conventions and other regulations and measures to ensure their enforcement.)提供各国有关防止和控制船舶对海上污染的科学技术实用资料,提出有关建议和拟定指导原则;组织区域性合作和其他国际组织的合作,以防止和控制船舶对海上的污染;审议、防止和控制船舶所造成的污染问题有关的 MEPC 决议(MEPC Resolution)、MEPC 通函(MEPC/Circ.)等,如 MEPC.102(48)《船舶防污底系统检验与发证指南》、MEPC.124(53)《压载水排放指南(G6)》、MEPC.127(53)《压载水管理和压载水管理计划编制指南(G4)》、MEPC.149(55)《压载水排放设计和建造标准指南(G11)》和 MEPC.166(56)《国际散装运输危险化学品船舶构造与设备规则(IBC CODE)的 2007 年修正案》,以及 MEPC/Circ.468《国际防止船舶造成污染公约附则Ⅰ经修改的第 13G 条和第 13H 条的执行》等。

MEPC 决议编码的含义为:MEPC 表示国际海事组织海上环境保护委员会(简称环保会),阿拉伯数字表示决议编号,括号内阿拉伯数字表示环保会届数,如第 57 届环保会决议的编码为 MEPC.169(57)—MEPC.172(57)。MEPC 通函编码的含义为: MEPC/Circ.,表示国际海事组织环保会通函(Circulars),阿拉伯数字表示通函编号。

(3) 法律委员会(Legal Committee, LEG)的主要职责是处理本组织范围内的任何法律事宜,同时履行其他有关国际文件所赋予的职责。

(4) 技术合作委员会(Technical Co-operation Committee,

TC)的主要职责是审议由联合国有关计划署资助、本组织作为执行或协调机构的技术合作项目;以自愿提供给本组织的信用资金资助的任何技术合作项目和技术合作领域内与本组织活动有关的事务;以及审查国际海事组织秘书处有关技术合作方面的工作。其最终目的是鼓励和促进成员国为贯彻 IMO 通过的技术措施采取技术合作计划。

(5)便利运输委员会(Facilitation Committee, FAL)的宗旨是减少有关手续和简化有关文件,具体来说就是对各国港口办理船舶进出口手续单证和程序等方面进行协调、简化和统一①。近年来,便利运输委员会的工作是确保在海上安全与促进国际海上贸易之间取得适当的平衡。(In particular in recent years the Committee's work, in accordance with the wishes of the Assembly, has been to ensure that the right balance is struck between maritime security and the facilitation of international maritime trade.)

4. 分委员会

分委员会(Sub-Committees)主要协助 MSC 和 MEPC 的工作,同时也对所有会员国(地区)开放。分委员会数量原为 9 个,2013 年 5 月召开的 IMO 海上环境保护委员会(MEPC)第 65 届会议和 2013 年 6 月召开的 IMO 海上安全委员会(MSC)第 92 届会议审议并批准了 IMO 分委会改组建议,随后改组建议于同年底提交理事会和国际海事组织大会批准通过。改组后的分委员会数量为 7 个,具体情况见表 1②。

---

① 危敬添:《国际海事条约的历史和现状概览》,人民交通出版社 2010 年版,第 1—7 页。

② Structure of IMO, http://www.imo.org/en/About/Pages/Structure.aspx,访问日期:2018 年 3 月 20 日。

表 1　改组后的 IMO 分委员会

	改组后的分委员会	职　责	原分委员会
1	人的因素、培训和值班分委会（Sub-Committee on Human Element, Training and Watchkeeping, HTW）	负责与"人的因素"有关的培训和值班议题	船员培训与值班标准分委会（STW）
2	IMO 文件实施分委会（Sub-Committee on Implementation of IMO Instruments, Ⅲ）	负责 IMO 文件在全球范围内有效、一致的实施议题	船旗国履约分委会（FSI）
3	航行、无线电通信和搜救分委会（Sub-Committee on Navigation, Communications and Search and Rescue, NCSR）	负责与政府责任和操作措施有关的技术和操作议题	无线电通信与搜救分委会（COMSAR）航行安全分委会（NAV）
4	防污染和响应分委会（Sub-Committee on Pollution Prevention and Response, PPR）	负责有关预防和控制船舶及其他相关海上作业对海洋环境造成污染的技术和操作议题	散装液体和气体分委会（BLG）
5	船舶设计和建造分委会（Sub-Committee on Ship Design and Construction, SDC）	负责有关船舶设计、建造、分舱和稳性、浮力、适航性和布置等有关的技术和操作议题	船舶设计与设备分委会（DE）消防分委会（FP）稳性、载重线和渔船分委会（SLF）
6	船舶系统和设备分委会（Sub-Committee on Ship Systems and Equipment, SSE）	负责与船舶系统和设备有关的技术和操作议题	船舶设计与设备分委会（DE）消防分委会（FP）稳性、载重线和渔船分委会（SLF）
7	货物运输和集装箱分委会（Sub-Committee on Carriage of Cargoes and Containers, CCC）	负责涉及货物操作的公约和规则以及其他强制或建议性文件的有效实施议题	危险货物、固体货物和集装箱分委会（DSC）

IMO 在国际海事安全条约制定过程中发挥着重要的主导作用。IMO 自 1948 年正式成立后,便全面主导着国际海事安全条约的制定,且其制定和出台的大量的海事领域公约、议定书、规则等基本覆盖了全部的海事领域和每一个环节,如海上安全、防止海洋污染、海上旅客运输、海难救助等。截至目前,IMO 已通过了 50 余个公约、议定书以及 1 000 多个有关海上安全、防止污染和相关的规则和建议书,较为重要的公约有《1966 年国际船舶载重线公约》《1972 年国际海上避碰规则公约》《1972 年国际集装箱安全公约》《经 1978 年有关议定书修正的〈1973 年国际防止船舶造成污染公约〉》《1974 年国际海上人命安全公约》《1978 年海员培训、发证和值班标准国际公约》《1979 年国际海上搜寻救助公约》等①。

IMO 在国际海事安全条约制定过程中的主导作用将会更加突出,其原因在于以下几个方面:一是会员众多。根据 IMO 官方网站统计,IMO 共有 173 个会员国和 3 个联系会员(中国香港、澳门特别行政区和法罗群岛),会员数是 IMO 成立之初的 4 倍多②。二是联合国的专门机构之一,在诸如反恐、减排等重要国际事务中发挥着重要作用,同时与联合国粮农组织、国际劳工组织、国际原子能机构等订有密切合作方面的协议。三是 IMO 专设的委员会和分委员会,立法任务指向明确、委员的海事技术精湛,足以有效应对海事领域的新情况、新发展、新趋势,而这是其他国际组织并不具备的。目前,IMO 制定和出台的国际海事安全公约得到绝大多数国家(地区)的签署、批准,并为世界 98% 以上的商船航运吨位所适用,约束着从船东到船员、从国家到船舶公司,涉及海运界几乎所有的利益群体。"IMO 最著名的三大公约的签署和商船吨

---

① 宗刚:《世界海事中心伦敦》,《中国港口》2009 年第 8 期。
② Memberstates, IGOs and NGOs, http://www.imo.org/en/About/Membership/Pages/Default.aspx,访问日期:2018 年 4 月 10 日。

位占比情况如下：SOLAS 1974 有 159 个缔约国，占商船总吨位的 99.04%；1978 年议定书共 114 个缔约国，占世界商船总吨位的 96.16%；1988 年议定书有 94 个缔约国，占世界商船总吨位的 93.96%。MARPOL 73/78 和 STCW 78/95 的缔约国也都在 150 个以上，占商船总吨位的 99% 以上。其他重要公约基本在世界商船总吨位的比例都在 90% 以上。"[1]随着 IMO 不断出台、更新相关的国际海事安全公约，IMO 凭借该些国际海事安全公约的通过、生效与实施，在预防、控制重大海难事故的发生和防止、减少船源海洋污染等方面发挥的重要的主导作用将更加突出。

三、区域性国际组织

由于海洋互通性、海事行为跨境性、海事风险来源复杂性等特点以及海洋航行自由等原则，能有效创制国际海事安全条约的区域性组织较少。目前，较为典型的区域性组织当属于北极理事会。

北极理事会（Arctic Council，AC），又译为北极议会、北极委员会、北极协会，是 1996 年 9 月经由芬兰、瑞典、挪威、丹麦、冰岛、加拿大、美国和俄罗斯"北极八国"在加拿大渥太华签署的《渥太华宣言》而宣告成立的高等级政府间论坛，其前身是"北极八国"于 1991 年在芬兰罗瓦涅米召开的第一届保护北极环境部长会议发表的《北极环境保护宣言》（Declaration on the Protection of Arctic Environment），即"北极环境保护战略"（Arctic Environmental Protection Strategy，AEPS）。AC 的宗旨是保护北极地区的环境，促进该地区在经济、社会和福利方面的持续发展。

AC 成立之初，并没有设立常务秘书处，提供秘书处职能的责

---

[1] 刘惠荣、黄旻：《国际海事组织法律规则探析及其对我国的启示》，《海洋开发与管理》2011 年第 2 期。

任由AC主席国轮流承担,其目的是为了保持AC论坛的身份,这也是美国意愿在AC结构中的反映。自2007年以来,秘书处的设置出现了新的变化。在挪威、丹麦和瑞典任轮值主席国期间,三国于挪威的特洛姆索设立了一个共同的秘书处。这一秘书处的设立在某种程度上提高了AC的工作效率。在努克会议上,三国的这一创举得到了肯定,"北极八国"的外长一致决定,在挪威特洛姆索设立常务秘书处,以加强AC抓住机遇、应对挑战的能力,提高效率,促进AC宗旨的实现。常务秘书处的设置标志着AC由一个以宣言形式成立的高等级政府间论坛向国际组织转变,具有重要意义。

北极理事会(AC)每两年轮换一次主席国,在主席国举行一次部长级会议,会上发布一个以召开地点命名的无法律约束性的宣言,而对于北极船舶航行的治理,该理事会的重大意义就在于其可以为北极航行中的海难搜救以及航行污染泄漏事故的环境保护等提供一个有效的协商平台,促进事故的解决和北极环境的保护[①]。AC海事治理职责由其主要成员和6个工作小组来行。

1. 主要成员

AC主要成员包括以下三类:成员国、永久成员和观察员。

成员国包括加拿大、丹麦(包括属地格陵兰及法罗群岛)、芬兰、冰岛、挪威、俄罗斯、瑞典和美国八个北极国家,简称北极八国。北极八国在AC的结构中处于中心地位:一是AC主席一职由北极八国每两年轮流担任;二是北极八国可以参加AC所有的会议和活动;三是AC所有事务的表决权全部为北极八国所有,所有决定都必须由"北极八国"经过"协商一致"的原则达成。因此,北极

---

① 孙凯、郭培清:《北极理事会的改革与变迁研究》,《中国海洋大学学报(社会科学版)》2012年第1期。

八国是 AC 的治理核心。

2. 永久成员

永久成员是指 AC 根据《北极理事会成立声明》和《北极理事会议事规则》授予其永久身份的其他组织,主要是原住民组织,包括因纽特人北极圈会议,萨米人委员会,俄国北部、西伯利亚和远东少数民族原住民委员会,阿留申国际协会,北极阿萨巴斯卡理事会和哥威迅国际理事会。永久成员也可以参加 AC 所有的会议和活动,AC 做出相关决定之前需要同原住民组织进行协商,征求其意见,但永久成员没有正式投票权。授予原住民组织以 AC 永久成员的身份,与北极环境保护战略相比,原住民参与的范围进一步扩大,更好地保护了原住民在北极地区的利益,照顾原住民的利益诉求。

3. 观察员

观察员是指 AC 根据《北极理事会成立声明》和《北极理事会议事规则》授予其观察员身份的实体。观察员可以出席北极理事会的相关会议,但没有表决权,且理事会的决议也不需要征求其意见。

观察员分为永久观察员和特别观察员。2009 年,在挪威特洛姆索北极理事会部长级会议上,中国、韩国、意大利和欧盟申请观察员地位,但是被大会否决。随后日本提出一个折中方案,即以"特别观察员"的身份加入,得到通过。从此,北极理事会观察员分为永久观察员和特别观察员两类。2011 年 5 月 12 日,AC 努克会议发布《北极高官报告》,对 AC"永久观察员"的标准做出规定,即观察员必须承认北极国家在北极的主权、主权权利和管辖权(简称"三个必须承认"),从而大大提高了 AC 永久观察员的准入门槛。永久观察员和特别观察员的区别在于永久观察员会自动获邀出席所有会议,可就某一问题与成员国或永久成员共同发表声明、提交文件、提出观点、建议项目(资助金额不得超过成员国),而特别观察员出席每一次会议都需要经过批准①。

2013年5月之前,北极理事会共有永久观察员26个和特别观察员14个。26个永久观察员包括6个非北极国家(法国、德国、荷兰、波兰、西班牙和英国)、9个国际组织(北极地区议员大会常务委员会、世界自然保护联盟、国际红十字会和红新月会、北大西洋海洋哺乳动物委员会和北欧理事会、北欧环境金融集团、联合国欧洲经济委员会、联合国环境规划署、联合国开发计划署)和11非政府组织(世界驯鹿人协会、北极大学、世界自然基金会北极规划小组、海洋保护咨询委员会、北极圈保护联盟、国际北极科学委员会、国际北极社会科学联合会、北极圈国际卫生联盟、原住民事务国际工作组、环北极之路和北方论坛)。14个特别观察员包括中国、日本、韩国、新加坡、印度、意大利与欧盟(EU)以及绿色和平组织(Greenpeace)等。

2013年5月15日,AC在瑞典北部的基律纳市召开第八次部长级会议,成员国一致同意给予中国、日本、韩国、新加坡、印度、意大利6个国家永久观察员的身份(但欧盟和国际机构等8个实体被拒之门外),从而使AC拥有永久观察员身份的国家和组织扩大到32个②。

2017年5月10日,第10届AC部长级会议在美国阿拉斯加州费尔班克斯召开,接纳了7个新观察员。除瑞士为主权国家外,其余6个均为国际组织,分别是西北欧理事会、海洋环境保护组织、国家地理学会、奥斯陆—巴黎委员会、世界气象组织和国际海洋探测理事会。这是2013年基律纳部长级会议之后,AC观察员

---

① 徐骅:《北极航运观察》,《中国交通报》2013年5月28日第7版。
② 刘仲华、商璐:《中国成为北极理事会正式观察员 将在科研、环保等领域继续为北极事务做贡献》,《人民日报》2013年5月16日第22版。

再次纳新①。

4. 工作小组

AC 的实际工作是由其辖下的 6 个工作小组负责,即北极监测与评估(AMAP)、北极海洋环境保护(PAME)、北极动植物保护(CAFF)、突发事件预防反应(EPPR)、可持续发展(SDWG)、消除北极污染行动计划(ACAP)②。

四、非政府国际组织

一些非政府或非国家组织,如国际航运公会、国际船级社协会等,在国际海事安全条约创制方面也发挥着非常重要的作用。

1. 国际航运公会

国际航运公会(International Chamber of Shipping, ICS)成立于 1921 年,由各国船东协会组成,代表超过世界上 80% 商业船队,代表海事界各个行业的利益,包括散货船、油轮、客船营运人、集装箱贸易等。ICS 从事着技术、法律及运营等所有的海洋事务,包括油船、化学品船的运输问题和国际航运事务,贸易程序的简化,集装箱和多式联运,海上保险,海上安全,制定一些便于船舶进行运输的技术和法律方面的政策。ICS 在海上救援、船舶设计与建造、污染防治和制定航海法规等方面表现得尤为出色。ICS 为多个跨国组织提供顾问服务,其中就包括 IMO。ICS 制定的各种决议可通过其成员,即来自各国的船东影响他们国家的法规,从而达到 ICS 的决议与各国的航运法规相和谐,使 ICS 的意愿在各国有所体现,使各国使用同一的航运法规,便于海上交通运输的

---

① 王洋:《第十届北极理事会部长级会议召开》,《中国海洋报》2017 年 6 月 2 日第 1 版。

② 潘敏:《中国参与北极事务应多管齐下》,《经济参考报》2013 年 6 月 18 日第 5 版。

发展。

2. 国际船级社协会

船级社作为保险公司与船东之间的第三方，专为船舶定级，以决定保费大小。船级社最早的工作是船舶入级业务，为船舶保险提供服务。在国际海事组织公约产生后，船级社接受船旗国主管机关授权开展法定检验，并签发相应的证书。

船级检验是指根据船级社验船技术规范标准进行检验并签发船级证书的检验。船级检验属于自愿性质，由船东选择船级社进行。根据建造期间的设计和检验的满意度确定船舶的指定等级，目的是为了验证船舶建造符合船级社的标准。对于现有的船舶，如果想要从一个认证船级社转移到另一个船级社需要采用具体的程序。船舶要是一直保留原有的认证船级社就必须受限于该船级社的终身检验规范。这些检验包括：特别检验（Special Survey）、中间检验（Intermediate Survey）、年度检验（Annual Survey）和坞内检验（Docking Survey），以及螺旋桨轴和尾管轴检验（Screw Shaft and Tube Shaft Survey）、锅炉和热油加热器检验（Boiler Survey, Survey of Thermal Oil Units）、循环检验（Continuous Machinery Survey）、损坏和修理检验（Damage Survey, Repair Survey）、改装或更换检验（Alteration Survey）。船东有责任根据相关的入级要求进行必要的检验，以确保船体、机器、设备等符合适用规范。船东有责任在不同周期的船检之间维护好船舶，同时，在任何事故或恶劣环境发生并影响到船舶继续符合船级社标准时有责任通知相关船级社。当船舶不能保持原先认证的船级标准时，船级社可以暂停、取消船级或者将其更改为一个不同的符号以便船级社辨识。除了开展入级与法定检验等业务外，近年来，船级社的业务领域也在不断扩大和延伸，除传统的海上业务外，还开展了大量的陆上业务。

国际船级社协会(International Association of Classification Societies,IACS)是1968年在奥斯陆举行的主要船级社讨论会上正式成立的,目标是制定相关的技术标准,促进海上安全和环保标准的提高,并与IMO和相关的涉及海运和造船的非政府国际组织进行合作。IACS具体负责拟定统一的船舶技术规则和要求,对IMO的标准作统一解释,公布有关船舶安全营运和维修准则,为世界上90%的商船定级(船级)①,受政府委托处理各种事务,以及吸收成员在海上安全、营运等方面的经验,向船东和经营者提供各种准则。目前,只有符合其成员标准的船级社才可被接纳为其成员,世界上90%以上的商船入级IACS成员的船级。IACS共有美国船舶检验局(ABS)、法国船级社(BV)、挪威船级社(DNV)、德国劳氏船级社(GL)②、韩国船级社(KR)、英国劳氏船级社(LR)、日本海事协会(NK)、波兰船舶登记局(PRS)、意大利船级社(RINA)等13个正式成员。中国船级社(CCS)于1988年加入IACS。

IACS由理事会领导,下设综合政策(GPG)及法定(SP)、轮机(MP)等专业技术委员会,另外还根据需要设立如集装箱、发动机、防火、液化气船和化学品船、内河船舶、海上防污染、材料和焊接、系泊和锚泊、船舶强度、稳性和载重线等工作组或项目组来研究制定具体技术标准等工作。主要技术工作涉及船舶强度、机械(主辅机)和电气、稳性和载重线、集装箱、消防、救生、液化气船和化学品

---

① 船级是评定船舶技术状况的国际通用形式,是由验船师或船级社检验后根据船舶的用途、技术状况和航行区域等授予的技术级别。船舶入级后,可凭此向保险公司办理各种保险。船舶入级的情况是保险公司考虑承保和确定保险率的必要条件。

② 2012年12月20日,DNV(挪威船级社)与GL(德国劳氏船级社)正式签署合并协议,并同时在奥斯陆和汉堡对外宣布,合并后的新机构命名为DNV GL集团(DNV GL Group)。

船、海上防污染、材料和焊接、系泊和锚泊等。截至目前,理事会已通过了150条要求,90%的统一要求都得到成员单位的贯彻。主要活动包括监控与本专业有关的工作;向船东和经营者提供关于海上安全、防污染、船舶营运等方面的准则;公布有关船舶安全营运和维修准则,包括舱口盖的保养和检验、消防、船舶单点系泊设备标准等;制定一个最低船舶检验标准,解决在不同的港口船舶的检验标准不同的麻烦。

3. 国际油轮船东防污染联合会

国际油轮船东防污染联合会(The International Tanker Owners Pollution Federation,ITOPF)是一个处理解决海上石油漏溢问题的专业性组织,每个加入《油轮船东自愿承担油污责任协定》(Tanker Owner Voluntary Agreement Concerning Liability for Oil Pollution,TOVALOP)的油轮船东或光船承租人都自动成为 ITOPF 的成员。TOVALOP 是世界油轮船东为赔偿海上油污清除费用和赔偿油污所造成的任何损失而签订的协定,尽管已经有了关于海上油污索赔公约(IMO 制定),但 TOVALOP 仍有很重要的作用。

ITOPF 是为管理 TOVALOP 而于1968年建立的,它的任务不仅限于管理 TOVALOP,还包括对清除海上油污提供专业性的帮助,进行损失程度的估计,索赔分析,制定应急方案,提供咨询、培训和情报服务等。ITOPF 的作用是确保其成员有足够的经济担保,并给该组织成员的船舶颁发证书。

目前,ITOPF 的赔偿能力已达 7 000 万美元,共有 3 200 个成员,加入 ITOPF 的油轮多达 6 000 艘,占世界油轮总吨位数的97%。ITOPF 总部设在伦敦,有一个由 5 名高水平技术人员组成的技术小组专门处理世界各地有关的油污事件,评估污染的严重程度,提出清除办法并协助清除,调查油污染造成的损害。虽然

ITOPF 被认为是 TOVALOP 的一个管理机构,但从 ITOPF 取得的成就来看,它已超出了管理范畴,目前已被公认为清除海上油污染的专门技术中心,为保护海洋环境做了积极的努力。

第四节 国际海事安全条约:特征、种类与规范构成

根据 1969 年《维也纳条约法公约》和 1986 年《关于国家和国际组织间或国际组织相互间条约法的维也纳公约》的规定,国际条约是指国际法主体之间以国际法为准则而为确立其相互权利和义务而缔结的书面协议①。根据国际条约的一般理论,结合海事领域的调整对象与范围,可将国际海事安全条约界定为:国际法主体以国际法原则为基础而达成的以海上运输秩序、海上人员安全、船舶标准、海员管理、海上环境治理等为内容的确定各国相互权利义务的书面协议的总和。

一、国际海事安全条约的特征

与其他一般条约相比,国际海事安全条约的特征较为显著,主要体现在以下三个方面:

1. 国际海事安全条约专业性突出、技术性规则占主导

国际海事安全条约调整着海事安全关系,其内容与船舶、船员、航海、货物运输和管理等专业密不可分。海事安全问题涉及对船舶、船上人员的安全进行规制,对海上污染进行共同治理,以及对海上安全事故的救助等事项,这就要求具体规范具有实际可操作性,需要制定大量的技术规范,以有效保障海事安全。综观上述

---

① 江国青:《国际法与国际条约的几个问题》,《外交学院学报》2000 年第 3 期。

国际海事安全条约也不难看出，大部分国际海事安全条约其本身即完全是对技术领域的事项做出的具体的规定，其目的在于为海事安全活动提供技术标准、流程和操作规范。由此决定了国际海事安全条约在专业性方面较为突出，技术性规则占主导，甚至可以说，条约的重点在技术规则而非正文。

2. 国际海事安全条约自身独特性较为明显

这主要体现在两个方面：一是立法技术独特。立法技术与法律内容的表述和法律规范文件的质量等密切相关。国际海事安全条约关涉大量技术规则，如何对庞杂的技术规则予以科学梳理、有效规制、方便实施等，就成为起草十分重视的考虑因素[①]。从整体上看，国际海事安全条约在立法技术上采用了复杂的结构模式，一般是由正文、附则、规则加附录等部分组成。其中，附则部分为基本原则，规则部分为具体原则，具体原则之下设有强制性规范和任意性规范。这种编排方式，方便缔约国或关系方了解某一类技术规则的全部范围和法律义务，提高了可操作性。二是修正程序独特。公约的修正一般采用"明示程序"，即公约修正案的生效条约是以赞同、接受该修正案的缔约国达到一定数量或占比为前提。该种模式在缔约国数量较少、修正案关涉各缔约国利益较小时容易达到生效条件，但在缔约国较多、修正案关涉各缔约国利益较大时，往往成为阻碍修正案及早生效的一个关键因素。国际海事安全条约规制的内容大多为急需运用的，或关涉全人类切身权益的技术规则，如果采取"明示修正程序"，往往事与愿违。IMO 针对此种情形，创新性地引入了"默示修正程序"。所谓"默认接受程序"，是指在修正案通过之日后的一定时间内，如果提出反对意见的缔约国达不到一定数量或占比，则该修正案被视为已为缔约国

---

① 王秀芬：《船员法研究》，法律出版社 2009 年版，第 245 页。

所接受。例如,1974 年 SOLAS 公约规定,在修正案通过之日后一年内或在修正案中规定的期限内,如不到 1/3 缔约国或其商船吨位不少于世界商船总吨位 50% 的缔约国提出书面反对,则应视为该修正案已被接受,并自被视为已被接受之日起 6 个月后,该修正案对所有缔约国生效,并具有约束力。可见,"默示修正程序"在简化公约修正程序、提速公约修正进程和适应航运科技快速发展等方面具有良好效果,目前 IMO 主持制定的绝大多数的技术类国际海事安全公约都采取了"默示修正程序"①。

3. 国际海事安全条约具有很强的开放性特征

海运仍是目前远距离运输方式的第一选择,国际贸易总运量中的 2/3 以上都是通过海运进行的。海运涉及的国家范围极为广泛,其中所反映的问题也常常错综复杂,故需要多个国家共同协商以确定各自权利、义务的归属。并且,国际海事安全条约的制定目的是为解决国际海事安全领域所出现的共同问题,而海事安全往往关乎很多国家的切身利益,故相关的国际组织大多允许和倡议除缔约国之外的国家加入,个别国际海事安全条约的制定目标甚至是实现世界普及。从这个角度讲,国际海事安全条约又具有很强的开放性特征。

二、国际海事安全条约的种类

国际海事安全条约根据制定主体和适用范围,主要包括区域性海事安全条约和全球性海事安全条约。

1. 区域性海事安全条约

区域性海事安全条约是一定海域范围的国家(地区)签订的条

---

① 郑慧:《国际海事条约基本制度研究——以四大支柱性国际海事条约为视角》,大连海事大学硕士学位论文,2012 年,第 26—27 页。

约。由于海洋互通性、海事行为跨境性、海事风险来源复杂性等特点以及海洋航行自由等原则,区域性海事安全条约也较少,主要是AC制定的关于规范北极海域海事安全的条约。AC通过主持协商先后达成了三个具有法律约束力的协议:一是《北极海空搜救合作协定》,该协议在安全运输和协助北极遇难人员方面提高合作将发挥重要作用;二是《北极海洋油污预防与反应合作协定》,以鼓励未来开展国内、双边和多国的临时计划、培训和演习,以发展有效的反应措施;三是《加强北极国际科学合作协定》,为北极地区相关科研活动提供便利条件。

AC第七届外长会议于2011年5月12日在丹麦格陵兰岛首府努克举行,与会国家外长签署了AC成立15年以来的首个正式协议《北极海空搜救合作协定》(Agreement on Cooperation on Aeronautical and Maritime Search and Rescue in the Arctic),就各成员国承担的北极地区搜救区域和责任进行了规划。这是一个历史性的突破,它是AC第一个具有法律约束力的协议。《北极海空搜救合作协定》最引人注目的条款为第8条"因搜救目的请求进入一成员国领土"的规定,即关于在必要情况下,成员国有义务同意他国救援船只进入本国责任海域。该条规定:

> 一成员国因搜救目的包括燃油补给请求另一成员国或几个成员国准许其进入该成员国领土,应将其请求发给相关成员国搜救机构或RCC(成员国航空及/或海事救援中心)。
>
> 收到这种请求的成员国应立即确认收到申请。该成员国应通过其RCCs尽快通知申请国申请是否已获准,以及是否有执行该任务需要遵守的条件。
>
> 收到这种请求的成员国,以及收到需要过境其领土申请的成员国,应根据本国法律及国际义务,尽可能应用最快捷的

边境通过程序。①

从国际法的角度来说,这一规定具有重要的创新意义,是管辖权的一种共享。但是,条约也做出限定,即此种义务只限于特定条件下,船只需及时向该责任海域成员国的相关机构提出申请……而成员的相关机构一旦接到此种请求,需根据具体情况在第一时间对请求进行判定,并及时将结果告知申请方。

2013年5月15日,AC第八届部长级会议在瑞典基律纳召开,通过了《北极海洋油污预防与反应合作协定》(Agreement on Cooperation on Marine Oil Pollution Preparedness and Response in the Arctic)。这是AC成立以来继《北极海空搜救合作协定》之后的第二份具有法律约束力的专门协定,弥补了普适性国际公约在北极地区的空白,协调了各国在这一地区的石油污染防治行动,完善了地区制度,在保障北极地区自然生态安全相互协作的积极性和有效性、开发北极地区油气资源、增强极地地区的船舶运输以及实质性地完善有关应对北极溢油的程序等方面必将发挥着非常重要的作用②。

2017年5月10日,AC第十届部长级会议在美国阿拉斯加州费尔班克斯召开。北极八国部长签署了《加强北极国际科学合作协定》(Agreement on Enhancing International Arctic Scientific Cooperation)。该协定旨在改善现有的基础设施中以前无法使用的部分;实现研究人员、学生、设备和材料的更新;用以前不可能实

---

① Agreement on Cooperation on Aeronautical and Maritime Search and Rescue in the Arctic, Seventh Ministerial Meeting of the Arctic Council, Nuuk, Greenland, May 11-12, 2011, Arctic_SAR_Agreement_EN_FINAL_for_signature_21-Apr-2011.pdf.

② Agreement on Cooperation on Marine Oil Pollution, Preparedness and Response in the Arctic, Kiruna, Sweden, May 15, 2013, MM08_agreement_on_oil_pollution_preparedness_and_response_in_the_arctic_formatted.pdf.

现的方式促进数据和元数据的共享;以及鼓励拥有传统经验和本土知识的人参与到跨领域的科学活动中。该协议将有助于促进人员、设备和材料进入北极科学研究区,并为青年科学家及学生提供培训机会。这是继 2011 年《北极海空搜救合作协定》和 2013 年《北极海洋油污预防与反应合作协定》之后,北极八国在 AC 框架下签署的第三个具有约束性的协议。这一协议将有助于为北极地区相关科研活动提供便利条件,包括人员、设备和物资进出北极地区,利用北极的基础设施和研究设施,进入研究区域等①。

协定提出的需要改进的具体措施有:① 制定快速获得签证和入境许可的程序;② 将之前的历史数据和其他硬拷贝形式的数据数字化,创建共享平台来搜索位于各数据库中的数据,并与北极数据委员会(Arctic Data Committee)和北极持续观测网(Sustaining Arctic Observing Networks)做好协调工作;③ 利用协定中提到的组织建立并监督跨界研究伙伴关系;④ 加大对田间学校和暑期学校的支持,增加培养下一代北极科学家的相关手段;⑤ 促成关于整个北极不同地区共同问题的成熟的比较研究;⑥ 最大限度地使用破冰船和其他具有科学用途的基础设施;⑦ 创造融合自然科学,社会科学以及本土知识的创新资源以解决共同关心的问题。[Concrete examples of improvements needed to achieve success with the agreement would be to (i) establish procedures to expedite the granting of visas and permits for accessing field sites; (ii) digitize historic and other data from hard-copy formats and create shared platforms for searching data located in a variety of repositories, including coordination with the Arctic Data

---

① 王洋:《第十届北极理事会部长级会议召开》,《中国海洋报》2017 年 6 月 2 日第 A4 版。

Committee and Sustaining Arctic Observing Networks; (iii) use organizations mentioned in the agreement to set up and monitor research partnerships across borders; (iv) increase support for field and summer schools and related means for training the next generation of Arctic scientists; (v) promote well-formulated comparative studies designed to examine common issues at multiple locations across the Arctic; (vi) maximize the use of icebreakers and other forms of infrastructure for scientific purposes; and (vii) create innovative venues that integrate natural and social sciences along with indigenous knowledge to address common concerns.]上述部分措施需要外交部官员来推动执行，其他的则通过代表科学界的组织就可以得到最好的实施。每一缔约方都可以而且应该指定一个官方联络站，负责协助执行协定，监督在消除障碍方面取得的进展，并根据需要提出采取其他额外措施的建议[1]。

由于 AC 的论坛性质，各项协议虽然具有约束性但并不具备法律效力。即便如此，该合作协议的签署也表明 AC 进一步加强了北极的区域合作。由于 AC 的区域性组织性质，其通过的三部协定只能约束 AC 成员，加之国际社会对北极地区的密切关注和 IMO 的宗旨、影响力，故制定一部具有普遍约束力的国际海事规则的任务必将最终还是会落在 IMO 身上。

2. 全球性海事安全条约

全球性海事安全条约是相关国际组织或缔约国大会通过的旨在规制全球海事安全的条约。目前，大部分国际海事安全条约属

---

[1] Paul Arthur Berkman, Lars Kullerud, Allen Pope, Alexander N. Vylegzhanin, Oran R. Young. The Arctic Science Agreement propels science diplomacy, Science 03 Nov. 2017, Vol.358, Issue 6363, pp.596-598.

于全球性海事安全条约。这类条约在国际海事安全领域发挥着重要作用,且一般是通过 IMO 制定的。从 1912 年"泰坦尼克"号冰海沉船事件促成的最早全球性海事安全条约《国际海上人命安全公约》诞生后,国际社会在 IMO 主持下又制定了多部有关海事安全规制方面的全球性条约,如《1973 年国际防止船舶造成污染公约》《1978 年海员培训、发证和值班标准国际公约》等,这些条约成为当今世界规制海事安全问题最具普遍约束力的法律文本。IMO 通过的国际海事安全公约与议定书见表 2[①]。

表 2　IMO 通过的国际海事安全公约与议定书一览

关键公约 （Key IMO Conventions）		
公约中文名	公　约　英　文　名	生效日期
1974 年国际海上人命安全公约	International Convention for the Safety of Life at Sea（SOLAS），1974, as amended	1980 年 5 月 25 日
1973 年国际防止船舶造成污染公约	International Convention for the Prevention of Pollution from Ships, 1973, as modified by the Protocol of 1978 relating thereto and by the Protocol of 1997 (MARPOL)	1983 年 10 月 2 日
海员培训、发证和值班标准国际公约	International Convention on Standards of Training, Certification and Watchkeeping for Seafarers（STCW）as amended, including the 1995 and 2010 Manila Amendments	1984 年 4 月 28 日

---

① List of IMO Conventions, Related Protocols are referred to under the main Convention，http://www.imo.org/en/About/Conventions/ListOfConventions/Pages/Default.aspx,访问日期：2018 年 2 月 19 日。

续 表

其他与海上安全和船舶/港口接口有关的公约 (Other conventions relating to maritime safety and security and ship/port interface)		
1972年国际海上避碰规则公约	Convention on the International Regulations for Preventing Collisions at Sea (COLREG), 1972	1977年7月15日
1965年国际便利海上运输公约	Convention on Facilitation of International Maritime Traffic (FAL), 1965	1967年3月5日
1966年国际载重线公约	International Convention on Load Lines (LL), 1966	1968年7月21日
1979年国际海上搜寻救助公约	International Convention on Maritime Search and Rescue (SAR), 1979	1985年6月22日
1988年制止危及海上航行安全非法行为公约 1988年制止危及大陆架固定平台安全非法行为议定书	Convention for the Suppression of Unlawful Acts Against the Safety of Maritime Navigation (SUA), 1988, and Protocol for the Suppression of Unlawful Acts Against the Safety of Fixed Platforms located on the Continental Shelf (and the 2005 Protocols)	1992年3月1日
1972年国际集装箱安全公约	International Convention for Safe Containers (CSC), 1972	1977年9月6日
国际海事卫星组织公约	Convention on the International Maritime Satellite Organization (IMSOC), 1976	1979年7月16日
1977年托列莫利诺斯国际渔船安全公约 1993年托列莫利诺斯议定书	The Torremolinos International Convention for the Safety of Fishing Vessels (SFV), 1977, superseded by the The 1993 Torremolinos Protocol; Cape Town Agreement of 2012 on the Implementation of the Provisions of the 1993 Protocol relating to the Torremolinos International Convention for the Safety of Fishing Vessels	

续 表

1995年渔船船员培训、发证和值班标准国际公约	International Convention on Standards of Training, Certification and Watchkeeping for Fishing Vessel Personnel (STCW-F), 1995	
1971年特种业务客船协定 1973年特种业务客船舱室要求议定书	Special Trade Passenger Ships Agreement (STP), 1971 and Protocol on Space Requirements for Special Trade Passenger Ships, 1973	1974年1月2日 1977年6月2日
其他有关防止海洋污染的公约 (Other conventions relating to prevention of marine pollution)		
1969年国际干预公海油污染公约	International Convention Relating to Intervention on the High Seas in Cases of Oil Pollution Casualties (INTERVENTION), 1969	1975年5月6日
1972年防止倾倒废料及其他物质污染海洋公约	Convention on the Prevention of Marine Pollution by Dumping of Wastes and Other Matter (LC), 1972 (and the 1996 London Protocol)	1975年8月30日
1990年国际油污防备、反应和合作公约	International Convention on Oil Pollution Preparedness, Response and Co-operation(OPRC), 1990	1995年5月13日
2000年有毒有害物质污染事故防备、反应和合作公约	Protocol on Preparedness, Response and Co-operation to pollution Incidents by Hazardous and Noxious Substances, 2000 (OPRC-HNS Protocol)	2007年6月14日
2001年国际控制船舶有害防污底系统公约	International Convention on the Control of Harmful Anti-fouling Systems on Ships (AFS), 2001	2008年9月17日
2004年国际船舶压载水及沉积物控制和管理公约	International Convention for the Control and Management of Ships' Ballast Water and Sediments, 2004	2017年9月8日

续表

2009年香港国际安全与环境无害化拆船公约	The Hong Kong International Convention for the Safe and Environmentally Sound Recycling of Ships, 2009	
其他 (Other subjects)		
1969年国际船舶吨位丈量公约	International Convention on Tonnage Measurement of Ships(TONNAGE), 1969	1982年7月18日
1989年国际救助公约	International Convention on Salvage (SALVAGE), 1989	1996年7月14日

三、国际海事安全条约规范构成

国际海事安全规范主要由公约、议定书、修正案、规则、决议、通函等构成[①]。其中，公约(Convention)一旦生效，即具有强制性（指对各该公约的缔约国而言），其通过议定书(Protocols)和修正案(Amendments)进行修正。规则(Codes)自愿地由各船旗国采用作为其国家规则，一旦采用，对该国即具强制性。决议(Resolutions)自愿地由各船旗国采用作为其国家规则，一旦采用，对该国即具强制性，通常只涉及有限的技术领域，是制定规则和公约的第一步。一些决议因对某一公约的修正而已被纳入了该公约，对于已作为公约之一部分的决议，具有与公约相同的性质和特点。通函(Circulars)是推荐性的，是一种统一的解释。

1. 公约

国际海事安全公约一般是指通过缔约国外交大会订立的多边条约，规定缔约国应当遵守的国际海事安全行为规则与制度。结

[①] 李志文、马晓路：《我国海事立法中的国际公约有关问题研究》，《学术论坛》2014年第5期。

合"海事""海事安全""国际海事安全条约"概念的界定,国际海事安全公约主要包括以下几种:

（1）有关海上安全的国际公约,主要包括《1974年国际海上人命安全公约》《1972年国际海上避碰规则公约》《1966年国际载重线公约》《1969年国际船舶吨位丈量公约》《1971年特种业务客船协定》《1972年国际集装箱安全公约》《国际海事卫星组织公约》《1977年托列莫利诺斯国际渔船安全公约》《1979年国际海上搜寻救助公约》等。

（2）有关海洋环境保护的国际公约,主要包括《1969年国际干预公海油污事故公约》《1972年防止倾倒废物和其他物质污染海洋公约》《1973年国际防止船舶造成污染公约》《1990年国际油污防备、反应和合作公约》等。

（3）有关船员培训、发证和值班标准的国际公约,主要包括《1978年海员培训、发证和值班标准国际公约》《1995年渔船船员培训、发证和值班标准国际公约》。

（4）专门规制海盗、海上恐怖主义活动的规范,包括《尼翁协定》《1988年制止危及海上航行安全非法行为公约》及其议定书、《关于打击亚洲海盗活动和武装抢劫船只行为的地区合作协定》（2004年）等国际条约以及《关于海盗和海上暴力行为的示范国内法》（2001年）、《海上犯罪行为国家立法准则草案》（2007年）等示范法。

公约是规制国际海事安全风险最普遍、最主要的法律形式。由于海事活动的国际性特征比较明显,海洋运输往往涉及多国利益,各国通过缔结国际条约的方式达成统一的海事行为规范,并依"条约必须信守"原则自觉受制于条约的约束,这对于共同应对国际海事安全问题,维护安定的海事安全环境具有重要意义。

2. 议定书

根据国际法理论与实践,议定书（Protocol）通常用于三种情况：一是作为条约的附件，用来说明、补充、修改或限制已经签订的某项条约；二是作为条约的附件，但同时又具有一定的独立性；三是作为某个重要问题的多边协议，其本身即为一项独立的条约。[1] 国际海事安全议定书属于第三种情况，是缔约国对之前缔结或生效的相关国际海事安全公约进行解释、补充、修改，或是对有效期的处长，或是对某些技术问题所做的专门规定而缔结的国际法律文件。国际海事安全议定书主要包括《1974 年国际海上人命安全公约 1978 年议定书》《1974 年国际海上人命安全公约 1988 年议定书》《1966 年国际载重线公约 1988 年议定书》《1973 年国际干预公海非油污类物质污染议定书》《1973 年特种业务客船舱室要求议定书》《1977 年国际捕鱼船安全公约 1993 年议定书》《1988 年制止危及海上航行安全非法行为公约议定书》等。议定书与原公约的关系主要有以下几个方面：

(1) 原公约未生效，通过议定书修改原公约相关内容，议定书成为一份独立文件，但在原公约生效后生效。例如，《1974 年国际海上人命安全公约 1978 年议定书》是在因《1974 年国际海上人命安全公约》未生效而不可能对其进行修正时为引入有关油船安全和防止污染的新措施所采取的一种办法，但该议定书被视为一份独立文件，并在《1974 年国际海上人命安全公约》生效后生效[2]。

(2) 原公约未生效，通过议定书修改原公约相关内容，但议定书吸收了原公约，批准议定书的国家必须同时遵守原公约的规定，而不需再单独批准原公约，原公约不可能单独生效。例如，《经 1978 年议定书修正的〈1973 年国际防止船舶造成污染公约〉》是在因《1973 年国际防止船舶造成污染公约》未生效而不可能对其进

---

[1] 周洪钧：《国际法（第 2 版）》，北京：中国政法大学出版社 2008 年版，第 228 页。
[2] 危敬添：《国际海事条约的历史和现状概览》，人民交通出版社 2010 年版，第 25、94 页。

行修正时为引入有关防止污染的新措施所采取的一种办法,但要求批准议定书的国家必须同时遵守《1973 年国际防止船舶造成污染公约》的规定,而不需再单独批准公约①。

(3) 原公约不可能生效,通过议定书代替公约。例如,由于技术原因,《1977 年国际捕鱼船安全公约》不可能达到生效条件,故此,国际海事组织于 1993 年通过了《1977 年国际捕鱼船安全公约 1993 年议定书》,以代替《1977 年国际捕鱼船安全公约》②。

(4) 原公约生效,通过议定书代替原公约。例如,《1972 年防止倾倒废物和其他物质污染海洋公约》于 1975 年生效,但《1996 年议定书》代替了该公约③。

(5) 原公约生效,通过议定书修改原公约相关内容,但与原公约相互独立,且彼此联系。例如,《1990 年国际油污防备、反应和合作公约》生效后,《2000 年有毒有害物质污染事故防备、反应和合作议定书》修改了适用范围,但两者既相互独立,又彼此联系,即只有《1990 年国际油污防备、反应和合作公约》的缔约国,才能成为《2000 年有毒有害物质污染事故防备、反应和合作议定书》的缔约国;退出前者,则意味着自动退出后者④。

(6) 原公约生效,通过议定书增加新附则。例如,《1973 年国际防止船舶造成污染公约》1997 年议定书即新增一个附则Ⅵ"防止船舶造成大气污染规则"⑤。

---

① 危敬添、姚文兵:《国际海事条约概览》,大连海事大学出版社 2007 年版,第 123—124 页。
② 危敬添:《国际海事条约的历史和现状概览》,人民交通出版社 2010 年版,第 72—73 页。
③ 危敬添:《国际海事条约的历史和现状概览》,人民交通出版社 2010 年版,第 119 页。
④ 危敬添:《国际海事条约的历史和现状概览》,人民交通出版社 2010 年版,第 122—123 页。
⑤ 危敬添:《国际海事条约的历史和现状概览》,人民交通出版社 2010 年版,第 105 页。

3. 修正案

国际海事安全公约修正案是对国际海事安全公约附则中的技术或操作规范所进行的修改。修正案在国际海事安全法律制度中大量存在。这些修正案大部分是由 IMO 下设的海上安全委员会(MSC)和海上环境保护委员会(MEPC)就公约技术性附则以决议的方式通过的。但有时因为法律上的规定,有一些修正案需要提交缔约国大会讨论通过。例如,1994 年 5 月,缔约国外交大会通过了为《1974 年国际海上人命安全公约》新增加 3 章的修正案,即第Ⅸ章"船舶安全营运管理",使《国际安全管理规则》(ISM 规则)成为强制性要求;第Ⅹ章"高速船安全规则"(简称 HSC 规则),旨在对新型的高速船的特殊需要规定一个强制性的国际标准;第Ⅺ章"加强海上安全的特别措施"。1995 年 11 月,缔约国外交大会通过的《1974 年国际海上人命安全公约》修正案,新增客滚船的稳性的规定,并修改了救生设备与安排的标准等。2002 年 12 月,缔约国外交大会通过的修正案,旨在加强船上和船港界面区域的海上保安。《1978 年海员培训、发证和值班标准国际公约》的两次重要修改,即 1995 年修正案和 2010 年修定案,则都是通过缔约国外交大会通过的。

4. 附则/规则

如上文所述,为了适应技术性强的特征与要求,国际海事安全条约在立法技术方面,除了公约正文外,大部分都规定了附则/规则,而公约的核心内容即为该些附则/规则。某些议定书和修正案也会存在附则/规则。凡引用公约、议定书、修正案时,同时也就是引用其附则/规则。例如,国际海上人命安全公约是由正文和附则构成。其中,附则共 12 个章,除了第Ⅰ章"总则"、第Ⅸ章"船舶安全营运"和第Ⅺ章"加强海上安全、保安的特别措施"外,其他 9 章均属于专项技术规范或标准:第Ⅱ章"构造"、第Ⅲ章"救生设备与装置"、第Ⅳ章"无线电通信设备"、第Ⅴ章"航行安全"、第Ⅵ章"货物装运"、第Ⅶ章"危险货物的载运"、第Ⅷ章"核能船舶"、第Ⅹ章"高速船安全措施"、第Ⅻ章"散货船安全附加措施"。国际防止船舶造成污染公约由正文和附则构成,其中,大部分技术措施都包括在公约的 6 个附则中,即附则Ⅰ"防止油类污染"、附则Ⅱ"控制散装有毒液体物质污染"、附则Ⅲ"防止海运包装形式有害物质污染"、附则Ⅳ"防止船舶生活污水污染"、附则Ⅴ"防止船舶垃圾污染"和附则Ⅵ"防止船舶污染大气"。

第五节　国际海事安全条约与《联合国海洋法公约》的关系

《联合国海洋法公约》(UNCLOS)是一部规范全球海洋制度的总法,涉及海洋法的各个方面,包括各种海域制度、航行权利、海洋环境保护和保全、海洋科学研究以及海洋争端解决等各项法律制度,其目的在于妥为顾及所有国家主权的情形下,建立一种海洋法律秩序,便利海洋交通,促进海洋和平利用,养护海洋生物资源和保障海洋环境安全。那么,UNCLOS 与国际海事安全条约是何种关系? UNCLOS 构成国际海事安全条约的"母法"吗? 在具体适用方面是否存在"优先次序"之说?

一、UNCLOS 不构成国际海事安全条约的"母法"

其理由主要有以下几个方面:

第一,国际海事安全条约的制定与实施远远早于 UNCLOS。早在 18 世纪和 19 世纪工业革命时期,国际社会就制定了涉及船舶吨位丈量、避碰等国际规则。1914 年诞生了最早的海上安全公约,即《1914 年国际海上人命安全公约》。该公约因欧洲战争原因而未生效,但 1929 年通过的《国际海上人命安全公约》,则于 1933 年生效。这比 1982 年生效的 UNCLOS,早了近 50 年。因此,从时间上看,很难说 UNCLOS 构成了国际海事安全条约的"母法"。

第二,IMO 在 UNCLOS 制定期间与联合国海洋法会议保持着密切的合作,为 UNCLOS 的制定并使其与 IMO 制定的国际海事安全条约之间保持一致做了重要贡献。因此,从两者身份上看,也很难说 UNCLOS 构成了国际海事安全条约的"母法"。

第三,"一般接受的国际规则、程序和惯例"是各国采取措施保证海上安全的最高依据。这一点也为 UNCLOS 所确认,如其第 94 条第 3 项、第 4 项和第 5 项,明确规定船旗国的基本义务,即是船旗国应采取措施保证海上安全符合"一般接受的国际规则、程序和惯例"。又如,UNCLOS 对"过境通行的船舶"规定,"应遵守一般接受的关于海上安全的国际规则、程序和惯例;遵守一般接受的关于防止、减少和控制来自船舶的污染的国际规则、程序和惯例"。因此,从法律效力依据上看,更不能说 UNCLOS 构成了国际海事安全条约的"母法"。

二、UNCLOS 与国际海事安全条约有各自的独立性

UNCLOS 第 311 条第 2 款规定,公约不改变缔约国根据与 UNCLOS 相符合的且不影响其基本原则的适用的其他公约而产生的权利和义务。第 237 条规定,公约第Ⅻ部分的规定不影响各国根据先前缔结的关于保护和保全海洋环境的特别公约和协定所承担的义务,也不影响为了推行本公约所载的一般原则而可能缔结的协定。各国根据特别公约所承担的关于保护和保全海洋环境的特定义务,应依符合公约一般原则和目标的方式履行。

国际海事安全条约也有类似的表述,如 MARPOL73/78 第 9

条规定,本公约的任何内容,不得影响根据联合国大会第 C(XXV)2750 号决议召开的联合国海洋法会议对 UNCLOS 的编纂和制定,也不得影响任何国家目前和今后就 UNCLOS 以及沿海国和船旗国的管辖权的性质和范围所提出的要求和法律观点。又如,STCW1978 公约正文第 V 条第 4 项也做了相同的规定。

综上,可以判断,UNCLOS 和国际海事安全条约之间有着各自的独立性,UNCLOS 中一些涉及海事安全的法律条款,大多是国际上普遍接受的基本原则,一般不影响具体的特别是专门技术性强的海事安全条约法律的编纂和发展;同样,海事安全条约在不减损国际上普遍接受的基本原则的前提下,也不影响海洋法的编纂和发展。

三、UNCLOS 与国际海事安全条约存在不可分割的关系

UNCLOS 与国际海事安全条约之间应是一种不可分割关系,即 UNCLOS 吸取了国际海事安全条约的相关原则,为国际海事安全条约的制定和实施确定了全面综合的管理框架;国际海事安全条约的制定和实施则进一步保证了 UNCLOS 的根本宗旨得以实现。主要体现在以下几个方面:

首先,国际海事安全条约符合 UNCLOS 的原则。海事安全对于维护海洋秩序、确保航行安全、保护海洋环境等,均具有重要意义。国际海上人命安全公约体系、国际防止船舶造成污染公约体系以及海员培训、发证和值班标准国际公约体系,分别从海上航行安全、防止船舶污染海洋环境和海员适任等方面规定保障海事安全所应承担的义务与责任,其最终目的与 UNCLOS 的宗旨和原则是一致的。

其次,UNCLOS 进一步促进了国际海事安全条约的实施。例如,《1974 年国际海上人命安全公约》规定了船旗国和港口国的权

利和义务,而船舶国籍的取得则是 UNCLOS 规定的,从而使前者登船检查管理的权利和义务获得了法律依据。又如,《经 1978 年议定书修订的 1973 年国际防止船舶造成污染公约》(MARPOL 73/78)第 9 条规定:本公约中的"管辖权"一词,在应用和解释本公约时应根据现行的国际法来解释,但"管辖"一词在 MARPOL 73/78 中并未做具体划分。如何解释"管辖",只能援引 UNCLOS 的相关条款,即第 91 条,第 217 条第 1 项、第 2 项、第 3 项和第 7 项,第 2187 条和第 220 条,因为上述条款就 MARPOL 73/78 在 UNCLOS 的法律地位做出了明确规定,进而使"管辖"一词得到"链接"。再如,IMO 的《国际海上危险货物运输规则》和 MARPOL 73/78 附则Ⅲ都是依据联合国制定的《危险货物运输的建议书》和《联合国全球化学品分类和标记协调系统》制定和修改的,而且内容有越来越接近的趋势①。

最后,国际海事安全条约是 UNCLOS 相关内容的具体体现,而非是其实施规则。UNCLOS 对船舶出入海洋的权利和过境自由、海洋环境保护和安全等方面做了明确规定,国际海事安全条约通过百余年的发展所形成的庞大的条约体系,对上述内容都有详尽的规定,因此,国际海事安全条约是保障海事安全的专门性国际条约,是 UNCLOS 的相关内容的具体体现,但不是实施规则。

---

① 范育军:《相关国际海事公约的产生及发展规律》,《中国海事》2012 年第 10 期。

第二章
有关海上安全的主要国际公约

在有关海上安全的国际公约中,最为重要的是《1974年国际海上人命安全公约》,除此之外,还有《1972年国际海上避碰规则公约》《1972年国际集装箱安全公约》《1976年国际海事卫星组织公约》《1978年海员培训、发证和值班标准国际公约》《1979年国际海上搜寻救助公约》《1988年制止危及海上航行安全非法行为公约》等。

第一节 《1974年国际海上人命安全公约》

1974年国际海上人命安全会议于该年10月21日在伦敦召开,并于1974年11月1日通过了国际海事组织制定的新版的安全公约,即《1974年国际海上人命安全公约》(International

Convention for the Safety of Life at Sea, 1974; SOLAS 1974)。SOLAS 1974 于 1980 年 5 月 25 日生效。SOLAS 1974 业经 1978 年和 1988 年两次议定书修正，并按 SOLAS 1974 第 8 条的规定，以海上安全委员会(MSC)扩大会议的形式，或以 SOLAS 1974 缔约国政府间会议的形式，进行了多次修正。

一、框架结构

SOLAS 1974 由 13 个正文条款和 1 个附则组成。凡引用该公约时，同时也就是引用其附则。SOLAS 1974 第 Ⅰ 条"公约的一般义务"规定："各缔约国政府承担义务实施本公约及其附则的各项规定，该附则应构成本公约不可分割的部分。凡引用本公约时，同时也就是引用该附则。"

正文条款主要规定了公约的一般义务、适用范围、不可抗力情况、紧急情况下载运人员、以前的条约和公约、经协议订立的特殊规则、修正以及签字、批准、接受、认可、加入、生效、退出、保存、登记和文字等内容。

附则是公约的重要组成部分。SOLAS 1974 附则在公约通过时共有 8 章，分别是第 Ⅰ 章"总则"、第 Ⅱ 章"构造"(包括第 Ⅱ-1 章"构造—结构、分舱与稳性、机电设备"和第 Ⅱ-2 章"构造—防火、探火和灭火")、第 Ⅲ 章"救生设备与装置"、第 Ⅳ 章"无线电通信设备"、第 Ⅴ 章"航行安全"、第 Ⅵ 章"货物装运"、第 Ⅶ 章"危险货物的载运"、第 Ⅷ 章"核能船舶"，后经过修正案增加 4 章，分别是第 Ⅸ 章"船舶安全营运管理"(1994 年 5 月外交大会修正案新增，1998 年 7 月 1 日生效)、第 Ⅹ 章"高速船安全措施"(1994 年 5 月外交大会修正案新增，1996 年 6 月 1 日生效)、第 Ⅺ 章[包括第 Ⅺ-1 章"加强海上安全的特别措施"(1994 年 5 月外交大会修正案新增，1996 年 6 月 1 日生效)和第 Ⅺ-2 章"加强海上保安的特别措施"(2002 年

12月修正案新增,2004年7月1日生效)]、第XII章"散货船安全附加措施"(1997年11月修正案新增,1999年7月1日生效),从而使SOLAS 1974附则达至12章。公约还有一个附录,向各缔约国提供有关船舶安全证书的标准格式,主要有下列证书格式:客船安全证书、货船构造安全证书、货船设备安全证书、货船无线电安全证书、货船安全证书、免除证书、核动力客船证书、核动力货船安全证书等。

二、适用范围

SOLAS 1974第2条"适用范围"规定,"本公约适用于经授权悬挂缔约国政府国旗的船舶",同时SOLAS 1974附则各章对各章适用于何种船舶与适用的范围做了详细规定。

附则第Ⅰ章"总则"第1条规定,本公约附则所包含的规则仅适用于从事国际航行的船舶,所谓的"国际航行",系指由适用本公约的一国驶往该国以外港口或与此相反的航行。"客船"系指载客超过12人的船舶。"货船"系指非客船的任何船舶。"油船"系指建造成或改建成适合于运输散装易燃液体货物的货船。"渔船"系指用于捕捞鱼类、鲸鱼、海豹、海象或其他海洋生物资源的船舶。"核能船舶"系指设有核动力装置的船舶。

附则第Ⅱ-1章"构造(分舱与稳性、机电设备)"第1条规定,除另有明文规定外,本章适用于新船。其中,"新客船"是指在本公约生效之日或以后安放龙骨或处于相应建造阶段的客船,或在本公约生效之日或以后由货船改建的客船,所有其他客船均称为现有客船。"新货船"是指本公约生效之日或以后安放龙骨或处于相应建造阶段的货船。

附则第Ⅱ-2章"构造(防火、探火和灭火)"就各节所适用的船舶做了规定,见表3。

表3 附则第Ⅱ-2章"构造(防火、探火和灭火)"各节的适用范围

适用船舶	适用的节和条款	具 体 内 容
新船	第一节"通则"第4条至第16条	第4条"防火控制图",第5条"消防泵、消防总管、消火栓和消防水带",第6条"杂项",第7条"灭火机",第8条"固定式气体灭火系统",第9条"机器处所的固定式泡沫灭火系统",第10条"机器处所的固定式高膨胀泡沫灭火系统",第11条"机器处所的固定式压力水雾灭火系统",第12条"自动喷水器、失火报警和探火系统",第123条"自动失火报警和探火系统",第14条"消防员装备",第15条"灭火设备的即刻可用",第16条"代用品的采用"
载客超过36人的新客船	第二节"载客超过36人客船的消防措施"	第17条"结构",第18条"主竖区和水平区",第19条"主竖区内的舱壁",第20条"舱壁及甲板的耐火完整性",第21条"脱险通道",第22条"起居处所与服务处所内梯道与升降机的保护",第23条"'甲级分隔'上的开口",第24条"'乙级分隔'上的开口",第25条"通风系统",第26条"窗与舷窗",第27条"可燃材料的限制使用",第28条"杂项",第29条"自动喷水器、失火报警和探火系统或自动失火报警和探火系统",第30条"特种处所的保护",第31条"除特种处所外用于载运油箱中备有自用燃料的机动车辆的装货处所的保护",第32条"消防巡逻等的保持和灭火设备的规定",第33条"燃油、滑油和其他易燃油类的布置",第34条"机器处所内的特别布置"
载客不超过36人的新客船	第三节"载客不超过36人客船的消防措施"	第35条"结构",第36条"主竖区",第37条"'甲级分隔'上的开口",第38条"'甲级分隔'的耐火完整性",第36条"起居处所

第二章 有关海上安全的主要国际公约

续 表

适用船舶	适用的节和条款	具 体 内 容
载客不超过36人的新客船	第三节"载客不超过36人客船的消防措施"	加机器、装货及服务处所的分隔",第40条"起居和服务处所的保护",第41条"甲板敷料",第42条"起居处所与服务处所内梯道与升降机的保护",第43条"控制站和储藏室的保护",第44条"窗与舷窗",第45条"通风系统",第46条"构造细节",第47条"探火系统和灭火设备",第48条"脱险通道",第49条"用于内燃机的燃油",第50条"机器处所的特殊布置"
新货船	第四节"货船的消防措施"	第51条"除本章第五节所包括的油船以外的4 000总吨及4 000总吨以上的货船的一般要求",第52条"灭火系统和设备",第53条"脱险通道",第54条"机器处所的特殊布置"
新油船	第五节"油船的消防措施"	第56条"处所的位置和分隔",第57条"构造",第58条"通风",第59条"脱险设施",第60条"货油舱的保护",第61条"固定式甲板泡沫系统",第62条"惰性气体系统",第63条"货油泵舱",第64条"消防水带用的水枪"
载客超过36人的现有客船	第六节"现有客船的特殊消防措施"	第66条"构造",第67条"主竖区",第68条"主竖区舱壁的开口",第69条"起居处所与机器处所、装货处所、服务处所的分隔",第70条"有关Ⅰ、Ⅱ、Ⅲ法的运用",第71条"垂直梯道的保护",第72条"升降机(旅客及服务)、采光及通风用垂直围壁通道等的保护",第73条"控制站的保护",第74条"储藏室等的保护",第75条"窗与舷窗",第76条"通风系统",第77条"杂项",

续表

适用船舶	适用的节和条款	具 体 内 容
载客超过36人的现有客船	第六节"现有客船的特殊消防措施"	第78条"电影胶片",第79条"示意图",第80条"消防泵、消防总管系统、消火栓与消防水带",第81条"探火与灭火的要求",第82条"消防设备的即刻获用",第83条"脱险通道",第84条"应急电源",第85条"应变演习与操练"

注:第6条"杂项":一、如使用电力取暖器,应于装设位置加以固定,其构造应能使失火危险减至最低程度。凡取暖器的电热丝暴露到可能因其热度而将衣服、帷幔或其他类似的物件烧焦或着火者,概不得设置。二、硝酸纤维素基胶片不得用于电影设备。

第16条"代用品的采用":本章内对任何新船和现有船舶所规定的任何特定型式的设备、用具、灭火剂或装置,如主管机关认为在不降低效能的情况下,可允许其他型式的设备来代替。

第28条"杂项":适用于船舶所有部分的要求

一、穿过"甲级或乙级分隔"的管子,应为主管机关经考虑该分隔所需经受的温度而认可的材料。输送油类或可燃液体的管子,应为主管机关经考虑失火危险而认可的材料。在热力作用下易于失效的材料,不应用作舷边流水管、污水排泄管及其他靠近水线和因失火时该材料失效后将会造成浸水危险的部位的出水口。

适用于起居和服务处所、控制站、走廊和梯道的要求

二、(一)封闭在天花板、镶板或衬板后面的空隙应以紧密安装的且间距不超过14米(46英尺)的挡风条作适宜的分隔。(二)上述空隙,包括梯道、围壁通道等衬板后面的空隙,在垂直方向上,应在每层甲板处加以封堵。

三、天花板及舱壁的构造应在不减损其防火效能的情况下,使消防巡逻人员能探知隐蔽和不易到达处所的烟源,但主管机关认为该处所不致产生失火危险者可以除外。

附则还规定了排除适用的情况。附则第Ⅰ章"总则"第3条规定,除另有明文规定外,本公约附则所包含的规则不适用于下列船舶:军用舰艇和运兵船,总吨位小于500总吨的货船,非机动船,制造简陋的木船,非营业的游艇和渔船;除在第Ⅴ章内另有明文规定外,也不适用于专门航行于北美洲五大湖和航行于圣劳伦斯河东至罗歇尔角与安提科斯提岛西点间所绘的直线以及在安提科斯提岛北面水域东至西经63°线的船舶。第Ⅴ章"航行安全"第1条

规定,本章适用于一切航线上的所有船舶,但军用舰艇和专门航行于北美洲五大湖以及与其连接的,东至加拿大魁北克省蒙特利尔的圣拉姆伯特船闸下游出口处为止的水域及支流的船舶,不在此限。另外,第Ⅳ章"无线电报与无线电话"第 1 条规定:"本章不适用于在北美洲五大湖以及与其接连的,东至加拿大魁北克省蒙特利尔的圣拉姆伯特船闸下游出口处为止的水域及支流内航行的船舶,而该船舶在其他情况下应适用本规则。"[①]第Ⅶ章"危险货物的载运"第 1 条规定,本章适用于本公约所适用的一切船舶的危险货物装运,但本章规定不适用于船用物料及设备或专为载运特种货物而特别建造或改建的船舶如油轮等所载的该种货物。第Ⅷ章"核能船舶"第 1 条规定,本章适用于一切核能船舶,但军用船舶除外。

SOLAS 1974 对下列船舶或事项排除适用,其第 6 条第 2 款规定,本公约缔约国政府之间目前继续有效的有关海上人命安全或其有关事项的所有其他条约、公约和协定,在其有效期间,对下列事项仍应继续充分和完全有效:不适用本公约的船舶;适用本公约的船舶,但本公约未予明文规定的事项。然若上述条约、公约或协定与本公约的规定有抵触时,应以本公约的规定为准。对于本公约未予明文规定的一切事项,仍受缔约国政府的法律管辖。

三、船舶检验制度

船舶检验是指为证明船舶的技术状态满足相关法律、法规及规范的要求,确保船舶营运安全而对船舶及其设备和相关技术证书进行的检验、审核和鉴定等行为。只有通过相应的检验船舶,才

---

① 此类船舶按为安全目的利用无线电的有关特殊要求办理,此要求载于加拿大与美利坚合众国的有关协议内。

能取得必要的技术证书或保持技术证书继续有效。缔约国政府根据其职权所签发的证书在本公约规定范围内使用时,其他缔约国政府应予承认;各缔约国政府应视为这种证书与由其本国政府所签发的证书同样有效。

SOLAS 1974 附则第Ⅰ章"总则"规定了初次检验、换证检验、定期检验、中间检验、年度检验、附加检验和特别检验等 7 种船舶检验类型,船舶检验对象包括客船,货船救生设备和其他设备,货船无线电设备,货船船体、机器和设备,以及货船无线电安全证书和货船构造安全证书。不同的检验对象,涉及不同的船舶检验类型与内容。

1. 客船检验

SOLAS 1974 附则第Ⅰ章"总则"第 7 条"客船与检验"规定了客船检验的 3 种类型,即船舶投入营运前的初次检验,每 12 个月一次的换证检验和必要时的附加检验。

初次检验包括船舶结构、机器和设备,并包括船底外部,以及锅炉内外部在内的全面检查。此项检验应保证船舶的布置、材料、结构用材尺寸、锅炉和其他受压容器及其附件、主辅机、电气设备、无线电设备(包括救生设备上所使用的)、防火、消防安全系统和设备、救生设备和装置、船载导航设备、航海出版物、引航员登船设施以及其他设备,完全符合本公约和主管机关为实施本公约而颁布的从事预定用途船舶的各项法律、法令、命令和规则的各项要求。此项检验还应保证船舶各部分及其设备的制造工艺在任何方面均合格,且该船确已按本公约和现行国际海上避碰规则的规定备有号灯、号型以及发出声响信号和遇险信号的设备。

换证检验应包括结构、锅炉及其他受压容器、机器及设备,并包括船底外部在内的检验。此项检验应保证船舶在结构、锅炉或其他受压容器及其附件、主辅机、电气设备、无线电设备(包括救生设备上所使用的)、防火、消防安全系统和设备、救生设备和装置、船载导航设备、航海出版物、引航员登船设施以及其他设备,均处于合格状况,且适合其预定的用途;此外,尚应符合本公约和主管机关为实施本公约而颁布的法律、法令、命令和规则的各项要求。船舶所配备的号灯、号型以及发出声响信号和遇险信号的设备也应接受上述检验,以保证其符合本公约和现行国际海上避碰规则的各项要求。

附加检验是指当船舶发生事故或发现缺陷时经主管机关、指定的验船师或认可的组织进行调查研究而产生的修理以后,或在进行任何重要的修理或换新时,都应根据情况所进行的普遍的或局部的检验。此项检验应保证这些必要的修理或换新项目确已切实完成,其材料与工艺在各方面均为合格,并且该船在各方面均符合本公约和现行国际海上避碰规则以及主管机关为此而颁布的法律、法令、命令和规则的规定。

2. 货船救生设备和其他设备的检验

SOLAS 1974 附则Ⅰ章"总则"第 8 条"货船救生设备和其他设备的检验"规定了 5 种检验类型,即船舶投入营运前的初次检验,主管机关规定的期限不超过 5 年的换证检验,附加检验,货船设备安全证书的第 2 个周年日期前 3 个月或后 3 个月内,或第 3 个周年日期前 3 个月或后 3 个月内的定期检验,以及货船设备安全证书的每一周年日期前 3 个月或后 3 个月内的年度检验。

初次检验包括消防安全系统和设备、救生设备和装置(无线电设备除外)船载导航设备、引航员登船设施以及其他设备在内的全面检查,以保证其符合本公约的各项要求并处于合格状况,且适合该船预定的用途。防火控制图、航海出版物、号灯、号型以及发出声响信号和遇险信号的设备也应接受上述检验,以保证其符合本公约要求,以及如适用时,符合现行国际海上避碰规则的要求。

换证检验和定期检验应包括初次检验所述设备的检查,以保证设备符合本公约和现行国际海上避碰规则的要求并处于合格状况,适合该船预定的用途。

年度检验应包括初次检验所述设备的一般检查,以保证设备进行了维护保养,保持船舶及其设备状况符合本公约的各项规定,保证该船在各方面保持适合于出海航行而不致对船舶及船上人员产生危险,并保持在合格状况,适合该船预定的用途。

附加检验的前提与内容与对客船所规定的附加检验相同。

货船设备安全证书的定期检验应替代货船设备安全证书其中的一次年度检验。

3. 货船无线电设备的检验

SOLAS 1974 附则第 I 章"总则"第 9 条"货船无线电设备的检验"规定了 4 种检验类型,即船舶投入营运前的初次检验,主管机关规定的期限不超过 5 年的换证检验,货船无线电安全证书的每一周年日期前 3 个月或后 3 个月内的定期检验,以及附加检验。

初次检验应包括货船无线电设备,包括在救生设备上使用的无线电设备的全面检查,以保证设备符合本公约的各项要求。

换证检验和定期检验应包括货船无线电设备,包括在救生设备上使用的无线电设备的检查,以保证设备符合本公约的各项要求。

附加检验的前提与内容与对客船所规定的附加检验相同。

4. 货船船体、机器和设备的检验

SOLAS 1974 附则第 I 章"总则"第 10 条"货船船体、机器和设备的检验"规定了 5 种检验类型,即船舶投入营运前的初次检验,检验包括船底外部的检查;主管机关规定的期限不超过 5 年的换证检验;货船构造安全证书的第 2 个周年日期前 3 个月或后 3 个月内,或第 3 个周年日期前 3 个月或后 3 个月内的中间检验;货船构造安全证书的每一周年日期前3个月或后3个月内的年度检验;在任何5年期内,对船底外部至少进行2次检查的特别检验,以及附加检验。

初次检验应包括船体、机器和设备在内的全面检查。此项检验应能保证包括船舶的布置、材料、结构尺寸和工艺,锅炉和其他受压容器及其附件,主辅机包括舵机及与其相关的控制系统,电气设备以及其他设备符合本公约的各项要求,且处于合格状况,适合该船预定的用途,并备有要求的稳性资料。如为液货船,则此项检验还应包括泵舱,货油、燃油和透气管系以及与其相关的安全装置的检查。

换证检验应包括初次检验所述的船体、机器和设备的检查,以保证其符合本公约的各项要求,且处于合格状况,适合该船预定的用途。

中间检验应包括船体、锅炉和其他受压容器、机器和设备、舵机及与其相关的控制系统和电气设备的检查,以保证其保持在合格的状况,适合该船预定的用途。如为液货船,则此项检验还应包括泵舱,货油、燃油和透气管系以及与其相关的安全装置的检查和危险区域内电气设备绝缘电阻的测试。

年度检验应包括初次检验所述的船体、机器和设备的一般检查,以保证进行了维护保养,保持船舶及其设备状况符合本公约的各项规定,保证该船在各方面保持适合于出海航行而不致对船舶及船上人员产生危险,并保持在合格状况,适合该船预定的用途。

特别检验应对船底外部的检查以及与此同时对有关检查项目的检验,以保证其保持在合格状况,适合该船预定的用途。

附加检验的前提与内容与对客船所规定的附加检验相同。

货船构造安全证书的中间检验应替代货船构造安全证书其中的一次年度检验。

四、修正机制

SOLAS 1974 规定了两种修正机制,即组织内审议后的修正和缔约国政府会议修正(第 8 条)。除此之外,具体立法实践还存在专门国际会议修正机制。

1. 组织内审议后的修正

组织内审议后的修正机制:一是缔约国政府提议的任何修正案应提交给 IMO 秘书长,随后由其将该修正案在 IMO 审议前至少 6 个月分发给 IMO 所有会员和所有缔约国政府。二是按上述所提议的和分发的任何修正案,应交付 IMO 海上安全委员会(MSC)审议。缔约国政府不论是否是 IMO 的会员,均有权参加 MSC 对修正案进行审议和通过的会议。三是修正案在 MSC 扩大会议上,经到会并投票的缔约国政府的三分之二多数通过,但在表决时至少应有三分之一的缔约国政府出席。四是通过的修正案由 IMO 秘书长通知所有缔约国政府,以供接受。

以组织内审议后的修正机制通过的 SOLAS 1974 修正案的频率较高,数量也非常多。SOLAS 1974 自 1980 年 5 月生效至今,已经过 30 多次修正,其中 90% 是由"组织内审议后的修正"机制通过的。

2. 缔约国政府会议修正

缔约国政府会议修正机制:一是应缔约国政府的请求,并经至少有三分之一缔约国政府的同意,IMO 应召开缔约国政府会议,审议对本公约的修正案。二是经此种会议由到会并投票的缔约国政府的三分之二多数通过的每一项修正案,应由 IMO 秘书长通知所有缔约国政府,以供接受。

以缔约国政府会议修正机制通过的 SOLAS 1974 修正案的数量较少,见表 4。

第二章 有关海上安全的主要国际公约

表 4 以缔约国政府会议修正机制通过的 SOLAS 1974 修正案

时 间	修正内容	修 正 要 点	生效时间
1988 年 11 月修正案	引入全球海上遇险和安全系统（GMDSS）	要求缔约国应提供适当的岸上设施来进行空间无线电业务和地面无线电通信业务，GMDSS 船舶的设备配备原则上由船舶的航行海区来确定	1992 年 2 月 1 日
1994 年 5 月修正案	新增第 Ⅸ 章"船舶安全营运管理"	使《国际安全管理规则》（ISM 规则）由建议性文件成为强制性要求，为船舶安全营运和防止染污管理提供一个国际标准	1998 年 7 月 1 日
	新增第 Ⅹ 章"高速船安全规则"	针对新型高速船规定一个强制性的国际标准，包括设备和营运条件及维护保养，以使高速船的安全标准能达到与 SOLAS 和《1966 年国际载重线公约》中的内容等效的水平	1996 年 1 月 1 日
	新增第 Ⅺ 章"加强海上安全的特别措施"	共 4 个条款。第 1 条要求主管机关授权进行检验和检查的机构应符合 IMO 大会 A.739(18) 号决议通过的导则。第 2 条要求对散货船和油船按照 IMO 大会 A.744 (18) 号决议通过的加强检验导则*在 SOLAS 规定的定期检验、中期检验和年度检验期间实施加强检验。第 3 条要求为每艘 100 总吨及以上的客船和每艘 300 总吨及以上的货船分配一个符合《国际海事组织船舶识别号方案》的识别号码。第 4 条规定对外轮执行港口国监督检查的官员可在"有明显理由①认为船长或船员不熟悉与船舶安全有关的必要操作程序时"进行操作性检查，并承认港口国不仅有必要对外国船舶是否符合 IMO 标准进行监督，而且还有必要对船员在履行与其岗位职责有关的操作性要求方面的能力进行评估，特别是对客船和可能带来特别危险的船舶	1996 年 1 月 1 日

---

① "明显理由"包括操作错误、不适当的货物操作、操作失误导致事故发生、船上无最新的应变部署表及船员表现出相互间不能沟通等因素。

续 表

时 间	修正内容	修正要点	生效时间
1995年11月修正案	客滚船的稳性**	第Ⅱ章新增第8-1条,要求现有客滚船必须完全符合1988年通过的适合新船的标准,对仅符合标准85%的船舶,须在1998年10月1日前完全符合,而符合标准97.5%及以上的船舶要求在2005年10月1日前完全符合,同时允许缔约国间就客滚船稳性的具体要求达成区域协定,包括旨在确保船舶在车辆甲板上积水达到50 cm厚度时仍能满足稳性标准的要求。新增第8-2条,要求载客400人及以上的客滚船的设计应满足两舱破损进水不沉的要求,并逐步淘汰按一舱不沉标准设计建造的载客400人及以上的船舶。该修正案还对第Ⅲ章(救生设备与安排)进行了修改,包括要求滚装客船设置公共广播系统、所有客舱应有船上所载旅客的详细资料、提供直升机降落和搭乘区域	1997年1月1日
1997年11月修正案	新增第Ⅻ章"关于散货船的补充安全措施"	规定所有船长150 m或以上,载运密度为1 000 kg/m³及以上货物的新建散货船应具有承受任何一个货舱进水的足够强度,同时要考虑因货舱进水而产生的动力效应,并参照IMO通过的建议;对载运密度为1 780 kg/m³及以上散装货物的现有船舶(1999年7月1日以前建造的船舶),最前端两个货舱之间的水密横舱壁及第一个货舱的双层底应具有足够的强度承受第一货舱进水以及由此产生的动力效应	1999年7月1日
2002年12月修正案	新增第Ⅺ章"加强海上保安的特别措施"	船舶安全警报在船舶安全遭受威胁时,能自动向岸上主管部门(由缔约国政府指定)发出警报;该装置应安装在船上;在进行至少一次有关安全隐患或威胁的风险分析后,应制定船舶安全计划,并得到审批;应	2004年7月1日

续 表

时间	修正内容	修正要点	生效时间
2002年12月修正案	新增第XI章"加强海上保安的特别措施"	由船旗国主管部门或代表进行定期的船舶安全核查,包括初步检查、中间检查和后续检查。该修正案的生效将使《国际船舶和港口设施保安规则》(ISPS规则)得以实行	2004年7月1日

注:*加强检验计划导则是IMO针对海上事故不断上升以及世界商船队老龄化而制定的。事实上,当时大多数油船和散货船的船龄为15—20年。油船事故将导致严重的环境污染,而散货船事故将使船舶突然沉没或折断。在20世纪90年代,有许多关于散货船突然沉没或折断而来不及发出遇险信号或船员来不及安全弃船的例子。导则特别关注腐蚀问题,要求彻底检查涂层和船舱防腐蚀系统,采取测厚措施来检查板的厚度。随着船龄的增大,测量范围相应增加。导则非常详细地描述了在加强检验中应进行的额外检查。参见危敬添:《国际海事条约的历史和现状概览》,人民交通出版社2010年版,第43页。

**1994年9月发生了造成850多人遇难的"爱沙尼亚"(Estonia)号海难,"爱沙尼亚"号沉没的原因与1987年发生的"自由企业先驱"号海难相同,都是由于甲板上聚积了大量的水,进而导致船舶稳性恶化,并最终造成船舶翻沉。"爱沙尼亚"号海难发生后,IMO于1994年12月成立了专家组研究客滚船的安全问题,并于1995年11月召开外交大会讨论专家组的建议,并最终通过了旨在改进客滚船安全的修正案。参见危敬添:《国际海事条约的历史和现状概览》,人民交通出版社2010年版,第46页。

3. 专门国际会议修正

"专门国际会议修正"机制主要针对急迫问题或涉及多个公约协调问题而召开专门国际会议进行的重要修改,修改内容以"议定书"的形式体现,并规定了不同于SOLAS 1974公约本身和公约两种修正机制的生效条件。

通过"专门国际会议修正"机制对SOLAS 1974进行修正的数量更少,主要包括两次:

一次是1978年SOLAS议定书[SOLAS PROT(amended)1978]。SOLAS 1974制定后至生效前,发生了一系列海上事故,其中包括1976年至1977年冬季发生的一些油船事故,迫使国际社会采取进一步行动。但由于当时 SOLAS 1974 尚未生效,故只能通过召开会议以议定书的形式对其进行修正。1978 年 2 月,在美国倡议下,国际油船安全和防污染会议(The International Conference on Tankers Safety and Pollution Prevention)在伦敦召开,通过了 1978 年 SOLAS 议定书,主要内容涉及油船惰性气体系统安装、雷达配备、能独立操纵的遥控操舵装置系统配备、动力设备装置以及改进船舶检验和发证的规则等。例如,所有 10 000 总吨及以上的油船必须配备两套严控操舵装置系统,每一系统均能从驾驶室独立操纵;要求 20 000 载重吨及以上的新建原油油船和成品油船安装惰性气体系统;所有 1 600 总吨及以上的船舶都要求配备雷达,所有 10 000 总吨及以上的船舶必须配备两套能独立工作的雷达等[①],并规定议定书在拥有世界商船总吨位至少 50% 的 15 个国家批准后 6 个月生效,但不得早于 SOLAS 1974 的生效时间。该议定书于 1981 年 5 月生效。

另一次是 1988 年 SOLAS 议定书[SOLAS PROT(HSSC)1988]。IMO 成立后,相关国际海事安全公约得到迅速发展,强有力地保障了海上安全,但公约规定了很多证书和相应的检验,而证书有效期与检验周期又不尽相同,这给海运带来了诸多不便。为方便船舶的检验与发证和提高了工作效率,IMO 推出了检验和发证协调系统(HSSC),将货船的所有证书的最长有效期规定为 5 年,取消不定期检验,调整检验间隔和要求,从而将证书的签发和定期的检验协调在同一时间内进行。由于 SOLAS 1974"默示接受"不适用检验和发证内容的修正,而适用与公约接受相同的"明示接受"程序,故 1988 年 11 月召开的国际检验与发证协调系统会

---

① 危敬添:《国际海事条约的历史和现状概览》,人民交通出版社 2010 年版,第 25—26 页。

议,对 SOLAS 1974 和《1966 年国际载重线公约》以议定书的形式引进 HSSC,并规定两个议定书的生效条件是合计商船吨位不少于世界商船总吨位的 50% 的 15 个国家接受后 12 个月生效,且两个议定书必须同时生效。《1974 年国际海上人命安全公约 1988 年议定书》第 V 条"生效"规定,本议定书在下列两个条件都满足之日起 12 个月以后生效:(a) 不少于 15 个国家,其商船总吨位合计不少于世界商船总吨位的 50%,按第 IV 条规定已同意承担本议定书的义务,和(b) 1966 年国际载重线公约的 1988 年议定书生效条件已满足。但本议定书不早于 1992 年 2 月 1 日生效。该两个议定书于 2000 年 2 月 3 日生效。

4. 议定书的修正

为了适应形势发展,SOLAS 议定书也需要通过修正案的形式被修正,此项任务是以"组织内审议后的修正"机制实现的,但相关修正案并不多,主要包括两个:一是 2000 年 5 月修正案[MSC.92(72)],于 2002 年 1 月 1 日生效,该修正案要求 500 总吨及以上的"散货船"这一船型加入根据 1988 年议定书发证协调系统导则签发的 SOLAS 证书中。该修正案又经 2002 年 5 月修正案[MSC.124(75)决议]作了修正,要求对设备记录(格式 P、格式 R 和格式 C)进行改动,以适应生效的 1988 年 SOLAS 草案,并于 2004 年 1 月 1 日生效。二是 2004 年 5 月修正案[MSC.154(78)决议],于 2006 年 7 月 1 日生效,规定货船安全证书的设备记录簿(格式 C)及货船设备安全证书的设备记录簿(格式 E)均删除有关保温用具的数量一栏。

综上,SOLAS 1974 修正案实际上包括三类:海上安全委员会扩大会议通过的 SOLAS 1974 修正案、缔约国政府会议通过的 SOLAS 1974 修正案和海上安全委员会扩大会议通过的 1988 年 SOLAS 议定书修正案。

五、接受程序

SOLAS 1974 规定了两种修正案接受程序，即明示接受程序和默示接受程序。

1. 明示接受程序和默示接受程序

明示接受程序是指相关修正案的通过须满足一定数量或一定比例的缔约国政府的接受的要求。SOLAS 1974 规定，对本公约条款或附则第Ⅰ章的修正案，在其被三分之二的缔约国政府接受之日，应认为已被接受。

默示接受程序是指假设缔约国政府赞成某一修正案，除非在某一日期前有一定数量或一定比例的缔约国政府提出反对意见。SOLAS 1974 规定，除第Ⅰ章外的附则的修正案，从通知缔约国政府供其接受之日起的两年期限届满时，或在海上安全委员会扩大会议上，由到会并投票的缔约国政府的三分之二多数通过时所确定的不短于一年的不同期限届满时，应认为已被接受，除非在上述期间内，三分之一以上的缔约国政府或商船合计吨数不少于世界商船总吨数百分之五十的缔约国政府，通知 IMO 秘书长反对该修正案，那么应认为该修正案未被接受。

默示接受程序是 SOLAS 1974 最为创新的内容之一。以往各版本 SOLAS 公约采用的皆是明示接受程序，由于明示接受程序规定的修正案视为被接受的条件是缔约国政府的 2/3 多数，在缔约国政府数量较少的情况下较为可行，但自 20 世纪 60 年代以来，随着包括 IMO 在内的国际组织的成员数量迅速增加的情况下，修正案要达到此种视为接受的条件已显非易事，甚至因为成员数量或缔约国政府数量的迅速增加而使得修正案被视为接受的条件比当初国际组织的成立或当初公约本身的生效的条件更为严格，或者即使经过明示接受程序通过的修正案最终满足被视为接受的条件,也极可能因费时过长而使修正案的内容过时了。SOLAS 1960 生效后分别于 1966 年、1967 年、1968 年、1969 年、1971 年和 1973 年一共通过 6 个修正案,但因一直未得到足够数量的缔约国政府的接受而未能生效,这与 SOLAS 1960 规定的修正案明示接受程序的要求具有很大的关系①。

2. 默示接受程序的价值

SOLAS 1974 规定的默示接受程序具有诸多价值和意义:

一是"默示接受程序"简化了修正案被视为接受的过程,大大缩短了修正案的生效时间,故在相当程度上有效地避免了类似 SOLAS 1960 修正案面临的命运。例如 1988 年修正案,该修正案是根据 1987 年世界无线电行政大会(World Administrative Radio Conference,WARC)修订的国际无线电规则而作出的,旨在以全球海上遇险和安全系统(Global Maritime Distress and Safety System,GMDSS)取代摩尔斯电码,由于默示接受程序,该修正案于 1992 年 2 月 1 日起就正式实施了。又如 2002 年修正案,该修正案是美国"9·11"事件后根据联合国安全理事会于 2001 年 9 月 28 日通过的第 1373(2001)号决议所产生的,IMO 大会针对船港接口活动、港口设施、船对船活动以及缔约国政府确保实施前项活动之保全新增及修订了公约内容,其中修订了第 Ⅴ 章"航行安全",新增第 Ⅺ-1 章和第 Ⅺ-2 章"加强海上安全的特别措施"及《国际船舶与港口设施保全规则》(International Ship and Port Facility Security Code,ISPS code),也由于默示接受程序,该修正案出台后不到 2 年就生效了(2004 年 7 月 1 日生效)。可以说,自 SOLAS 1974 创新性地规定了默示接受程序以来,几乎所有的公约修正案

---

① 危敬添、姚文兵:《国际海事条约概览》,大连海事大学出版社 2007 年版,第 10—11 页。

都按照预计生效的日期开始生效①。

二是由于默示接受程序意味着对 SOLAS 1974 的公约条文和附则的修改或完善是通过较多的修正案形式进行的,较难出现因明示接受程序使 SOLAS 1974 的公约条文和附则的修改或完善不易通过而不得不另行以新文件取代旧文件的情况,从而意味着 SOLAS 1974 不大可能再被新文件所取代,故 SOLAS 1974 虽经过两次议定书和多次修正案的修正,仍然被统称为《1974 年国际海上人命安全公约》(SOLAS 1974)。

三是更为重要的是,由于默示接受程序使得越来越多的指引性、建议性、示范性规则成为附则某章的强制性规则或者在附则中独立成章的机会增多。因默示接受程序成为附则某章的强制性规则情形较多。

例如,1983 年修正案对 SOLAS 1974 第Ⅶ章"危险品运输"的修正,通过默示接受程序,使《国际散装运输危险化学品船舶构造和设备规则》(International Code for the Construction and Equipment of Ships Carrying Dangerous Chemicals in Bulk,IBC code)和《国际散装运输液化气体船舶构造与设备规则》(International Code for the Construction and Equipment of Ships Carrying Liquefied Gases in Bulk,IGC code)成为强制性规则,进而使该章适用范围从包装危险品扩展至化学品船和液化气船。SOLAS 1974 第Ⅶ章"危险品运输"第 10 条"化学品液货船的要求"规定,"化学品液货船应符合 IBC code 的要求,应按该规则中的规定予以检验和发证。就本条而言,该规则的要求应视作强制性要求"。第 13 条"气体运输船的要求"规定,"气体运输船应符合

---

① 裘晓星:《国际海上人命安全公约(SOLAS)的几个重大突破》,《上海造船》1997 年第 1 期。

IGC code 的要求,应按该规则中的规定予以检验和发证。就本条而言,该规则的要求应视作强制性要求"。

1991 年修正案通过"默示接受程序"对 SOLAS 1974 第Ⅵ章"货物装运"进行改写,补充了《国际散装谷物安全运输规则》《货物积载和系固安全操作规则》等规则内容,并使《国际散装谷物安全运输规则》成为强制性规则。SOLAS 1974 第Ⅵ章"货物装运"C 部分"谷物装运"第 9 条"货船装运谷物的要求"规定,"除本规则任何其他适用的要求外,装运谷物的货船还应符合《国际谷物规则》的要求,并持有 1 份按该规则要求的批准文件。就本条而言,该规则的要求应强制性执行"。而《货物积载和系固安全操作规则》也在 1994 年 12 月修正案中通过"默示接受程序"对 SOLAS 1974 第Ⅵ章"货物运输"进行修正,使《货物积载和系固安全操作规则》的部分内容成为强制性规则。

2002 年 12 月修正案通过了新增的第Ⅺ-2 章"加强海上保安特别措施",其第 3 条特别强调船舶应符合《国际船舶与港口设施保安规则》(International Ship and Port Facility Security Code, ISPS code)的要求。ISPS code 实质上是采取一种风险管理方式,它提供了一个标准的、协调一致的框架来评估船舶和重要港口设施的风险,从而决定何种保安措施是适当的,以便各国政府在船舶和港口设施遇到不同的威胁时能够及时采取合适的措施来有效应对。ISPS 规则提供了几种较易降低遭受袭击的方法,对于船舶,将通过检验、认证、发证和控制系统来对其进行制约,以确保保安措施的落实。ISPS code 建立了海上保安的国际法律制度,其内容已从船舶结构与设备扩展到船舶公司、从航运系统内部扩展到航运系统外部包括港口设施;就其性质而言,其已实现从纯技术性到技术与管理并重,特别是通过船公司来加强对人为因素的控制。ISPS code 的强制性要求使得 SOLAS 已经实现从海上安全的第一道防线——船舶检验,到海上安全的最后一道防线——港口国监督的全方位的监控,从而使其成为海上打击和预防诸如恐怖主义和海盗等在内的危及海事安全行为的重要组成部分①。

类似的情形还包括:2000年5月修正案通过的《2000年国际高速船安全规则》,该规则是IMO海上安全委员会以MSC.97(73)决议通过的,以及《国际防火安全系统规则》;2002年5月修正案对Ⅶ章"危险品运输"的修正,使《国际海运危险货物规则》成为强制性规则。

指引性、建议性、示范性规则因"默示接受程序"在附则中独立成章的情形也存在。例如,1994年5月修正案,通过"默示接受程序",使在1993年IMO第18届大会上作为A.741(18)号决议通过的建议性文件《国际安全管理规则》成为强制性要求,并独立成章,即第Ⅸ章(船舶安全营运管理);使IMO海上安全委员会以MSC.36(63)决议通过的《国际高速船安全规则》成为强制性要求,并独立成章,即第Ⅹ章"高速船安全"。

第二节 《1972年国际海上避碰规则公约》

1972年10月16日至20日,国际海事组织前身政府间海事协商组织在伦敦主持召开了避碰规则修订大会,在对《1960年国际海上避碰规则》进行修改的基础上,通过了《1972年国际海上避碰规则》。会议基于对海上碰撞及其严重后果的关切,一改以往将规则作为国际海上人命安全公约附件的做法,专门签署了《1972年

---

① 杨泽伟:《国际法析论》,中国人民大学出版社2007年版,第501—501页。

国际海上避碰规则公约》(Convention on the International Regulations for Preventing Collisions at Sea, 1972),从而使国际海上避碰规则单列出来,自成一体。该公约于 1977 年 7 月 15 日生效,并代替《1960 年国际海上避碰规则》。《1972 年国际海上避碰规则》分别于 1981 年、1987 年、1989 年、1993 年、2001 年、2007 年进行了修订[①]。

一、框架结构

《1972 年国际海上避碰规则公约》由公约正文和附则即《1972 年国际海上避碰规则》两部分构成。

公约正文共 9 条,规定了一般义务要求,签署、批准、接受、核准和加入的程序和条件,公约生效条件,公约或/和规则的修订和条件,退出公约程序和要求等。

公约附则《1972 年国际海上避碰规则》(COLREG 1972)共 5 章 38 条。第一章"总则"规定了适用范围、责任和一般定义;第二章"驾驶和航行规则"规定了船舶在任何能见度情况下的行动规则、船舶在互见中的行动规则和船舶在能见度不良时的行动规则;第三章"号灯和号型"规定了号灯、号型的设置位置和要求;第四章"声响和灯光信号"规定了声号设备以及操纵和警告信号、能见度不良时使用的声号、招引注意的信号、遇险信号等各种声响和灯光的含义;第五章"豁免"。附则还包括 4 个附录,即附录一:号灯和号型的位置和技术细节;附录二:在相互邻近处捕鱼的渔船额外信号;附录三:声号器具的技术细节;附录四:遇险信号。

COLREG 1972 兼有技术规范与法律规范的双重性质。作为

[①] 交通运输部国际合作司:《国际海事组织概览(2010 年修订版)》,大连海事大学出版社 2011 年版,第 42—44 页。

一种技术规范,COLREG 1972 的作用主要在于指导驾驶人员如何采取避让行动来避免发生避碰事故;作为一种法律规范,COLREG 1972 的主要作用在于约束船舶的行为以及作为判断碰撞责任的主要依据[①]。

二、适用范围

《1972 年国际海上避碰规则公约》第 3 条"领土的适用范围"规定,联合国如系某一领土的管理当局,或任一缔约方如负责某一领土的国际关系,可随时以书面通知本组织秘书长,将本公约扩大适用于该领土。本公约应自接到通知之日或通知中规定的其他日期起,扩大适用于通知中所述领土。对通知中所述的任何领土,均可撤销扩大适用,经一年后或撤销时规定的更长期限后,本公约即不再适用于该领土。

COLREG 1972 第 1 条第 1 款规定,本规则条款适用于公海和连接于公海而可供海船航行的一切水域中的一切船舶。根据 COLREG 1972 第 3 条的规定,"船舶"是指用作或者能够用作水上运输工具的各类水上船筏。其中,"机动船"是指用机器推进的任何船舶。"帆船"是指任何驶帆的船舶,如果装有推进器但不在使用。"从事捕鱼的船舶"是指使用网具、绳钓、拖网或其他使其操纵性能受到限制的渔具捕鱼的任何船舶,但不包括使用曳绳钓或其他并不使其操纵性能受到限制的渔具捕鱼的船舶。"水上飞机"包括为能在水面操纵而设计的任何航空器。"地效船"是指多式舰艇,其主要操作方式是利用表面效应贴近水面飞行。这是 2001 年修正案新的内容。

COLREG 1972 不妨碍有关主管机关为连接于公海而可供海

[①] 陈爱平:《船舶操纵与避碰》,人民出版社 2012 年版,第 5 页。

船航行的任何港外锚地、港口、江河、湖泊或内陆水道所制定的特殊规定的实施。但是，这种特殊规定，应尽可能符合本规则条款。另外，COLREG 1972不妨碍各国政府为军舰及护航下的船舶所制定的关于额外的队形灯、信号灯、号型或笛号，或者为结队从事捕鱼的渔船所制定的关于额外的队形灯、信号灯、号型或任何特殊规定的实施。但是，这些额外的队形灯、信号灯、号型或笛号，应尽可能不致被误认为本规则其他条文所规定的任何号灯、号型或信号。

凡经有关政府确定，某种特殊构造或用途的船舶，如不能完全遵守本规则任何一条关于号灯或号型的数量、位置、能见距离或弧度以及声号设备的配置和特性的规定时，则应遵守其政府在号灯或号型的数量、位置、能见距离或弧度以及声号设备的配置和特性方面为之另行确定的尽可能符合本规则条款要求的规定。

三、定线通航

定线通航是指在船舶航线汇合区域和通航密度大或船舶行动受限制的区域规定或推荐航行路线供过境船舶使用的海上安全措施。在上述区域建立的以分道通航制为主的各种定线系统，统称为定线通航制，简称定线制。

1. 定线系统

定线制包括以下各种定线系统[①]：

（1）分道通航：用分隔带、分隔线、自然障碍物或特定的地理物标把航道分隔成左右两个分道，实行单向通航的定线系统，简称分道制。

（2）环行道：在分道制汇合处建立的环行区，区内规定船舶绕

---

① IMO, Ship's Routeing, 5th ed., IMO, London, 1984.

分隔点或分隔圆按反时针方向单向航行。

（3）沿岸通航带：在分道制区域与海岸之间建立的区域，供沿岸航行船舶使用，过境船舶通常不使用。区内可实施地方特殊规则。

（4）双向航道：使船舶安全通过难以通航或有危险的水域而建立的双向通航的航道，有明确的界线。

（5）推荐航线：经专门测量以尽量保证无障碍物的航道，向船舶推荐使用。

（6）深水航道：经准确测量无碍航物、有明确界线、供深吃水船使用的航道。

（7）警戒区：为船舶必须谨慎航行的区域。绕航线汇合点可能有推荐的船舶流向。

（8）避航区：为避免发生危险或伤亡事故，规定所有船舶或某类船舶应避开航行的区域。

其中，实施分道通航制的水域，由于规定了船舶行驶的总流向，从而避免了最易发生碰撞事故的对遇或接近对遇的局面，促进了船舶的航行安安，故分道通航制自 19 世纪末以来得到广泛实践和立法确认。1898 年，经营北大西洋客船的欧、美航运公司为了减少船舶在雾中碰撞的危险，达成建立北大西洋协定航线的协议。这一航线是在不同季节往返北大西洋的单向分道，实施以后，卓有成效，后来被收入 1948 年国际海上人命安全公约作为航行安全的内容。1960 年的公约仍予保留。1961 年，英国、法国、联邦德国航海学会对多佛尔海峡（加莱海峡）分道通航问题作了调查研究。他们提出的具体方案和基本原则于 1965 年被政府间海事协商组织采纳。1967 年，多佛尔海峡正式实行国际上第一个分道通航制。《1972 年国际海上避碰规则公约》规定采纳分道通航制。1977 年公约生效后，分道通航制成为强制性的国际规定。目前国际一级定线制由国际海事组织建立,领海内的定线制由各国自定。

2. 分道通航制规则

COLREG 1972 第 10 条具体规定了分道通航制的规则。

使用分道通航制区域的船舶应在相应的通航分道内顺着该分道的船舶总流向行驶;尽可能让开通航分隔线或分隔带;通常在通航分道的端部驶进或驶出,但从分道的任何一侧驶进或驶出时,应与分道的船舶总流向形成尽可能小的角度;应尽可能避免穿越通航分道,但如不得不穿越时,应尽可能用与分道的船舶总流向成直角的船首向穿越。

船舶应尽可能避免在分道通航制区域内或其端部附近锚泊。不使用通航分道的船舶不应扰乱通航分道内的航行秩序,并应尽可能远离实行分道通航的区域行驶。从事捕鱼的船舶,不应妨碍按通航分道行驶的任何船舶的通行。帆船或长度小于 20 米的船舶,不应妨碍按通航分道行驶的机动船的安全通行。除穿越船或者驶进或驶出通航分道的船舶,或在紧急情况下避免紧迫危险,或在分隔带内从事捕鱼外,船舶通常不应进入分隔带或穿越分隔线。

当船舶可安全使用邻近分道通航制区域中相应通航分道时,不应使用沿岸通航带,但长度小于 20 米的船舶、帆船和从事捕鱼的船舶,以及当船舶抵离位于沿岸通航带中的港口、近岸设施或建筑物、引航站或任何其他地方或为避免紧迫危险时,可使用沿岸通航带。

操纵能力受到限制的船舶,当在分道通航制区域内从事维护航行安全的作业,或从事敷设、维修或起捞海底电缆时,在执行该作业所必需的限度内,不受上述规定的约束。根据 COLREG 1972 第 3 条的规定,操纵能力受到限制的船舶是指由于工作性质,使其按本规则条款的要求进行操纵的能力受到限制,因而不能给他船让路的船舶。操纵能力受到限制的船舶包括但不限于下列船舶：① 从事敷设、维修或起捞助航标志、海底电缆或管道的船舶；② 从事疏浚、测量或水下作业的船舶；③ 在航中从事补给或转运人员、食品或货物的船舶；④ 从事发放或回收航空器的船舶；⑤ 从事清除水雷作业的船舶；⑥ 从事拖带作业的船舶，而该项拖带作业使该拖船及其被拖物体驶离其航向的能力严重受到限制者。

本条适用于本组织采纳的分道通航制，但并不解除任何船舶遵守任何其他各条规定的责任。

四、背离

基于海上航行面临的复杂情形，仅依赖航行规则，并不能绝对减少或避免船舶碰撞事故的发生，故此，COLREG 1972 规定了在危险和特殊情况下，船舶航行可以背离本规则条款。COLREG 1972 第 2 条第 2 款规定："在解释和遵行本规则条款时，应充分考虑一切航行和碰撞的危险以及包括当事船舶条件限制在内的任何特殊情况，这些危险和特殊情况可能需要背离本规则条款以避免紧迫危险。"换言之，船舶为了避免碰撞而采取不符合或部分不符合 COLREG 1972 的行为，并不构成对 COLREG 1972 的违反，相反是一种获得肯定的、必需的行为。在紧迫危险时，凭借良好的航海技能，采用背离 COLREG 1972 的应急操纵，成为船舶驾驶人员必须掌握的一项避碰技能。

"背离"的提法第一次出现在英国《1854 年商船航运法》(The Merchant Shipping Act, 1854)中，该法第 296 节规定："本规则应由所有汽船和帆船遵守，无论是左舷受风还是右舷受风，也无论是否迎风，除非当时情况达到这样的程度以至于有必要背离规则以避免紧迫危险。"从而首次强调所有船舶在应遵守规则的同时，也须考虑到例外情况[①]。COLREG 1972 将其置于第一章"总则"中,并以"责任"条款命名,统一了"背离"条款的适用范围,突出了其在实际避碰中的重要作用。

根据 COLREG 1972 第 2 条第 2 款的规定,可能需要背离的情况包括三种:存在航行危险(如触礁、搁浅等)、存在碰撞危险和存在特殊情况(如自然条件受到限制,或多船会遇,同特殊类型船舶会遇等)。

背离受到严格的条件限制。首先,航行危险客观存在,不能主观臆断和虚构。其次,危险必须是紧迫的,即当两船接近到单凭一船的行动已经不能避免碰撞的局面[②],此时若遵守避碰规则反而会发生危险,背离则有可能避免危险。再次,背离是必需的、合理的,只有当时的危险局面不允许船舶继续遵守规则时才可以背离,只要还存在机会遵守规则,就不应当背离。最后,背离并不是背离 COLREG 1972 所有条款,而只能背离 COLREG 1972 第二章"驾驶和航行规则"中的部分条款,对于 COLREG 1972 第二章"驾驶和航行规则"关于保持正规瞭望,采取安全航速,碰撞危险的判断、避免碰撞的行动等条款,以及第三章"号灯和号型"、第四章"声响和灯光信号"和 4 个附录,在任何情况下均不能背离。因为背离这些条款不仅无助于避碰,而且可能会导致碰撞。

另外,在航海实践中还存在两船协议背离的情况。所谓协议背离,是指两船在避碰的过程中,通过 VHF、AIS 和电话等通信工具来确定双方避让的方法,且该方法中船舶的避让行动违背了 COLREG 1972 的相关条款[③]。这里需要注意的是,一船提出的背

---

① 辛金强、钟灿:《对"背离"规则的理解和运用》,《世界海运》2008 年第 2 期。
② 陈起漂:《〈1972 年国际海上避碰规则〉背离条款浅析》,《中国水运》2009 年第 9 期。
③ 宏杰:《对背离〈规则〉的几点思考》,《2015 年"苏浙闽粤桂沪"航海学会学术研讨会暨长三角科技论坛航运分论坛论文集》,第 90 页。

离的建议对另一船没有法律的约束作用,另一船可以接受,也可以不接受;在一船的背离提议被另一船接受之前,两船都必须遵守 COLREG 1972;这一提议一旦被另一船接受之后,按 COLREG 1972 规定的两船的权利与义务即终止,两船都同等地受特殊情况下谨慎驾驶原则的约束,并按照良好船艺来实施避碰行动。协议背离在国外很多碰撞案例中被认为是有效的,特别是一方的建议被另一方所接受后出现碰撞事故,法庭往往予以支持。但是,在我国理论与实践中,协议背离仍存在一定的分歧。

五、历次修正案

COLREG 1972 进行了 5 次修正,见表 5。

表 5 COLREG 1972 的修正案

名 称	主 要 内 容	生 效 时 间
1981 年修正案	对条款的用词上以及有关号灯、号型的规定	1983 年 6 月 1 日
1987 年修正案	第 10 条"分道通航制"与增添第 8 条"不妨碍条款"	1987 年 11 月 19 日
1989 年修正案	修改第 10 条,停止不必要地使用近岸通航区	1991 年 4 月 19 日
1993 年修正案	号灯位置	1995 年 11 月 4 日
2001 年修正案	增加地效船的相关规则,修改声号	2003 年 11 月 29 日
2007 年修正案	修正附录四"遇险信号",增加通过数字选择性呼叫(DSC)和国际海事卫星或其他移动卫星服务供应商提供的船舶地面站发送船岸遇险报警的含义的说明	2009 年 12 月 1 日

第三节 《1979年国际海上搜寻救助公约》

1979年4月9日至27日,为开展国际合作搜寻营救海上遇险人员,政府间海事协商组织在汉堡召开国际海上搜寻救助会议,讨论并制定了《1979年国际海上搜寻救助公约》(International Convention on Maritime Search and Rescue,1979;SAR 1979),为国际海上搜寻救助方案确立法律和技术基础,以推动搜救组织之间和参加海上搜救作业的各个单位之间进行合作。公约自1985年6月22日起生效。

一、框架结构

SAR 1979由公约正文、附则组成。SAR 1979第1条"公约的一般义务"规定,各缔约方保证采取一切必要的立法或其他相应的措施,以全部实施本公约及其附件,该附件是本公约的组成部分。除另有明文规定外,凡引用本公约即同时构成引用其附件。

公约正文条款共计8条,依次规定了公约的一般义务,其他条约及解释,修正案,签署、批准、接受和加入,生效,退出,保存和登记,文字。

公约附则有6章,标题依次是:名词与定义,组织,合作,准备范围,操作程序,船舶报告[①]。

SAR 1979除了公约正文、附则外,还有8个大会决议。决议1:对提供和协调搜寻救助服务的安排;决议2:关于参加船舶报

---

① 沈肇圻:《〈1979年国际海上搜寻救助公约〉的诞生》,《中国船检》2017年第10期。

告系统的费用;决议3:船舶报告系统需要一个国际统一的格式和程序;决议4:搜寻救助手册;决议5:海上搜寻救助频率;决议6:全球海上遇险和安全系统的发展;决议7:搜寻救助服务和海上气象服务的协调;决议8:促进技术合作。

SAR 1979经过两次修正。1998年修正后将附则由6章改为5章,标题依次是:名词与定义,组织与协调(替代原先第2章"组织"),国家间合作(替代原先第3章"合作"),工作程序(由原先第4章"准备范围"和第5章"操作程序"合并而成),船舶报告系统(由原先第6章更新和重编而成)。该修正案于2000年1月1日生效。2004年修正案针对海上获救人员安置提出了SAR 1979第2章至第4章的修正,主要内容涉及海上非法移民和偷渡人员的安置问题,明确了海上遇险人员的概念,即海上遇险人员还包括在海上偏远的位置的岸上避难人员,他们无法获得除本附则规定的情况以外的救助设施;新增两项国家间的合作内容,即"与其他搜救中心合作,为确定海上遇险人员登陆地点做出必要的安排","缔约国要合作与协调,以确保海上遇险人员能够尽可能实现登陆的责任"。

二、组织与协调

SAR 1979附则第2章具体规定了缔约国组织与协调的义务。

1. 提供和协调搜救服务的安排

各当事国在能够单独地或与其他国家合作时,须参与开展搜救服务的工作,确保对海上遇险的任何人员提供援助。在收到任何人在海上遇险或可能遇险的信息时,当事国的负责当局应采取紧急步骤,确保提供必要的援助。搜救服务包括的基本要素有法律框架、指定负责当局、组织现有资源、通信设施、协调和操作职能以及改进服务的方法,包括规划、国内和国际的合作关系和培训。

各当事国须尽可能地遵守本组织制定的有关最低标准和指南。各当事国须向秘书长提供下列有关其搜救服务的信息：负责海上搜救服务的国家当局；建立的负责一个或多个搜救区域及其中的通信的救助协调中心或提供搜救协调的其他中心的位置；其一个或多个搜救区域的范围及岸上遇险和安全通信设施的覆盖范围；以及现有搜救单位的主要类型。

为确保提供足够的岸基通信基础设施、高效的遇险报警线路和适当的行动协调，以便有效地支持搜救服务，各当事国须单独地或与其他国家合作，确保在每一海区建立足够的搜救区域。此种区域应是邻接的，并尽可能不重叠。每一搜救区域都须通过有关当事国之间的协议来建立，如有关当事国在搜救区域的具体范围上不能达成协议时，这些当事国须尽其最大努力在该区域内提供搜救服务的等效于全面协调的相应安排上达成协议。相关协议和安排须通知秘书长。如适用相关协议和安排，当事国应努力寻求海上和航空搜救服务间的一致性。

国际海事组织第 25 届海上安全委员会把世界海洋划分为 13 个搜救协调区，每个搜救协有一个或几个国家充当信息搜集国，见表 6。

表 6 世界海洋 13 个搜救协调区

区号	区　名	信息搜集国	区号	区　名	信息搜集国
1	北大西洋	美国	8	东南太平洋	智利
2	北海	英国	9	西南太平洋	新西兰
3	波罗的海	瑞典	10	印度洋	澳大利亚
4	东南大西洋	/	11	加勒比海	/
5	西南大西洋	阿根廷、巴西	12A	地中海	法国
6	东北太平洋	美国	12B	黑海	/
7	西北太平洋	中国、日本	13	北极	挪威

已接受为特定区域提供搜救服务责任的各当事国,须使用搜救单位及其他现有设施向海上遇险或可能遇险的人员提供援助。各当事国须保证对在海上遇险的任何人员提供援助,而无须考虑该人员的国籍、身份或其所处的环境。

2. 开展国家搜救服务

各当事国须为搜救服务的全面开展、协调和改进,制定适当的国家程序。为支持高效的搜救行动,各当事国须确保现有设施的协调使用,并在可能有助于改进作业、计划、培训、演习和研制等方面的搜救服务的机构和组织间建立密切合作。

3. 建立救助协调中心和救助分中心

各当事国须单独地或与其他国家合作建立其搜救服务的救助协调中心和其认为适当的救助分中心。建立的每一救助协调中心和救助分中心,须对接收发生在其搜救区域内的遇险报警做出安排,亦须对与遇险人员、搜救设施及其他救助协调中心或救助分中心之间的通信做出安排。各救助协调中心须每天24小时值班,并始终配备具有英语工作知识、经过培训的人员。

4. 与航空服务的协调

各当事国须确保海上与航空服务间最密切、可行的协调,以保障在其搜救区域内或搜救区域上空提供最迅速、有效的搜救服务。凡可行时,每一当事国应建立为海上和航空两方面服务的联合救助协调中心和救助分中心。凡建有为同一区域服务的独立的海上和航空救助协调中心或救助分中心,有关的当事国须确保这些中心或分中心之间最密切可行的协调。各当事国须尽可能确保为海上和航空目的建立的搜救单位使用共同的程序。

5. 搜救设施的指定

各当事国须查明所有能参与搜救行动的设施,并可将适当的设施指定为搜救单位。

6. 搜救单位的设备

每一搜救单位都须配备与其任务相适应的设备。用于投向求救人员的、装有救生设备的容器或包裹，应按本组织通过的标准，用标志指明其所装物品的一般性质。

三、国家间的合作

SAR 1979 附则第 3 章具体规定了国家间的合作内容与要求。各当事国须对其搜救组织作出协调，凡必要时均应与邻国的搜救组织协调搜救行动。

除有关国家之间另有协议外，当事国在其适用的本国法律、法规和规章的约束下，应批准其他当事国的救助单位，仅为搜寻发生海难地点和救助该海难中遇险人员的目的，立即进入或越过其领海或领土。在这种情况下，只要可行，搜救行动须由批准进入的当事国的相应救助协调中心或该当事国指定的其他当局加以协调。除有关国家之间另有协议外，一当事国的当局仅为搜寻发生海难地点和救助该海难中遇险人员的目的，希望其救助单位进入或越过另一当事国领海或领土，须向该另一当事国的救助协调中心或该当事国指定的其他当局发出请求，并详细说明所计划的任务及其必要性。对进入或越过领海或领土，各当事国的负责当局须立即确认已收到此项请求；如果有的话，尽早指明执行预定任务的条件。各当事国应与邻国缔结协议，对搜救单位彼此进入或越过其领海或领土的条件作出规定。这些协议还应规定以可能的最少手续来加速此种单位的进入。

每一当事国应授权其救助协调中心向其他救助协调中心请求必要的援助，包括船舶、航空器、人员或设备；对于此类船舶、航空器、人员或设备进入或越过其领海或领土给予必要的许可；以及与相应的海关、移民、卫生或其他当局作出加速此种进入的必要安排。

每一当事国须确保其救助协调中心在收到请求时,向其他救助协调中心提供包括船舶、航空器、人员或设备的援助。

适当时,当事国应与其他国家缔结协议以加强搜救合作和协调。当事国应授权其负责当局与其他国家的负责当局一起做出搜救合作和协调的行动计划和安排。

四、工作程序

SAR 1979 附则第 4 章具体规定了相关工作程序。

1. 准备性措施

每一救助协调中心和救助分中心须备有最新信息,特别是有关搜救设施和与其区域内的搜救行动相关的现有通信。每一救助协调中心及救助分中心应能随时取得在其区域内能向海上遇险的人员、船舶或其他航行器提供援助的船舶的船位、航向、航速的信息和如何与其联络的信息。该信息应保存在救助协调中心或在必要时可随时得到。每一救助协调中心及救助分中心须有进行搜救行动的详细的计划。适当时,须与可能提供搜救服务或可能得益于搜救服务的人员的代表共同制定这些计划。救助协调中心或分中心须始终了解搜救单位的准备状况。

2. 紧急情况信息的接收与处理

各当事国须单独地或与其他国家合作确保它们每天 24 小时均能迅速和可靠地接收在其搜救区域内用于此目的的设备发来的遇险报警。收到遇险报警的任何告警点须立即将该报警转发适当的救助协调中心或分中心,然后视情况对搜救通信予以帮助;如可行,对报警进行确认。适当时,各当事国须确保对通信设备的登记和紧急情况的反应作出适当的有效安排,使救助协调中心或分中心能迅速使用有关登记信息。任何当局或搜救服务单位,在有理由认为人员、船舶或其他航行器处于紧急状态时,须尽快将所有现有信息发给有关的救助协调中心或救助分中心。在收到人员、船舶或其他航行器处于紧急状态的信息后,救助协调中心或救助分中心须立即对此种信息作出评估,并确定紧急阶段和所需行动范围。

3. 初步行动

收到遇险事故信息的任何搜救单位,如能提供帮助,须立即采取初步行动并须在任何情况下及时通知事故在其区域中发生的搜救协调中心或救助分中心。

4. 紧急阶段的区分与使用的程序

为帮助确定适当的工作程序,救助协调中心或分中心须对紧急阶段作出不同的区分,即不明阶段、告警阶段和遇险阶段。其中,不明阶段是指收到人员失踪的报告,或船舶或其他航行器未能如期抵达时;或人员、船舶或其他航行器未作出预期的船位或安全报告时。告警阶段是指继不明阶段之后与人员、船舶或其他航行器建立联络的尝试失败,并且向其他有关方面的查询不成功时;收到的信息表明船舶或其他航行器的运行效率受到损害但尚未达到可能处于遇险状况的程度时。遇险阶段是指收到人员、船舶或其他航行器处于危险状况并需要立即援助的确切信息时;或继告警阶段后与人员、船舶或其他航行器建立联络的进一步尝试失败和进行更广泛查询不成功表明有遇险情况的可能性时;或收到的信息表明船舶或其他航行器的运行效率受到损害并达到可能处于遇险状况的程度时。

救助协调中心和救助分中心对紧急阶段的不同期间应采取对应的程序。在宣布不明阶段后,救助协调中心或救助分中心,视情而定,须开始查询以确定人员、船舶或其他航行器的安全,或须宣布告警阶段。在宣布告警阶段后,救助协调中心或救助分中心,视情而定,须扩大对失踪人员、船舶或其他航行器的查询,向适当搜救服务部门发出报警,并根据特定事件的情况开始必要行动。在宣布遇险阶段后,救助协调中心或救助分中心,视情而定,须根据第 4.1 款的要求,按其工作计划行动。

5. 搜寻对象位置不明时开始搜救行动

在宣布紧急阶段而搜寻对象的位置不明时,在紧急阶段,除非救助协调中心或救助分中心知道其他中心在行动,否则须承担开始适当行动的责任并与其他中心磋商,以指定一个中心来承担责任;除经有关中心协议而有其他决定外,有待指定的中心须是按最近报告的搜救对象的位置在其负责区域的中心;在宣布遇险阶段后,对搜救行动进行协调的中心须视情向其他中心通报所有紧急情况和其后的所有事态发展。向被宣布处于紧急阶段的人员、船舶或其他航行器传递信息。凡可能时,负责搜救行动的救助协调中心或救助分中心均须将有关开始搜救行动的信息传递给被宣布处于紧急阶段的人员、船舶或其他航行器。对于涉及多于一个当事国的搜救行动,每一当事国在收到该区域的救助协调中心的请求时,须按照准备性措施所述的工作计划采取适当行动。

6. 搜救活动的现场协调

从事搜救行动的搜救单位和其他设施的搜救活动须在现场作出协调,以确保最有效的结果。在有多个设施要从事搜救行动并且救助协调中心或救助分中心认为有此必要时,应尽早并且最好在各设施抵达规定的作业区之前将最有能力的人员指定为现场协调人。须根据现场协调人的显见的能力和作业要求,为现场协调人指定具体责任。如果没有任何负责的救助协调中心或因任何理由负责的救助协调中心不能对搜救任务作出协调,则涉及的各个设施应通过彼此的协议来指定一位现场协调人。

7. 搜救行动的终止和中断

在可行时,搜救行动须继续至救助幸存者的所有合理希望均已破灭。有关的负责救助协调中心或救助分中心通常须决定何时停止搜救行动。如果没有任何此种中心对行动进行协调,则现场协调人可作出此种决定。当救助协调中心或救助分中心根据可靠信息认为搜救行动已获成功或紧急情况已不复存在时,须终止搜救行动,并须立即向已被动员或通知的任何当局、设施或机构作出此种通报。如果现场搜救行动已变为不可行,而救助协调中心或救助分中心的结论是遇险人员可能依然活着,则该中心可在有新的事态发展前暂时中断搜救行动,并须立即向已被动员或通知的任何当局、设施或机构作出此种通报。须对以后收到的信息作出评估,并在根据此种信息被证明合理时继续搜救行动。

五、《国际航空和海上搜寻救助手册》

《国际航空和海上搜寻救助手册》(International Aeronautical and Maritime Search and Rescue Manual, IAMSAR Manual)是 IMO 和国际民航组织(ICAO)于 1989 年联合推出的,旨在帮助各当事国快速、有效地实施本国的搜救行动,履行 SAR 1979、SOLAS 74 和《国际民用航空公约》所规定的义务,与相邻国家开展搜救合作。IAMSAR Manual 为分三卷,依次为《组织管理》《任务协调》和《移动设施》。每一卷都针对搜寻救助系统的特定职责编写,既可以作为独立的文件使用,也可以与其他两卷共同使用,供全面了解搜寻救助系统。根据 SOLAS 74 第 V 章的规定,所有船舶必须配备 IAMSAR Manual 第三卷。

《组织管理》卷论述了全球搜寻救助系统的概念,本国和地区的搜寻救助系统的建立和改进,以及为提供经济高效的搜寻救助服务而同邻国的合作。内容包括:第一章"系统概论",第二章"系统的组成",第三章"培训、资格认定、发证和演习",第四章"通信",第五章"系统的管理",第六章"改进服务",以及附录 A-建立搜寻救助机构的立法样本、附录 B-供给品的彩色标记和图标、附录

C-搜寻援助的来源、附录 D-信息来源、附录 E-误报警、附录 F-用于遇险报警的新移动卫星系统的优先报警和定位能力、附录 G-移动通信业务、附录 H-国家对搜寻救助的自我评估、附录 I-搜寻救助协议和附录 J-搜寻救助协调委员会的职责范例

《任务协调》卷旨在帮助有关人员制定规划和协调搜寻救助行动与演习。内容包括：第一章"搜寻救助系统"，第二章"通信"，第三章"事故发现与初始行动"，第四章"搜寻计划与评估概念"，第五章"搜寻技术和操作"，第六章"救助计划与行动"，第七章"搜寻救助以外的紧急援助"，第八章"结束搜救工作"以及附录 1-遇险通信、附录 2-电文格式、附录 3-事故处理资料、附录 4-情况不明阶段资料、附录 5-报警阶段资料、附录 6-遇险阶段核查清单、附录 7-设施和设备的选择、附录 8-任务部署和执行情况汇报格式、附录 9-情况报告(STTREP)及代码、附录 10-拦截行动、附录 11-确定搜寻基准、附录 12-搜寻计划和评估表、附录 13-准备初始概率图、附录 14-图、表和附录 15-搜救船舶报告系统。

《移动设施》将配备在搜寻救助单元、航空器和船舶上，以帮助其履行搜寻、救助或现场协调人的职能，以及自身遇险时进行的搜寻救助行动。内容包括：第一章"概述"，第二章"实施援助"，第三章"现场协调"，第四章"航空器/船舶应急反应措施"以及附录 A-1974年国际海上人命安全公约第五章第 10 条、附录 B-搜索行动电文样本、附录 C-影响观察者观察效果的因素、附录 D-搜救情况报告的标准格式(STTREP)和附录 E-搜救任务部署和搜救行动报告格式。

第四节 《1988 年制止危及海上航行安全非法行为公约》

1985 年 10 月 7 日，巴勒斯坦解放组织的一个分支组织巴勒

斯坦自由阵线(Palestine Liberation Front)的成员劫持了意大利游轮 Achille Lauro,并要求以色列政府释放 50 名被关押的巴勒斯坦犯人。在遭到以色列政府拒绝后,该组织枪杀了一名犹太裔美国人,并将其尸体和轮椅丢在了甲板上,造成了恶劣的国际影响,后来这些绑架者被引渡到意大利受审[①]。"Achille Lauro"案发生后,为有效开展国际合作打击危及海上航行安全的非法行为,国际海事组织(IMO)于 1988 年 3 月 10 日在罗马通过了《制止危及海上航行安全非法行为公约》(The Convention for the Suppression of Unlawful Acts against the Safety of Maritime Navigation, SUA),拓展了危及海运安全活动犯罪的种类。该公约于 1992 年 3 月 1 日生效。"9·11"事件后,面对日益严峻的海上安全局势,为使 SUA 的条款在与危及海上航行安全的非法行为的斗争中更具预防性,而不是在非法行为发生后对相关犯罪嫌疑人进行起诉的一种反应性的工具[②],国际海事组织于 2005 年 10 月召开外交大会,审议并通过了《制止危及海上航行安全非法行为公约》的议定书,新增了危及海上航行安全非法行为和登临检查的规定[③]。该议定书于 2010 年 7 月 28 日生效。

一、危及海上航行安全的行为

SUA 及其议定书将危及海上航行安全的行为界定为危害海上航行安全的一切行为,包括 SUA 下非法劫持或毁损船舶、妨害

---

① 参见 DAHLVANG N. Thieves, robbers & terrorists: piracy in the 21st Century. Regent Journal of International Law, 2006: 26-27.

② Aaron D. Buzawa, "Cruising with Terrorism: Jurisdictional Challenges to the Control of Terrorism in the Cruising Industry," Tulane Maritime Law Journal, Vol. 32 (2007), p.196.

③ 危敬添:《〈制止危及海上航行安全非法行为公约〉2005 年议定书简介》,《中国远洋航务》2007 年第 1 期。

航行、对船上人员使用暴力等行为以及 SUA 议定书增加的对船舶或在船上使用或从船上释放任何爆炸性或放射性材料或生物、化学和核武器,从船上排放数量或浓度造成或可能造成死亡、严重伤害或损害的油类、液化天然气等有害或有毒物质,利用船舶造成死亡、严重伤害或损害的,在船上运输用于恐怖主义犯罪的大规模杀伤性武器或设备等。

SUA 第 3 条第 1 款规定,任何人如非法并故意从事下列活动,则构成犯罪:

(1) 以武力或武力威胁或任何其他恐吓形式夺取或控制船舶;或

(2) 对船上人员施用暴力,而该行为有可能危及船舶的航行安全;或

(3) 毁坏船舶或对船舶或其货物造成有可能危及船舶航行安全的损坏;或

(4) 以任何手段把某种装置或物质放置或使之放置于船上,而该装置或物质有可能毁坏船舶或对船舶或其货物造成损坏而危及或有可能危及船舶航行安全;或

(5) 毁坏或严重损坏海上导航设施或严重干扰其运行,而此种行为有可能危及船舶的航行安全;或

(6) 传递其明知是虚假的情报,从而危及船舶的航行安全;或

(7) 因从事(1)至(6)项所述的任何罪行或从事该类罪行未遂而伤害或杀害任何人。

SUA 第 3 条第 2 款规定,任何人如从事下列活动,亦构成犯罪:

(1) 从事第 1 款所述的任何罪行未遂;或

(2) 唆使任何人从事第 1 款所述的任何罪行或是从事该罪行者的同谋;或

(3) 无论国内法对威胁是否规定了条件,以从事第 1 款(2)项、(3)项和(5)项所述的任何罪行相威胁,旨在迫使某自然人或法人从事或不从事任何行为,而该威胁有可能危及船舶的航行安全。

2005 年议定书新的 2bis 条扩大了 SUA 所包括的犯罪行为的范围。SUA 议定书将 SUA 第 3 条第 1 款第 6 项修改如下:

如果行为,就其本质或情节而言,目的是恐吓一国国民,或强迫一国政府或一国际组织为或不为下述行为:

(1) 针对船舶或在船上使用或从船上释放任何爆炸性或放射性材料或生物、化学和核武器,造成或可能会造成死亡、严重伤害或损害的;或

(2) 从船上排放油类、液化天然气或第 1 目范围以外的其他有害或有毒物质,其数量或浓度造成或可能造成死亡、严重伤害或损害的;或

(3) 利用船舶造成死亡、严重伤害或损害的;或

(4) 按照国内法规定,无论附或不附条件,威胁实施第 1、2 或 3 目所列罪行的;或

在船上运输:

(1) 任何爆炸性或放射性材料,明知其将被用于造成或威胁造成,按照国内法规定无论附或不附条件,死亡、严重伤害或损害,目的是恐吓一国国民或者强迫一国政府或一国际组织为或不为某种行为;或

(2) 任何生物、化学和核武器,明知其为第 1 目所定义的生物、化学和核武器;或

(3) 任何原材料,特种裂变材料,或为加工、使用或生产特种裂变材料而专门设计或准备的设备或材料,明知其将被用于核爆炸活动或者任何其他未接受国际原子能机构(International Atomic Energy Agency,IAEA)全面保障监督协议保障监督的核活动;或

(4) 在很大程度上有助于生物、化学和核武器的设计、制造或运载的任何设备、材料、软件或相关技术,并旨在将其用于此种目的。

通过 SUA 第 4 条的规定可以看出,危及海上航行安全非法行为的发生空间范围不再是"公海在任何国家管辖范围之外的其他地方",而是"领海外缘线之外水域",即除了国家领土主权范围内的领海及内水由沿海国管辖外,包括国家管辖范围的专属经济区、大陆架、国际航行的海峡、群岛水域等也适用。SUA 第 4 条规定:本公约适用于正在或准备驶入、通过或来自一个国家的领海外部界限或其与之相邻国家的领海侧面界限以外水域的船舶。在根据第 1 款本公约不适用的情况下,如果罪犯或被指称的罪犯在非第 1 款所述国家的某一缔约国的领土内被发现,本公约仍然适用。

SUA 及其议定书下危害海上航行安全罪的犯罪对象是用于国际海上运输的民用船舶。首先,该船舶是非永久性地依附于海床的任何种类的船舶,包括动力支撑船、潜水器或任何其他漂浮船艇。其次,该船舶是民用性质的,而非军舰,或国家拥有或经营的用作海军辅助船或用于海关或警察目的的船舶。再次,该船舶是用于国际海上运输的,即必须是正在或准备驶入、通过或来自一个国家的领海外部界限或其与之相邻国家的领海侧面界限以外水域的船舶。如果所劫持的是只在本国领水内航行的本国船舶,则因为缺乏跨国因素,而不构成本罪。最后,该船舶必须是正在使用的,而非已退出航行或闲置的船舶。

当然,通过 SUA 第 3 条关于"危及海上航行安全非法行为"(unlawful acts against the safety of maritime navigation)的规定可以看出,一是犯罪主体并没有限制是本船的船员或乘客还是另一船的船员或乘客;二是犯罪客观方面并不限于直接实施,还包括教唆他人和与他人共谋实施行为;三是犯罪目的不再考虑是否"出于私人目的",而只考虑是否危及或可能危及船舶航行安全。

二、登临检查

登临检查是指军舰和经正式授权并有清楚标志可以识别的为政府服务的任何其他船舶或飞机在公海上靠近和登上被合理地认为犯有国际罪行,或其他违反国际法行为嫌疑的商船进行检查的权力。

UNCLOS 规定了在公海上的船舶受船旗国的专属管辖,UNCLOS 第 92 条第 1 款规定:"船舶航行应仅悬挂一国的旗帜,而且除国际条约或本公约明文规定的例外情形外,在公海上应受该国的专属管辖。"显然,登临检查是船旗国专属管辖的例外,故 UNCLOS 对登临检查的行使做了一定的限制,即非船旗国军舰和经授权的国家公务船舶或飞机只有在有限的例外情况下可以登临他国商船进行检查。

UNCLOS 第 110 条第 1 款规定,除条约授权的干涉行为外,军舰在公海上遇到享有完全豁免权的船舶以外的外国船舶,非有合理根据认为有下列嫌疑,不得登临该船:① 该船从事海盗行为;② 该船从事奴隶贩卖;③ 该船从事未经许可的广播而且军舰的船旗国有管辖权;④ 该船没有国籍;或⑤ 该船虽悬挂外国旗帜或拒不展示其旗帜,而事实上却与该军舰属同一国籍。同时 UNCLOS 第 110 条第 3 款规定,如果嫌疑经证明为无根据,而且被登临的船舶并未从事嫌疑的任何行为,对该船舶可能遭受的任何损失或损害应予赔偿。

SUA 没有明确规定登临检查。"9·11"事件发生后,为应对日益严峻的危及海上航行安全的非法行为,2005 年议定书新增了登临检查,即只要一缔约国有正当的理由怀疑一艘悬挂另一缔约国旗帜的船只或船上的某个人从事过或有可能从事 SUA 和 2005

年议定书所列的犯罪行为,该国就有权上船进行检查。

相比 UNCLOS 关于登临检查的规定,2005 年议定书关于登临检查的规定在以下两个方面进行了拓展:一是扩大了登临检查的适用范围。UNCLOS 第 110 条规定的登临检查只限于公海,2005 年议定书将其范围扩展至任何国家领海以外的水域,即除了属于国家领土主权组成部分的领海及内水外,公海、专属经济区、大陆架、用于国际航行的海峡以及群岛水域等。二是扩大了登临检查的适用事项。UNCLOS 第 110 条规定了登临检查只限于 5 个方面,2005 年议定书将其事项扩展至 SUA 和 2005 年议定书所列的犯罪行为(SUA 第 3 条第 1 款和第 2 款,2005 年议定书新的 2bis)。

为了确保登临检查的正确行使,SUA 和 2005 年议定书对登临检查相关权力做出了一定的限制:

一是各缔约国无权拦截和检查被怀疑在另一国领海内从事危及海上航行活动的非法行为的船舶[1]。SUA 第 4 条第 1 款规定:"本公约适用于正在或准备驶入、通过或来自一个国家的领海外部界限或其与之相邻国家的领海侧面界限以外水域的船舶。"但是,船舶的不适用,并不阻断 SUA 对罪犯或被指称的罪犯的适用,SUA 第 4 条第 2 款规定,在根据第 1 款本公约不适用的情况下,如果罪犯或被指称的罪犯在非第 1 款所述国家的某一缔约国的领土内被发现,本公约仍然适用。

二是各缔约国必须与该种非法行为有某种直接的联系才能在其领海内扣押该船舶。SUA 第 6 条第 1 款规定,在下列情况下,每一缔约国应采取必要措施,确定管辖权:(a) 罪行发生时是针对悬挂其国旗的船舶或发生在该船上;或(b) 罪行发生在其领土内,

---

[1] Ethan C. Stiles, Current International Law to Combat Modern Sea Piracy, Transnational Law Review, 2004, p.311.

包括其领海……

三是规定登临检查的保障条款，旨在行使登临检查的同时保护船主、船员、乘客、船旗国的利益。

首先规定了登临检查须获得被登临检查的船旗国的授权，包括明示授权、默示授权和事先授权。2005年议定书新的8bis条关于明示授权，规定当一缔约国（"请求国"）的执法官员或者其他授权官员在任何国家领海以外的水域遇到悬挂另一缔约国国旗或展示其登记标志的船舶，而请求国有合理根据怀疑该船舶或船上人员正在实施、曾经实施或即将实施公约所述的罪行，并意欲登临船舶时，则请求国应请求该另一缔约国确认船舶国籍。如果船舶国籍得以确认，则请求国应要求该另一缔约国作出登上该船并对其采取相应措施的授权，包括拦截、登船和搜查船舶及船上的货物和人员、查询船上人员，以确定是否已经、正式或即将实施公约所述的罪行，该另一缔约国应授权请求国登船并采取适当措施，或由自己的执法官员或其他官员进行登临和搜查，或与请求国一起进行登临和搜查，或拒绝授权登临和搜查。没有该另一缔约国的明示授权时，请求国不得登临船舶或采取措施（2005年议定书新的8bis条第5款a项、b项和c项）。2005年议定书新的8bis条关于默示授权，规定在交存批准、接受、核准或加入文件之时或其后，该另一缔约国可以通知秘书长，对于悬挂其国旗或展示其登记标志的船舶，请求国被授权在确认船舶国籍请求收悉后的4个小时内该另一缔约国未做出回应时有权登临和搜查船舶及船上货物和人员和查询船上人员，以确定是否已经、正式或即将实施公约所述的罪行（2005年议定书新的8bis条第5款d项）。2005年议定书新的8bis条关于事先授权，规定在交存批准、接受、核准或加入文件之时或其后，该另一缔约国也可以通知秘书长，对于悬挂其国旗或展示其登记标志的船舶，请求国有权登临和搜查船舶及船上货物和人员和查询船上人员,以确定是否已经、正式或即将实施公约所述的罪行(2005年议定书新的8bis条第5款e项)。可以看出,请求国一般只有得到船旗国明示的授权才可以进行登临检查[①],而船旗国默示授权或事先授权的登临仅仅是任择性的,即只有船旗国在成为议定书缔约国时选择接受该两种情况下的登临才可以。

其次规定了未经船旗国明确授权,请求国不得采取任何额外措施。请求国可以采取的授权措施仅包括:2005年议定书新的8bis条第5款规定的拦截、登船、搜查船舶及船上的货物和人员、查询船上人员;2005年议定书新的8bis条第6款规定的船旗国授权请求国在收到船旗国的处置指示前扣押该船舶、船上的货物和人员。对于2005年议定书新的8bis条第5款和第6款规定的授权,船旗国可以提出条件,包括从请求国获取补充信息和有关采取的措施的责任和范围的条件。

再次规定了武力使用限制,即请求国在进行经授权的行动时,应避免使用武力,除非是确保其官员和船上人员的安全所必需者,或官员在执行经授权的行动时受到阻碍。任何武力的使用,不应超过在该情况下所必需和合理的最低武力程度(2005年议定书新的8bis条第9款)。

最后规定了保护措施。2005年议定书新的8bis条第10款规定,在对船舶采取措施时,应充分计及不危及海上人员生命安全的必要性;保证船上所有人受到符合人格尊严及符合人权法的对待;充分计及船舶及货物的安全和保安;充分计及不损害船旗国的商

[①] 中国谈判代表特别强调了在议定书中必须包含一个登临需取得船旗国明示授权的条款,该建议得到了议定书的采纳。See IMO, IMO Legal Comm. Report of the Legal Committee on the Work of its Eighty-Ninth Session, para 51, IMO Doc. LEG 89/16(Nov.4,2004).王家兵:《海上反恐与登临法律制度的完善》,《太平洋学报》2009年第11期。

业或合法利益的必要性；在现有的措施内确保对船舶或其货物采取的任何措施在该情况下都是无害环境的；确保对因犯有 SUA 和 2005 年议定书所述的任何罪行而可能对其提起诉讼的船上人员给予公平对待，包括享有其所在领土内的国家法律和包括国际人权法在内的国际法所规定的所有权利和保障；确保船长得悉其登船意图，获得或已经获得迟早与船东和船旗国进行接触的机会；尽力采取措施避免船舶被不适当的扣留和延误。

三、管辖权适用

SUA 规定了对危及航行安全非法行为的具体管辖：

一是在第 6 条第 1 款中规定了必要管辖。适用的情形为：罪行发生时是针对悬挂其国旗的船舶或发生在该船上；或罪行发生在其领土内，包括其领海；或罪犯是其国民。

二是在第 6 条第 2 款中规定了保护管辖。适用的情形为：罪行系由惯常居所在其国内的无国籍人所犯；或在案发过程中，其国民被扣押、威胁、伤害或杀害；或犯罪的意图是迫使该国从事或不从事某种行为。

三是对相关非法行为适用"或引渡或起诉"。"或引渡或起诉"是国际公法中普遍管辖原则的重要内容之一，是指在其境内发现被请求引渡的犯罪人的国家，按照签订的有关条约或互惠原则，应当将该犯罪人引渡给请求国；如果不同意引渡，则应当按照本国法律对该犯罪人提起诉讼以便追究其刑事责任。"或引渡或起诉"引渡和起诉这两种不同性质的刑事司法行为联结起来，具有制度设计上的整合作用。1970 年海牙《关于制止非法劫持航空器的公约》第 7 条确立了现代意义的"或引渡或起诉"，为之后的国际刑法公约尤其是反恐怖主义公约树立了样板。SUA 公约第 6 条第 4 款规定明确了"或引渡或起诉"，即"如被指称的罪犯出现在缔约国领土内,而缔约国又不将他引渡给根据本条第 1 和第 2 款确定了管辖权的任何国家,该缔约国应采取必要措施,确定其对第 3 条所述罪行的管辖权"。

但是,引渡需要遵循一些原则,其中死刑不引渡是最重要的一个原则。所谓的死刑不引渡原则,是指在引渡国法律可能对被引渡人判处死刑或者执行死刑的情况下,被引渡国应拒绝引渡国提出的引渡被引渡人的要求。当前,死刑不引渡原则已越来越多地出现在引渡条约中,也越来越多地出现在国内立法,而且也越来越多地成为拒绝引渡的一种理由。由于各国法律文化、法律观念不同,各国对死刑的存废也存在不同观点,故此有的国家在法律中对海盗犯罪规定了死刑,有的国家则没有规定,这必然导致以下几种法律后果。

首先,同罪不同罚,即同样的犯罪行为在不同的国家受到的刑罚并不一样,或并不一致,而同罪同罚是罪刑责相适应原则的重要体现,是刑法领域中人权原则的直接反映,同罪不同罚无疑是一种严重的背离。但这种情况又无法避免,因为单就在一国范围内而言,对犯罪行为的惩罚并不会出现法律具体规范方面的同罪不同罚现象。这是具体法律规定国别差异的必然结果。

其次,对某些犯罪规定死刑的国家无法从其他国家引渡回犯罪实施者,这就造成一种情况:一国之所以对某些犯罪规定了死刑,其目的是履行遏制和消除该某些犯罪的国际法律义务,但死刑不引渡原则却无法让该国实现这个目的,因为该国甚至都无法接触到该某些犯罪实施者。

最后,为犯罪实施规避法律处罚提供了借口或"合法依据"。死刑不引渡原则的存在,意味着在废止死刑国家司法控制下的某些犯罪实施者,若其被请求引渡回其国籍国,而其国籍国对该某些犯罪规定了死刑,那么,该某些犯罪实施者就可以向被请求引渡国司法机关等请求法律救济,甚至向某些国际人权法院或者区域人权法院乃至联合国人权委员会提出申诉①。由此看来,对某些犯罪施以重罚,尤其是课以死刑,不但达不到有效惩防该某些犯罪的目的,甚至有可能引来人权诉讼等麻烦。

四、危害海上航行安全罪与海盗罪的区别

海盗罪是国际法中各国有权行使普遍管辖权的一项国际罪行,具体指在海上利用船只或飞行器并使用武力强制或其他精神强制手段对其他民用船舶或民用飞行器及其财物进行劫掠的行为。

UNCLOS 采取列举的方式对海盗行为进行了定义,第 101 条"海盗行为的定义"规定:"下列行为中的任何行为构成海盗行为:(a) 私人船舶或私人飞机的船员、机组成员或乘客为私人目的,对下列对象所从事的任何非法的暴力或扣留行为,或任何掠夺行为:(i) 在公海上对另一船舶或飞机,或对另一船舶或飞机上的人或财物;(ii) 在任何国家管辖范围以外的地方对船舶、飞机、人或财物;(b) 明知船舶或飞机成为海盗船舶或飞机的事实,而自愿参加其活动的任何行为;(c) 教唆或故意便利(a)或(b)项所述行为的任何行为。"

第 102 条"军舰、政府船舶或政府飞机由于其船员或机组成员发生叛变而从事的海盗行为"规定:"军舰、政府船舶或政府飞机由于其船员或机组成员发生叛变并控制该船舶或飞机而从事第 101 条所规定的海盗行为,视同私人船舶或飞机所从事的行为。"

危害海上航行安全罪与海盗罪在客观方面都可表现为对船舶或其上人员实施暴力,且都危害了海上公共秩序,因此,极易产生

---

① 黄风:《国际刑法学》,中国人民大学出版社 2007 年版,第 230—231 页。

混淆,但两者仍存在本质上的不同:

其一,在主观目的上,海盗罪必须是出于谋取不义之财的私人目的。尽管学界对"私人目的"的具体所指存在异议,但对其不包括政治、宗教等社会目的这一点并无分歧。危害海上航行安全罪并无主观目的上的要求,而只着眼于航行安全,即只要实施了危害海上航行安全罪列举的非法行为,即构成此罪。虽然危害海上航行安全罪并无主观目的的要求,私人目的也可包括在内,但从SUA及其议定书的制定背景以及具体罗列的非法行为的种类来看,危害海上航行安全罪在主观要件上更倾向于制造恐怖目的,进而实现政治、宗教等方面的社会目的。

其二,在发生海域上,海盗罪须发生在公海或其他国家管辖范围以外的地方,这个"地方"既可以是陆地性质的,也可以是海域性质的,但不包括群岛水域;危害海上航行安全罪发生在领海以外的一切海域,这表明危害海上航行安全罪不能发生在陆地上,而只能发生在海域上,且包括群岛水域。

其三,在犯罪对象上,尽管船舶都可以成为两者犯罪的目标,但海盗罪的犯罪对象必须是另一船舶,且除了另一船舶外,还可以是另一飞机;危害海上航行安全罪的犯罪对象并无此要求,非法行为既可以在另一船舶上实施,也可以在同一船舶上实施,但危害海上航行安全罪的犯罪对象——船舶——不包括军舰、军用飞机和警察、海关执行政府公务的船舶,海盗罪的犯罪对象——船舶——则无此限制。从设置危害海上航行安全罪的目的考虑,这一点似乎偏离了 SUA 及其议定书的制定意图。如上所述,SUA 是"Achille Lauro"号劫船事件发生后、SUA 议定书是"9·11"事件发生后,国际社会全力推行的一部主要打击针对船舶实施恐怖主义犯罪的国际公约,而针对船舶实施的恐怖主义犯罪为了达到制造恐怖进而实现政治、宗教等社会目的,一般都会选择具有象征意义的船舶作为攻击对象，其中军舰、军用飞机和警察、海关执行政府公务的船舶自然是首选对象，SUA 及其议定书理应将军舰、军用飞机和警察、海关执行政府公务的船舶作为危害海上航行安全罪的犯罪对象或目标。但遗憾的是，SUA 及其议定书排除了这一类船舶，从而在一定程度上削弱了打击危害海上航行安全罪的力度。另外，正如 SUA 序言指出的，"危及海上航行安全的非法行为危及人身和财产安全，严重影响海上业务的经营并有损于世界人民对海上航行安全的信心"，故 SUA 制定目的之一是将海盗和海上恐怖主义网罗在一起予以合并打击，以弥补 UNCLOS 下关于海盗罪规定的诸如"私人目的"等的不足。但与海盗罪下犯罪对象中船舶的非限定性相比，SUA 及其议定书将军舰、军用飞机和警察、海关执行政府公务的船舶排除在危害海上航行安全罪的犯罪对象或目标之外，这不能不说是 SUA 及其议定书的一个倒退。本想弥补 UNCLOS 下关于海盗罪规定不足的 SUA 及其议定书，却在犯罪对象上进一步限缩了海盗罪的认定范围，从而在一定程度上影响了国际社会防控和惩治海盗罪的努力。

　　虽然其后的 SUA 对 UNCLOS 的诸如犯罪主体、犯罪目的、犯罪对象等一些缺漏进行了填补，但 SUA 以"非法危及航行安全行为"来描述犯罪客观特征，实质上并没有对"海盗行为"和其他海上非法行为作出区分，反而这种描述进一步增加了两者的模糊性，更不利于科学界定海盗行为及所采取的惩防措施，并且在"条约仅在缔约国之间有效"原则下，SUA 的法律效力仅存于公约的缔约国之间，然现实是有许多国家，特别是一些海盗多发地的国家，如印度尼西亚、马来西亚等，基于主权等因素的考虑，并没有成为 SUA 的缔约国，这就使得 SUA 在惩防海盗罪方面的作用远不及 UNCLOS。另外，SUA 并没有像 UNCLOS 赋予当事国登临权、检查权等执法权力，这在很大程度上限制了缔约国惩防海盗罪的力度。

第五节 《1978年海员培训、发证和值班标准国际公约》

随着造船技术和航行技术的快速发展,船舶海上航行的安全性得到极大的保障和提高,由于船舶自身原因所导致的海难事故并非多数。通过对历年来海难事故原因的调查与研究发现,绝大多数的海难事故是人的因素所致[1]。例如,虽然有些海难事故是自然因素导致的,但与人的因素密切相关,如对设备、仪器、装置使用不当,对程序指导不精确,未能遵循正确的程序,或由于配载不当降低了船舶稳性等。虽然有些海难是突发性或非人力所能控制的,但人为因素也是非常重要的,许多事故都是由于驾驶人员的疏忽和过失造成的。统计表明,船舶海损、机损及污染事故的发生,其中80%是人为因素所致,是船舶管理和船员任职资格方面的不足与管理上的过失所造成的,如对安全航行的重视程度不够,船舶心理不健康和船员的素质不高等[2]。以"协和"号为例,2012年1月13日,载有3 200余名乘客和1 000余名船员的"协和"号刚离开港口不久即撞上岩石,随后船舶横倾并搁浅。事故调查表明,"协和"号完全符合国际海上人命安全公约的相关法规,但"人的因素"是最终导致该事故发生的根本原因[3]。

这就意味着,造船技术、航行技术和管船技术越发展,海员素质与海上航行安全的关系越紧密,提高海员素质就越有必要,否则,与航海科技快速发展不相匹配的海员的技术业务水平、职业素

---

[1] 江苏海事局:《常用国际海事公约研究和应用》,大连海事大学出版社2006年版,第27页。
[2] 王宁:《世界海难事故现状分析及应对措施》,《世界海运》2010年第7期。
[3] 王艳华、王长生:《"协和"号事故调查报告摘要》,《国际海事公约》2013年第5期。

养,将在很大程度上抵消航海科技快速发展所带来的航行安全效果,并会因船舶超大型化、超智能化和特种类型船舶的发展而带来更为严重的海难。故此,IMO 于 1978 年 6 月 14 日至 7 月 7 日在伦敦召开了海员培训与发证国际会议,讨论通过了《1978 年海员培训、发证和值班标准国际公约》(International Convention on Standards of Training, Certification and Watchkeeping for Seafarers,1978,STCW 1978),为缔约国提供了一个普遍能接受的船员培训、发证和值班标准方面的最低强制性标准。该公约于 1984 年 4 月 28 日正式生效。

一、框架结构

STCW 1978 包括公约正文和附则。

公约正文共 17 条,依次为一般义务,定义,适用范围,资料交流,其他条约与解释,证书,过渡规定,特免,等效(指至少相当于公约要求的某些安排),监督,促进技术合作,修正案,签字、批准、接受、核准和加入,生效,退出,保管和登记,文字。

附则共 6 章,第 1 章为总则,其他各章分别为:

第 2 章"船长—甲板部"。该章主要规定了航行值班时必须遵守的基本原则。该章还规定了对 200 总吨或以上船舶的船长和大副以及负责航行值班的驾驶员的强制性最低要求。另外还规定了对 200 总吨以下船舶的船长和负责航行值班驾驶员以及 200 总吨及以上船舶参与航行值班的普通船员的强制性最低要求。该章还包括了旨在确保船长和甲板高级船员不断精通业务和掌握最新知识的要求。

第 3 章"轮机部"。该章主要规定了轮机值班中应遵守的基本原则。另外还规定对主推进动力置为 3 000 kW 或以上和主推进动力装置在 750~3 000 kW 之间的船舶的轮机长和大管轮发证的强制性最低要求。该章还规定了对传统的有人值守机舱负责值班的轮机员或周期性无人值守机舱的值班机员发证的强制性最低要求,以及对参与机舱值班的普通船员的强制性要求。

第 4 章"无线电部分"。该章规定了无线电值班和维修的内容,对无线电报员发证的强制性最低要求,以及确保其不断精通业务和掌握最新知识的要求。该章还规定了对无线电话务员发证的强制性最低要求。

第 5 章"对槽管轮的特别要求"。该章规定了对油船、化学品液货船和液化气体船船长、高级船员和普通船员的培训和资格的强制性最低要求。

第 6 章"精通救生艇业务"。该章规定了颁发精通救生艇业务证书的强制性最低要求。

海员培训与发证国际会议除了通过该公约外,还通过了 23 个决议,进一步细化了公约的要求。

随着船舶科技水平的提高,船舶配员的多国化,国际社会对海上安全和海洋环境的高度关注,特别是一段时期内发生几次比较重大的海难事故所带来的沉痛教训,IMO 又对 STCW 1978 进行了持续的修订。截至 2017 年,STCW 共经过了数次修订(见表 7),其中,1995 年和 2010 年修正案是整体性的修正。

表 7　STCW1978 的修正案

名　称	主　要　修　订　内　容	生效时间
1991 年修正案	增加执行全球海上遇险和安全系统(GMDSS)的要求和驾驶台单人值班的试验	1992 年 12 月 1 日
1994 年修正案	以"液货船船员的特殊培训要求"取代附则第五章"对槽管轮的特别要求",将公约附属大会决议 11、12、13(即对油船、化学品船、液化气船船长、高级船员和一般船员的培训和资格的建议案)提升为强制性要求,列入附则	1996 年 1 月 1 日

续 表

名 称	主 要 修 订 内 容	生效时间
1995年修正案	全面修订,通过《海员培训、发证和值班规则》(STCW Code)	1997年2月1日
1997年修正案	新增对除滚装客船以外的客船的船长、高级船员、普通船员和其他人员的培训和资格的最低强制性要求	1999年1月1日
1998年修正案	提高船员特别是散货船船员处理货物装卸、积载、系固的最低适任标准	2003年1月1日
2006年修正案	增加有关船舶保安员和快速救生艇操作员培训和发证的新的最低强制性要求	2008年1月1日
2010年修正案	全面回顾与修正公约附则中的规则和STCW Code	2012年1月1日

二、1995年修正案

1995年修正案对STCW 1978除正文条款外,其他内容都作了全面的修改,主要增加的内容为:① 全面、严格、多方位的遵章核实机制,包括规则Ⅰ/7对缔约国主管机关的监督、规则Ⅰ/4对船舶和船员的港口国管理、规则Ⅰ/10对方便旗船舶海员发证的监督等。② 加强对海员的实际技能培养和评估,并规定海员必须接受系统的专业教育和培训。③ 对海员培训、考试、评估和发证,规定必须建立质量标准体系并受到连续的质量控制。④ 允许重组传统的船上岗位分工体系,引入适应先进自动化船舶的"职能发证"体系。⑤ 增加了包括模拟器训练、特殊类型船舶、基本安全和人员管理在内的多种强制和非强制的培训项目。⑥ 严格并扩大对证书再有效的规定和适用范围。⑦ 集中和系统地规定了海员在各种条件下保持正常和安全值班的原则和要求。1995年修正案还新增设了与 STCW 1978 和附则相对应的、更为具体的《海员培训、发证和值班规则》(STCW Code)。

经过 1995 年修正案修正,STCW 1978 包括公约正文、附则和 STCW Code。其中附则为 8 章,分别是第 1 章"总则";第 2 章"船长与甲板部分";第 3 章"轮机部分";第 4 章"无线电通信和无线电人员";第 5 章"特定类型船舶的船员特殊培训要求";第 6 章"应急、职业安全、医护和救生职能";第 7 章"可供选择的发证";第 8 章"值班"。STCW Code 分为 A、B 两部分各 8 章,分别是对 STCW 1978 附则对应章节的补充、解释和指导,其中 A 部分为强制性规定,详细列明了表明适任的方法和评价适任的标准,细化了最低适任标准对应表中的任职适任条件,并列出对液货船船长、高级船员和普通船员培训的纲要、操作的原则和程序;B 部分为建议性要求和指南,用以补充说明公约条款、内容指导。引用公约正文,也就引用附则和 STCW Code 的 A 部分,同时充分考虑 STCW Code 的 B 部分给予的解释和指导。

三、2010 年修正案

随着海洋环境保护更加严格化以及船舶智能化、大型化、快速化和包括信息技术(IT)在内的新技术在航海事业中广泛应用所带来的信息化,加之对猖獗的海盗行为的应对,特别是在 IMO 追求的目标由"航行更安全,海洋更清洁(Safer Shipping, Cleaner Oceans)"提升至"清洁海洋上安全、保安和高效的航运(Safe, Secure and Efficient Shipping on Clean Oceans)"后,国际社会对海员的培训与值班标准提出了更高的要求。故此,IMO 于 2010 年 6 月 21—25 日在菲律宾马尼拉召开 STCW 公约缔约国外交大会,大会对 STCW 公约进行了一系列的修正。由于此次修正是在菲律宾马尼拉召开的,故通过修正案又称为《马尼拉修正案》。该修正案于 2012 年 1 月 1 日生效,但同时明确了 5 年过渡期安排,即至 2017 年 1 月 1 日。

《马尼拉修正案》保留了 STCW 1978 公约的结构与目标,不降低现有标准,不修改公约正文条款,仅对公约附则中的规则(Regulations)与 STCW Code 进行全面回顾与修正。主要修正内容包括:

一是针对猖獗的海盗活动给海运安全所带来的严峻挑战,修正案增加了保安职责的新要求,强化了船舶安保的内容,明确了船员海上安保培训及其合格证书。将船员在海上安保方面的培训分为四类,即熟悉保安培训、保安意识培训、承担指定保安职责人员的培训和船舶保安员培训。船舶保安员必须持有船舶保安员培训合格证书,所有船员必须持有保安意识培训合格证书,被指定承担保安职责的海员则还应持有承担指定保安职责培训合格证书。

二是针对近海石油工业的发展,重新规范了油化船和液化气船船员的培训和适任要求,将液货船船员的培训证书调整为 5 种,即油船和化学品船货物操作基本培训证书、液化气船货物操作基本培训证书、油船货物操作高级培训证书、化学品船货物操作高级培训证书和液化气船货物操作高级培训证书。其中,前两种证书的适用对象为在液货船上任职的船长、高级船员和普通船员;后三种证书的适用对象为在相应液货船上任职的船长、管理级船员和对货物装卸、积载、洗舱、过驳等有关操作负有直接责任的人员。

三是明确了独立评价报告的内容,对最初资料交流(履约报告)、后续报告(独立评价报告)及有资格人员的小组作出了明确的规定,并对相关证书、登记、海上服务资质、培训等提出电子查询的要求。

四是提出远程教育和电子教育。

五是考虑人的因素在海难海损事的作用,将"驾驶台资源管理"(BRM)及"机舱资源管理"(ERM)纳入强制性要求的规则 A 部分,并将团队处理各种应急事故的培训纳入相关资源管理培训。

六是针对现代航海科技迅速发展和"电子航海战略"实施所提出的新要求,新增"电子员"岗位,并明确其职责内容[①]。电子员主要职责是包括 GMDSS 设备在内的船用电子、电气设备的维护、保养、诊断、处理。电子员应掌握电子海图显示与信息系统(ECDIS)、综合驾驶台系统(IBS)、全球海上遇险与安全系统(GMDSS)、数字调速器、机舱数据检测系统、电子主机及船舶局域网等船用电子设备与系统的有关知识与技术。电子员的增加不应产生轮机员有关电子、电气方面的知识与功能的任何降低。

四、国际遵章核实体制

1995 年修正案第一次建立了国际遵章核实体制,对缔约国所签发证书的监督、认可的规定,不完全采用等效或等同承认的惯例。

一是通过"白名单制度"强化对各缔约国履约情况的监督。根据 STCW 1978 附则第一章"总则"的规则 I/7 资料交流的要求,各缔约国应在规定的时间内按规定的内容和要求,向 IMO 递交关于该国为充分和完全实施公约而采取的有关措施的履约报告材料,由 MSC 按照有关程序对该国是否能充分和完全实施公约进行评价和确认,对通过评价和确认的缔约国将列入"白名单"。列入"白名单"的缔约国,其所签发的证书,其他缔约国原则上应予承认,但也不能排除由于资料交流、"自主"评估等关系而不予承认的可能性。如果没有列入"白名单",或船员证书不符合 STCW 1978

---

① STCW 公约马尼拉修正案解读组:《STCW 公约马尼拉修正案解读》,《世界海运》2011 年第 1 期;曹勇:《STCW 公约马尼拉修正案的主要修正内容》,《航海技术》2011 年第 4 期。

要求的,将被签发一封"警告信",相关船舶也将被列入"优先检查"的船舶。如果经"优先检查"后,船员证书仍不符合公约要求的,则该船有可能被滞留或不予放行①。

二是定期递交独立评价报告。根据Ⅰ/8以及STCW Code第A-Ⅰ/8节的要求,各缔约国在每隔最多不超过五年的时间内对知识、理解、技能和适任能力的获得和评估活动以及对发证体系的管理进行一次独立评价,并向IMO递交独立评价报告。2010年修正案在第一章总则中增加了独立评价报告内容的明确要求,对最初资料交流(履约报告)、后续报告(独立评价报告)及有资格人员的小组等作出明确的规定。MSC经审核认为某缔约国不能有效保证STCW 1978得以充分和完全实施时,将会将该缔约国从"白名单"中去除。

三是持有一缔约国所签发的证书到另一缔约国船上服务的人员,其证书得经过另一缔约国主管机关用以证明承认的签证,但由一主管机关为承认或证明承认另一缔约国所发证书而签发的证书和签证,不作为另一主管机关进一步承认的基础。

四是个别海员适任能力评估。如果船舶发生碰撞、搁浅、触礁、非法排放、以不稳定或不安全方式以及其他危及人命财产安全或环境的方式操纵操作,缔约国经正式授权的监督官员得根据STCW Code第A-Ⅰ/4对船上海员保持公约要求的值班标准的能力进行评估,内容包括审核海员证书、与值班有关的技能、与事件有关的必要技能、安全实施与ISM规则有关的船上程序的力、紧急情况下执行任务的能力等。此种评估可能会认定该海员不适

---

① 李龙飞、刘敬军:《注重〈STCW95〉修正案的要求 加强船员适任能力检查》,《水运管理》2003年第10期。

任,从而事实上不承认该海员持有的证书[①]。

1995 年修正案通过建立"白名单制度",第一次授予 IMO 对各缔约国某些监督权力。另外,海员事务管理权在本质上属于各缔约国的内政事项,但 1995 年修正案的相关修正内容,意味着各缔约国须将部分海员事务管理权让渡给 IMO。

五、公司的责任

附则第一章"总则"规则Ⅰ/14、STCW Code 的 A 部分第 A-Ⅰ/14 节和 B 部分第 B-Ⅰ/14 节规定了"公司的责任"条款,要求公司保持并随时可查阅其船上雇用的所有海员的文件和数据,包括但不限于其经历、培训、体格、适任等,保证被指派到任一艘船上工作的海员持有相应的证书并按安全配员的要求配备,熟悉其具体职责以及与之相关的船舶布置、装置、设备、程序和船舶特性,能有效协调紧急状态下的和至关重要的安全与防污的行为。这些规定的合目的性,得由作为组织、领导、使用的基础性主体的公司最终正确体现。

附则第一章"总则"规则Ⅰ/14"公司责任"规定:"每一主管机关应按照第 A-Ⅰ/14 节规定,要求各公司对本公约的规定分配其船上船员的工作一事负责,并应要求每个此类公司确保:(1)分配至其任何船上的每一船员均应按照本公约的规定和主管机关制定的规定,持有适当的证书;(2)其船舶系按适当的主管机关安全定员要求配员;(3)保存与其船上雇用的所有船员有关的文件和资料并可随时查阅,包括但不限于有关船员的经验、培训、健康和对被分配职责的适任性的文件和资料;(4)将被分配到其任何船上

---

① 江苏海事局:《常用国际海事公约研究和应用》,大连海事大学出版社 2006 年版,第 32 页。

的船员熟知其具体职责和与其日常和应急职责有关的船上所有布置、装置、设备、程序和船舶特性;(5) 船舶所有人员能有效协调其在紧急情况下和在履行对于安全和防止或减少污染至关重要的职责时的活动。"

STCW Code 的 A 部分第 A－Ⅰ/14 节"公司的责任"规定:"每一公司、船长和船员均有责任确保充分和完全实施本节中规定的义务并采取其他必要措施确保每一船员均能对船舶的安全营运作出真知灼见的贡献。公司应向本公约所适用的每一船舶的船长提供书面指示,载明应遵循的政策和程序,确保船上新雇用的所有船员在被指派任务前均有合理机会熟习船上设备、操作程序和正确履行此种任务所需的其他安排。此种政策和程序应包括:(1) 给予合理时间使每一新雇用的船员有机会熟习船员将使用或操作的具体设备以及船员正确履行被指派的任务需了解的船上具体的值班、安全、环境保护和应急的程序和安排;(2) 指定了解情况的船员负责确保每一新雇用的船员均有机会得到以其懂得的语文写成的重要资料。"

2010 年修正案在第一章"总则"中进一步增加了公司的责任,要求公司应确保其指派到任一船上的海员均接受了本公约要求的知识更新的培训,且任何时候都必须按 SOLAS 第Ⅴ章第 14 条第 3 款的规定确保其在船上能进行有效的口语交流。

第三章
有关防止船舶造成海洋污染的主要国际公约

船舶故意地、随便地排放油类和其他有害物质,是一种严重的污染源。在20世纪上半叶,一些国家已采取措施控制船舶在领水内的油类排放,对非法排放者予以罚款。20世纪50年代,随着石油海上运输的大量增加,国际社会更加关注船舶海洋油污问题,并相继出台了一些国际公约,形成了以《1973年国际防止船舶造成污染公约》(MARPOL 1973)为核心的公约体系,船源染污也经历了一个从防治船源油污到防治船源各种形式污染的过程。

第一节 《1954年国际防止海洋油污染公约》

1954年4月26日至5月12日,防止船舶污染海洋国际会议在伦敦举行,通过了《1954年国际防止海洋油污染公约》(International

Convention for the Prevention of Pollution of the Sea by Oil，1954；OILPUL)，由公约正文和 1 个附则组成，旨在控制油船日常操作和机械所含油废弃物的排放造成的污染。公约于 1958 年 7 月 26 日生效，并经过 1962 年、1969 年和 1971 年三次修正。OILPUL 虽被以后的《1973 年国际防止船舶造成污染公约》(MARPOL 1973)所取代，但其是国际社会为减轻船舶污染尤其是石油污染而签订的第一个国际环境保护公约，是海洋环境国际法律保护开端的标志，故具有重要的历史意义[1]。

一、禁排区制度

设立"禁排区"是 OILPUL 试图解决油类（即原油、燃料油、重柴油和润滑油）造成海洋污染问题的重要途径之一。OILPUL 规定，在距离最近陆地至少 50 海里区域禁止排放油类或含油超过 100 ppm 的油水混合物。

OILPUL 第 3 条第 2 款规定："适用于本公约的油船禁止排放油类或含油混合物，当满足下列全部条件时除外：(1) 油船正在航行途中；(2) 瞬间排油率不得超过每海里 60 公升；(3) 在一个压载航次中排放总油量不得超过载油总容量的 1/15 000；(4) 油船距最近陆地 50 海里以上。"

OILPUL 第 3 条第 1 款规定："除油船以外适用于本公约的船舶，禁止排放油类或含油混合物，当满足下列全部条件时除外：(1) 船舶正在航行途中；(2) 瞬间排油率不得超过每海里 60 公升；(3) 排放的混合物含油量应少于 100 ppm；(4) 离陆地尽量远处排放。"

---

[1] 吴国凡、刘喜元、周红权：《国际防止船舶污染海洋公约现状及发展趋势》，《船海工程》2010 年第 6 期。

"瞬间排油率"系指任一瞬间每小时排油公升数与同一瞬间船速节数之比。"含油混合物"一词系指含任何油量的一种混合物。"距最近陆地"一词,系指"距该领土按照 1958 年关于领海和邻接地区的日内瓦公约据以划定其领海的基线"。

OILPUL 第 3 条不适用于"(1) 为保证船舶安全,防止船或货受损,或在海上救助人命,从而由船上排放油类或含油混合物;(2) 因船舶受损或无法避免的渗漏,以致船上逸出油类或含油混合物,而在发生损坏或发现渗漏后已采取各种合理防护措施以防止与减少这种逸漏"(OILPUL 第 4 条)。

1962 年修正案将公约的适用范围扩大至吨位更小的船舶,即 150 总吨以上的油船和 500 总吨以下的所有远洋船舶,而之前的 OILPUL 规定,150 总吨以下的油船和 500 总吨以下的其他船舶不属于公约的适用范围(OILPUL 第 2 条)。1962 年修正案还将地中海、亚得里亚海、红海、澳大利亚海岸等海区的"禁排区"由 50 海里扩大至 100 海里或以上。另外,1962 年修正案规定,禁止 2 万总吨以上的油船在海上任何地区排放油类或含油混合物。

1969 年修正案禁止油船在距最近陆地 50 海里以内从货物处所以任何方式排放油类物质,限制油船的油类操作性排放和所有船舶机械处所的含油污水排放。

对于油船而言,可被允许油类操作性排放的条件为:(1) 油船在压载航行期间允许排放油的总量不得超过油船总载货能力的 1/15 000;(2) 油船在航行中油的允许排放速率不得超过 60 L/海里。

对于所有船舶机械处所,可被允许含油污水排放的条件为:(1) 船舶在航行途中油的允许排放速率不得超过 60 L/海里;(2) 所排放的任何含油污水的油含量不得超过 100 ppm;(3) 必须尽可能远离陆地排放。

允许从货油舱排放压载水,但必须符合在晴朗天气,从静止的油船向清洁静水排放时,在水面上不留明显油迹的要求。

二、提供接收设施

要求各缔约国采取措施提供接收含油污水和残油的设施,是OILPUL试图解决油类(即原油、燃料油、重柴油和润滑油)造成海洋污染问题的另一个重要途径。

OILPUL第8条规定:"每一缔约国政府须采取一切适当步骤促进提供下述设备:(1)按船舶使用的需要,港口应提供足够的接收设备,以接收油船以外船舶经过油水分离后留待处理的残余物和含油混合物,而务求不致延误船期;(2)装油港须提供足够的设备,以便接收油船上留待处理的残余物和含油混合物;(3)修船港须提供足够设备,以便接收所有来修理的船舶留待处理的残余物和含油混合物。每一缔约国政府须确定其领土内哪些港口及装油港适应本条第1款的各项规定。"

三、油类记录簿

油类记录簿(oil record book)是记录船上机器处所内油、水处理及排放和油船货油及压载水处理作业状况的专用文本,是海事检查中必查的项目。油类记录簿的记录是防污染工作的一小部分,但其能直接反映出海员的防污染理念和船舶管理是否到位,故可作为在船舶发生污染事故后判断船员操作是否适当的一个有力证据,是调查船舶是否存在非法排放污染物的依据,因而也是船舶在检查中容易出现缺陷的地方。

OILPUL第9条规定:适用本公约的船舶、每艘使用燃料油的船舶和每艘油船均须备有油类记录簿,或作为船舶正式航海日志的一部分,或采用其他形式。船舶不论在何时进行以下任一作业时,每次均应逐舱记入油类记录簿。其中,油轮的油类记录簿包括装载货油、航行途中转驳货油、卸货油、货舱压载、清洗货舱、排放含油压载水、从污油舱排水、处理残余物;非油船的油类记录簿包括燃料油舱的压载和清洗、排放含油压载水或从燃料油舱中排放燃料油舱的压载和清洗的洗舱水、处理残余物。

对于为保证船舶安全,防止船或货受损,或在海上救助人命,从而由船上排放油类或含油混合物;或者因船舶受损或无法避免的渗漏,以致船上逸出油类或含油混合物,而在发生损坏或发现渗漏后已采取各种合理防护措施以防止与减少这种逸漏的情况,也必须在油类记录簿中注明排放或逸漏的情况和理由。

在港口将机舱收集的含油舱底水排放至舷外,和在海上日常排放含油舱底水,后者如已记入相应的航海日志中的,则无须记载在油轮和非油船的油类记录簿中。

每个作业应及时而完整地记入油类记录簿,而使所记各项与完成作业情况相符。如该船配备有船员,则每页均须经负责驾驶员或主管有关作业的船员和船长签字。

油类记录簿应放置在便于随时检查的地方,如系被拖带的无配员船舶,则应保存在主拖船上。记录簿用完后应保留二年。

缔约国任何领土的主管当局,在该领土的港口内可登上任何适用本公约的船舶,检查按本条规定要求在船上携带的油类记录簿,也可复制记录簿中填写的任何内容并可要求船长证实该复制件是所述内容的真实复制件。任何经船长证实为油类记录簿的内容的复制件可作为任何司法程序中说明所述事实的诉讼证据。主管当局根据本项规定采取的任何行动应尽可能迅速,不得延误船期。

OILPUL关于油类记录簿的规定,为以后相关公约所借鉴和传承,如《经1978年议定书修订的1973年国际防止船舶造成污染公约》要求,凡 150 总吨及以上的油船和 400 总吨及以上的非油船,应备有油类记录簿第 I 部分(机器处所的作业);凡 150 总吨及以上的油船,还应备有油类记录簿第 II 部分(货油和压载的作业)。

目前油类记录簿的记录格式,即"说明和记载项目一览表",共分为 9 大项 26 小项,分别为:A 燃油舱的压载或清洗;B 来自 A 项所指燃油舱的洗舱水或污压载水的排放;C 残油(油泥和其他油渣)的收集和处理;D 机器处积存的舱底水非自动排出舷外或其他处理;E 机器处积存的舱底水自动排出舷外或其他处理;F 滤油设备的状况;G 意外的或其他异常的排油;H 加装燃油和散装润滑油;I 补充的作业程序和一般说明。

随着海洋环境保护越来越被国际社会所重视,现代船舶几乎不存在使用燃油压载水的做法,油船除非在返程中稳性不够,原则上也不允许用货油舱加压载水;大部分现代化大型油船,都设专用压载舱,以尽可能地减少含油压载水和洗舱水的排放;燃油舱专门用作加装燃油,不存在清洗和排放含油污水的问题,故对于燃油舱(柜)不装压载海水的船舶,不需记载油类记录簿中的 A 项和 B 项两类内容。

第二节 《1969 年国际干预公海油污事故公约》

《1969 年国际干预公海油污事故公约》(International Convention Relating to Intervention on the High Seas in Cases of Oil Pollution Casualties, 1969; INTERVENTION 1969)的制定始于"托利·卡尼翁"(Torrey Canyon)号搁浅溢油案件。Torrey Canyon 号是一艘 12 万吨的利比里亚籍油轮,由英国石油公司租用从中东往英国

运石油。1967年3月18日,该船满载石油从科威特离港前往威尔士,由于船长需要赶船期,抄近路时导航失误,撞上了英格兰西边的一块岩石,船断成了两截,12万吨原油泄漏,造成英国南海岸、法国北海岸和荷兰西海岸大面积严重的油污染。这是史上首次超过10万吨的海上溢油事故,造成的损失约1 500万美元。此案在美国法院审理。根据1951年《美国责任限制法》,对船舶所有人责任限制实行船价制,而此案只有一条价值50美元的救生艇获救。此案最后以300万美元通过协商得以解决,但油污受害人仅得到1/5的损害赔偿。该事故向国际社会提出一个尖锐的问题,即沿海国是否有权对公海上发生的油污事件进行干预,可采取何种程度的措施来保护其领土或领海免受油污事故所造成的污染威胁,尤其是在所采取的措施可能会影响外国船东、货主甚至是船旗国利益时,以及如何保障油污受害人得到全部或充分的赔偿。当时国际社会普遍认为应建立一种新机制,即在承认发生重大事故时需要国家在公海上采取某种干预行为的同时明确该权力,以保护其他合法权益。故此,1969年11月29日在布鲁塞尔召开的一次大会审议了这种新机制,并通过了INTERVENTION 1969,该公约于1975年5月6日生效。

一、适用范围

INTERVENTION 1969适用的"船舶"包括任何类型的海船和任何浮动船艇,但为勘探和开发海床、洋底和底土资源的装置或设备除外(第2条第2款)。另外,根据INTERVENTION 1969第1条第2款的规定,不得对军舰或政府所有或经营的以及仅仅为政府非商业性服务而临时使用的其他船舶采取干预措施。

INTERVENTION 1969仅适用于涉及油污染的事故。其中,"油类"是指原油、燃油、柴油和润滑油(第2条第3款);"事故"是指船舶碰撞、搁浅或其他航行事故,或是在船上或船舶外部发生的对船舶或货物造成物质损失或有造成物质损失的紧迫威胁的事故(第2条第1款)。

考虑到船舶运载的化学品等其他物质的数量不断增加,而这些物质一旦泄漏,也会对海洋环境造成严重的危害,故国际社会于1973年在伦敦召开海洋污染大会,并通过了《关于干预公海非油类物质海洋污染事故议定书》[Protocol relating to Intervention on the High Seas in Cases of Pollution by substances other than Oil, 1973, as amended; INTERVENTION PROT(amended)1973],将INTERVENTION 1969的适用范围扩大到油类以外的物质,即"非油类物质"。该议定书于1983年3月30日生效。INTERVENTION PROT(amended)1973第1条第2规定,"非油类物质"是指列于议定书附录中的物质,以及其他易于危害人类健康,伤害生物资源和海生物,损害休憩环境或妨害对海洋的其他合法利用的物质。1991年修正案、1996年修正案和2002年修正案又陆续对议定书所附的物质名单进行修正[1]。

二、沿海国的权利与行使

INTERVENTION 1969确认了沿海国在公海上采取必要措施,以防止、减轻或避免海上事故对其海岸线或其他相关利益形成的油污染威胁的权利。INTERVENTION 1969第1条规定,"本公约各缔约国在发生海上事故或与之有关的行为之后,如能有根据地预计到会造成很大危害后果,则可在公海上采取必要的措施,以防止、减轻或消除对其沿岸海区或有关利益产生严重的和紧急

---

[1] 危敬添:《国际海事条约的历史和现状概览》,人民交通出版社2010年版,第120—121页。

的油污危险或油污威胁。"

但是,沿海国此种权利仅限于采取必要措施,且需事先与有关利益者进行协商,特别是船旗国或船舶所属国或有关船舶、船东或货主,以及在条件允许时,为此目的而指定独立专家。根据 INTERVENTION 1969 第 2 条第 4 款的规定,"有关利益"是指直接受到海上事故影响或威胁的沿岸国的利益,如海岸、港口或海湾的活动,包括构成有关人们基本谋生手段的渔业活动;有关地区旅游景点;沿岸居民的健康和有关地区的福利,包括对海洋生物资源和野生物的保护。

INTERVENTION 1969 第 3 条规定,沿海国在采取任何措施之前,应与受到海上事故影响的其他国家进行协商,特别是与船旗国进行协商;沿海国应尽快将拟采取的措施,通知其所知道的或在协商期间得知的估计其利益会受到这些措施影响的任何自然人或法人,沿海国应考虑他们可能提出的任何意见;沿海国在采取任何措施之前,可与没有利害关系的专家们进行协商;倘遇有必须立即采取措施的特别紧急情况,沿海国可不经事先通知或协商,或不继续已开始的协商,就采取为紧急情况所必需的措施;在采取这种措施之前,或在执行过程中,沿海国应尽最大努力避免对人命造成任何危险,并向遇险人员提供他们所需要的任何援助,以及在适当情况下,提供遣返船员的便利,而不制造任何障碍;沿海国对于已经采取的措施,应尽快通知有关各国和已知的有关自然人或法人,并通知 IMO 秘书长。

另外,对于 INTERVENTION PROT(amended)1973 第 1 条第 2 款规定的"其他易于危害人类健康、伤害生物资源和海生物、损害休憩环境或妨害对海洋的其他合法利用的物质",若缔约国采取干预行动时,该缔约国有责任确证,该物质在进行干预时的情况下,会产生类似于议定书附录中列举的任何物质所产生的严重而

紧迫的危险。〔INTERVENTION PROT(amended)1973 第 1 条第 3 款〕

三、沿海国的责任

如果沿海国所采取的措施超出了公约规定,则其有责任对相应损失予以赔偿。INTERVENTION 1969 第 5 条规定:"沿海国所采取的措施,应与实际造成的损害或似将发生的损害相适应。所采取的措施不应超出所应达到的公约目的而必须采取的措施,并应在达到此目的后立即停止行动;这些措施不应不必要地干涉有关船旗国、第三国以及任何有关自然人或法人的权利和利益。在考虑各项措施是否与损害相适应时,须注意到:(1)倘不采取措施,那么,危急的损害范围和可能性如何;(2)所采取措施的可能有效性;(3)因采取措施而可能引起的损害范围。"

INTERVENTION 1969 第 6 条规定:"任何缔约国一方,由于采取违反本公约规定的措施而使他方遭受损失时,应对其超出为达到第 1 条所述目的所必须采取的措施限度而引起的损失,负赔偿的责任。"

INTERVENTION 1969 第 8 条规定:"各缔约国之间关于根据第 1 条采取的措施是否违反本公约的规定,根据第 6 条是否有义务给予赔偿以及上述赔偿的数量应为多少等问题的任何争端,如果在有关各缔约国之间或是在采取措施的缔约国和提出要求的自然人或法人之间,经过协商不可能解决,而且争端各方用其他办法不能达成协议时,经有关任何一方的请求,可以按照本公约附件的规定提交调解,或在调解无结果时提交仲裁。采取措施的缔约国无权仅仅以其法院依照国内法尚未用尽各种补救办法为理由,拒绝根据上款规定提出的调解或仲裁的请求。"

第三节 《1972年防止倾倒废物和其他物质污染海洋公约》

随着 OILPUL、INTERVENTION 1969 等公约的相继出台，至 20 世纪 70 年代初，有关防止船源污染的综合性法律文件已趋于成熟。但在此期间，一些工业发达国家向海洋倾倒废弃物的活动开始出现，这引起国际社会的担忧。针对海洋倾废活动的出现，国际社会相继在伦敦、渥太华、雷克雅维克、奥斯陆等地召开商讨会议，通过了《防止船舶和飞机倾废造成污染公约》(《奥斯陆倾废公约》)和《防止倾倒废物和其他物质污染海洋公约》草案。1972年 6 月，联合国人类环境会议在斯德哥尔摩召开，建议各国政府致力于完成一个全面的倾废公约："各国政府采取一切可能的步骤，防止由容易危害人类健康、损害生物资源和海洋生物、损坏环境质量，或妨碍海洋其他合法利用的物质引起的海洋污染，致力于完成一个全面的倾废公约，使之早日生效。"[①] 随后，在英国政府的提议下，海洋倾废会议于同年 10 月 30 日至 11 月 13 日在伦敦召开，并于 12 月 29 日正式议定了《防止倾倒废物和其他物质污染海洋公约》(Convention on the Prevention of Marine Pollution by Dumping of Wastes and Other Matter, LC 1972)。因该公约在伦敦签订，故又称《伦敦倾废公约》(London Dumping Convention)或《伦敦公约》。1975 年 8 月 30 日，该公约正式生效。

LC 1972 生效后，国际社会又针对海上焚烧、倾倒工业废料和低放射性废料等进行了修正，相继通过了 1978 年关于防止在海上

[①] 俞成国、徐翠明：《关于防止倾倒废弃物及其它物质污染海洋公约》，《交通环保》1988 年第 Z1 期。

焚烧废物造成污染的修正案,1980年关于物质名单的修正案,1989年关于签发许可证须遵循的程序的修正案,1993年关于禁止向海中倾倒低放射性废料、工业废料及在海上焚烧工业废料的修正案。

LC 1972通过后,国际社会上关于倾废与反倾废的斗争一直没有停止。1996年11月7日,公约缔约国特别会议在伦敦召开,审议和通过了《伦敦倾废公约》1996议定书(LC PROT 1996)。该议定书第23条"本议定书与本公约的关系"规定:"在亦属本公约当事国的本议定书缔约当事国间,本议定书将取代本公约。"该议定书于2007年2月20日生效。

一、规制的行为：从倾倒到焚烧

LC 1972规制的行为仅指"倾倒",在海上焚烧废物则是允许的。1978年修正案将部分物质的"焚烧"纳入禁止的行为种类。LC PROT 1996则明确禁止在海上焚烧,其第5条规定:"缔约当事国应禁止海上焚烧废物或其他物质。"同时,LC PROT 1996进一步界定了"倾倒"与"焚烧"的概念。

LC 1972第3条第1款规定,"倾倒"的含义一是指任何从船舶、航空器、平台或其他海上人工构筑物上有意地在海上倾弃废物或其他物质的行为;二是任何有意地在海上弃置船舶、航空器、平台或其他海上人工构筑物的行为。

"倾倒"不包括下列几项:

一是船舶、航空器、平台或其他海上人工构筑物及其设备的正常操作所附带发生或产生的废物或其他物质的处置,但为了处置这种物质而操作的船舶、航空器、平台或其他海上人工构筑物所运载或向其输送的废物或其他物质,或在这种船舶、航空器、平台或构筑物上处理这种废物或其他物质所产生的废物或其他物质均除外。

二是并非为了单纯处置物质而放置物质,但以这种放置不违反本公约的目的为限。

三是由于海底矿物资源的勘探、开发及相关的海上加工所直接产生的或与此有关的废物或其他物质的处置。

LC PROT 1996 第 1 条第 4 款规定,"倾倒":一是指从船舶、航空器、平台或其他海上人造结构物将废物或其他物质在海洋中作的任何故意处置。二是指将船舶、航空器、平台或其他海上人造结构物在海洋中作的任何故意处置。三是指从船舶、航空器、平台或其他海上人造结构物将废物或其他物质在海床及其底土中作的任何贮藏。四是指仅为故意处置目的在现场对平台或其他海上人造结构物作的任何弃置或任何倾覆。

"倾倒"不包括:一是将船舶、航空器、平台或其他海上人工构造物及其设备的正常运作所伴生或产生的废物或其他物质处置到海洋中,但为处置此种物质而运作的船舶、航空器、平台或其他海上人造结构物所运输或向其运输的废物或其他物质或在此种船舶、航空器、平台或其他人造结构物上处理此种废物或其他物质所产生的废物或其他物质除外。二是并非为单纯物质处置的物质放置,但此种放置不应违背本议定书的宗旨。三是在海洋中弃置并非为单纯物质处置而放置的物质,如电缆、管道和海洋调查装置等。四是处置或贮藏直接产生于海床矿物资源的勘探、开发和相关近海加工或与此有关的废物或其他物质。

LC PROT 1996 第 1 条第 5 款规定,"海上焚烧"系指在船舶、平台或其他海上人造结构物上焚烧废物或其他物质,以便通过热销毁方式对其作出故意处置。"海上焚烧"不包括在船舶、平台或其他海上人造结构物上焚烧在该船舶、平台或其他海上人造结构物的正常运作期间产生的废物或其他物质。

另外，针对国际社会关注的一些国家向非公约缔约国出口禁止向海上倾倒的废物问题，LC PROT 1996 第 6 条"废物或其他物质的出口"明确规定："缔约当事国不应允许将废物或其他物质出口到其他国家供倾倒或海上焚烧。"

二、规制的物质：从明示名单到反列名单

LC 1972 第 4 条规定了明示名单制度，针对不同物质实行不同的管理，并以 3 个附件的形式，分别对"禁止向海洋倾倒的物质""需经特别许可才能倾倒的物质"和"需经一般许可即能倾倒的物质"作出了详细列举，即"黑名单""灰名单"和"白名单"。

对列入"黑名单"的物质，则禁止向海洋倾倒。LC 1972 附件一列举了"黑名单"物质：（1）有机卤素化合物。（2）汞及汞化合物。（3）镉及镉化合物。（4）耐久塑料及其他耐久性合成材料，如渔网和绳索。这类物质能漂浮在海面或悬浮在水中，以致严重地妨碍捕鱼、航行或对海洋的其他合法利用。（5）为倾倒的目的而装在船上的原油及其废物、经提炼的石油产品、石油馏出物残渣，以及含上述任何物质的混合物。（6）在这一领域的国际主管机构（目前是国际原子能机构）根据公共卫生、生物或其他理由，确定为不宜在海上倾倒的强放射性废物和其他强放射性物质。（7）为生物和化学战争制造的任何形态的物质（固体、液体、半液体、气体或活性物质）。（8）本附件的上述条款不适用于通过海中物理、化学或生物过程迅速地转化为无害的物质，其前提是这些物质不会使可食用的海洋生物变味；或不会危及人类和家畜家禽的健康。（9）本附件不适用于含有上述第（1）至第（5）项所提及的物质之废物或其他材料（如阴沟淤泥和疏浚污物）的痕量沾污物。这类废物的倾倒相应地适用附件二和附件三的规定。

对列入"灰名单"的物质，则需事先获得特别许可才可倾倒。

LC 1972 附件二列举了"灰名单"物质：（1）含有大量下列物质的废物，即砷及其化合物、铅及其化合物、铜及其化合物、锌及其化合物、有机硅化合物、氰化物、氟化物和未列入附件一的杀虫剂及其副产品。（2）在颁发倾倒大量酸和碱的许可证时，应考虑到这些废物中可能含有第（1）款所列的物质以及下列其他物质，即铍及其化合物、铬及其化合物、镍及其化合物、钒及其化合物。（3）容易沉于海底，可能对捕鱼或航行造成严重障碍的容器、废金属及其他笨重的废物。（4）未列入附件一的放射性废物或其他放射性物质，在发给倾倒这些物质的许可证时，缔约国应充分考虑国际原子能机构的建议。

除"黑名单"和"灰名单"物质以外的物质，属于"白名单"的物质，在获得一般性许可后始得倾倒。

LC PROT 1996 对倾废的管理更加严格，海洋倾废控制理念发生根本转变，从允许有条件地向海洋倾废到除特别物质外的禁止一切海上倾废，其重要体现为采取新的名单制度——"反列名单"，即仅规定列入议定书附件Ⅰ的物质获得许可证后才可以向海洋倾倒，除此之外，禁止倾倒任何废物或其他物质[①]。同时特别要求，应注意使用对环境更可取的替代办法来避免倾倒的机会（LC PROT 1996 第 4 条）。

LC PROT 1996 附件Ⅰ规定了可考虑倾倒的废物或其他物质，包括七类：一是疏浚挖出物；二是污水污泥；三是鱼类废物或工业性鱼类加工作业产生的物质；四是船舶、平台或其他海上人工构造物；五是惰性、无机地质材料；六是自然起源的有机物；七是主要由铁、钢、混凝土和对其的关切是物理影响的类似无害物质构成

---

① 陈越：《海洋健康的保证——1996 议定书》，《海洋开发与管理》1997 年第 1 期；黄娜：《1996 议定书的生效将增强国际规则对海中倾倒废弃物的管理》，《中国海事》2006 年第 4 期。

的大块物体,并且限于此类废物产生于除倾倒外无法使用其他实际可行的处置选择的地点,如与外界隔绝的小岛的情况。当然,对第四类和第七类所列的废物或其他物质,如已最大限度地去除了能产生漂浮碎片或以其他方式促成海洋环境污染的物质并且被倾倒的物质不对渔业或航行构成严重妨碍,则可被考虑倾倒。另外,对于放射性废物或其他放射性物质,LC PROT 1996 附件Ⅰ明确规定,所含放射水平由原子能机构规定并由缔约当事国采用的最低(豁免)浓度的上述七类物质不应视为适于倾倒;但在从 1994 年 2 月 20 日起的 25 年内和在此后每隔 25 年,缔约当事国应根据缔约当事国认为适当的其他因素,完成一项除高放射水平废物或物质外的所有放射性废物和其他放射性物质的科学研究,并按照规定的程序检查对倾倒此种物质的禁令。

三、为海底封存 CO_2 而进行的倾倒

海底封存 CO_2 是将捕集的 CO_2 充注到海底以下的地层储存体中,是控制化石燃料燃烧导致气候变化的有效手段。海底封存 CO_2 具有诸多优点,尤其对海洋领域节能减排具有巨大的潜在贡献。在地球上三个主要的天然碳储层(海洋、陆地、大气)中,海洋碳储层的储量到目前为止最大,高出陆地储碳层数倍。相对于 CO_2 地质封存,海底封存因为远离蓄水层,除岩石盖层外,表层更有海水的压力和阻隔,风险大大降低。故此,海底封存 CO_2 成为应对气候变化和海洋酸化的手段之一。

但海底封存 CO_2 是否属于公约规制的海洋倾废行为,引起了国际社会的争论。与 LC 1972 第 3 条第 3 款将"海"界定为各国内水以外的所有海域的模糊性规定相比,LC PROT 1996 第 7 条第 1 款将"海洋"明确界定为除各国内水之外的所有其他海洋水域以及海床及其底土,从而将对海床及其底土进行倾废的活动纳入其规

制的范畴,其中包括从船舶、航空器、平台或其他海上人工构造物将 CO_2 注入海床及其底土中作贮藏的海底封存,但不包括仅通过管道从陆地直接通入海床下贮藏所的 CO_2 海底封存。[1]

为在海底封存 CO_2 建立国际环境法基础,使海底封存 CO_2 成为应对气候变化和海洋酸化的有效手段,更好地处理海底封存 CO_2 与规制海洋倾废之间的关系,2006 年 11 月 2 日通过了 2006 年关于附则 I 的修正案,即"关于将海床下地质结构中隔绝处理二氧化碳列入《伦敦议定书》附件 1 中的修正案",修订了 LC PROT 1996,允许从 2007 年 2 月 10 日起在海底地质结构中永久封存 CO_2,并规定只有符合以下条件的 CO_2 流才能考虑倾倒:(1) 在海床下地质结构中处置;(2) CO_2 占其成分的绝大部分,它们可含有从源物质和隔绝处理过程中衍生的意外缔合物质;(3) 不为处置这些废物或其他物质添加任何废物或其他物质。这一修正案既确立了二氧化碳在海底地质结构中封存的合法性,同时又对其作了必要的法律限制。

四、国际环保原则的吸收

LC PROT 1996 将"预防方法"和"污染者付费"等国际环保领域一些新的原则吸收进来,以更好地解决将海洋作为一个废物收集站的问题。

LC PROT 1996 第 3 条第 1 款引入了"预防为主"的原则,要求在实施本议定书时,各缔约当事国应应用保护环境不受倾倒和海上焚烧废物或其他物质的危害的预防方法,即在有理由认为进入海洋环境中的废物或其他物质可能造成损害时采取适当预防措施,即使在没有确凿的证据证明在输入物与其影响间有因果关系

---

[1] 吴益民:《二氧化碳海洋封存的国际法问题探析》,《法学》2014 年第 2 期。

时亦然。

LC PROT 1996 第 3 条第 2 款规定了"污染者付费",即根据原则上应由污染者承担防污费用的办法,每一缔约当事国应充分考虑到公众利益,努力推行由经其批准进行倾倒或海上焚烧者承担为达到对经批准的活动的防止和控制污染的要求而引起的费用的做法。

第四节 《1973 年国际防止船舶造成污染公约》

随着油类海上运输快速增长和油船尺度的迅速增大以及化学品海上运输数量的增加,国际社会感到 OILPUL 及其修正案已不能满足形势发展的需要,同时考虑到除了船源油类污染需要管控外,其他形式的船源污染也急需管控,因此,制定和通过一个全新的公约势在必行。

一、发展进程与公约框架

1973 年 10 月 8 日至 11 月 2 日,IMO 在伦敦召开了国际海洋污染会议,经过 71 个会员国的详细审议,通过了《1973 年国际防止船舶造成污染公约》(International Convention for the Prevention of Pollution from Ships,1973;MARPOL 1973)。

1. MARPOL 1973

MARPOL 1973 包括正文、议定书和附则。

正文由 20 个条款构成,主要涉及适用范围、生效与修正等内容。其中,MARPOL 1973 的适用范围已由油类扩展至所有形式的船源海洋污染,包括散装液体化学品、包装有害物质、生活污水和船舶垃圾。由于 1972 年《伦敦倾废公约》对向海洋倾废进行了规制,故公约并未覆盖这一部分内容。对于公约的生效,须达到在合计商船总吨位不少于世界商船总吨位 50% 的 15 个国家批准的条件,但对于附则Ⅲ、附则Ⅳ和附则Ⅴ是可以选择接受的,即各国可以声明不接受该些附则中的一个或几个。

议定书包括议定书Ⅰ(关于涉及有害物质事故报告的规定)和议定书Ⅱ(仲裁)。议定书Ⅰ规定,必须对涉及有害物质的污染事故进行报告,不得延误,并规定了报告的责任、报告方式以及报告内容等事项。议定书Ⅱ规定,对于当事国之间的任何争议,若不能通过协商解决,应按议定书Ⅱ所规定的仲裁程序进行解决。

防止船舶造成污染的大部分技术措施都包括在公约的 5 个附则中,即附则Ⅰ——防止油类污染、附则Ⅱ——控制散装有毒液体物质污染、附则Ⅲ——防止海运包装形式有害物质污染、附则Ⅳ——防止船舶生活污水污染和附则Ⅴ——防止船舶垃圾污染。

2. MARPOL 73/78

1976 年和 1977 年连续发生了多起油船污染事件,其中"阿尔皋商人"号在美国东海岸附近搁浅,溢出燃料油 750 万加仑,"艾琳·查林杰"号在中途岛附近断裂,溢出汽油 900 万加仑。这些事件促使国际社会进一步关注油船的安全和防污染问题。在一些国家要求下,IMO 于 1978 年 2 月 6 日至 17 日在伦敦召开了国际油船安全和防污染会议(International Conference on Tanker Safety and Pollution Prevention,TSPP)。由于 MARPOL 1973 和 SOLAS 1974 均尚未生效,无法对其进行修正,故 TSPP 以《1978 年国际油船安全和防污染会议最终议定书》的形式对 MARPOL 1973 和 SOLAS 1974 进行修改。《1978 年国际油船安全和防污染会议最终议定书》包括《关于 1974 年国际海上人命安全公约 1978 年议定书》、《关于 1973 年国际防止船舶造成污染公约 1978 年议定书》等三个附件。

与《关于 1974 年国际海上人命安全公约 1978 年议定书》作为一份独立文件并应在 SOLAS 1974 生效后生效的做法不同,TSPP 采取了变通的做法。考虑到妨碍早日批准 MARPOL 1973 的主要问题是由于当时技术所限,附则Ⅱ"控制散装有毒液体物质污染"的实施存在困难,而 TSPP 预期的修改主要涉及附则Ⅰ"防止油类污染",故为了不影响包括附则Ⅰ的公约生效,TSPP 允许缔约国把附则Ⅱ的实施日期推迟至议定书生效 3 年后,预计技术问题届时将会得到解决。这一做法实际上意味着议定书吸收了原公约,批准议定书的国家必须同时遵守 MARPOL 1973 的规定,而无须再单独对其予以批准。换言之,MARPOL 1973 和其议定书应视为一个文件,故其通常被称为《经 1978 年议定书修订的 1973 年国际防止船舶造成污染公约》(International Convention for the Prevention of Pollution from Ships,1973 as modified by the Protocol of 1978;MARPOL 73/78)。《关于 1973 年国际防止船舶造成污染公约 1978 年议定书》于 1983 年 10 月 2 日生效,由于 MARPOL 1973 和议定书作为一个整体文件,故 MARPOL 1973 中未经修正的部分和议定书附则Ⅰ和附则Ⅱ因议定书的生效也同时适用[①]。

《关于 1973 年国际防止船舶造成污染公约 1978 年议定书》由正文 9 个条款和 1 个附则即《对 1973 年国际防止船舶造成污染公约的修订与补充》组成。附则主要对 MARPOL 1973 的附则Ⅰ"防止油类污染"规则进行了实质性修订和补充,对其余 4 个附则未作修改和补充。

《对 1973 年国际防止船舶造成污染公约的修订与补充》主要规定了专用压载舱(Segregated Ballast Tank,SBT)、原油洗舱

---

① 江苏海事局:《常用国际海事公约研究和应用》,大连海事大学出版社 2006 年版,第 178 页。

(Crude Oil Washing, COW)和指定清洁压载舱系统(CBT)的要求,并对船舶检验和发引入了更加严格的要求。

关于专用压载舱(Segregated Ballast Tank,SBT),要求所有20 000载重吨及以上的新造油船都设有SBT,而MARPOL 1973规定的设有SBT是70 000载重吨及以上的新造油船。另外,议定书规定,SBT应布置在易损位置,即其须位于在油船发生碰撞或搁浅时能够直到保护货舱作用的位置。

原油洗舱(COW)是指不再用水而是用原油,即货物本身来清洗货舱,是利用船上所载货油中的一部分原油作为洗舱介质,在卸货的同时通过洗舱机以较高压力喷射到货油舱内表面,依靠原油本身的溶解作用,将附着在舱壁、舱底及构件上的油渣清洗掉,并同货油一起卸到岸上。由于原油的溶解作用使洗舱过程比用水更加有效,也基本上不再产生过去曾导致大量操作性污染的油水混合物,同时由于残留在舱壁和舱底的油很少,与过去相比,货主也能从船上卸下更多的油,故议定书新增列原油洗舱(COW)的内容,并规定,总载重吨20 000吨及以上的新建原油船和40 000吨及以上的现有油船应装有原油洗舱系统和备有《原油洗舱系统操作手册与设备手册》。

议定书规定,在MARPOL 73/78生效后的2至4年的时间内(最迟至1987年10月2日),对于现有原油船允许第三种替代方式,被称为指定清洁压载舱系统(CBT)。清洁压载舱是货油系统中的货油舱,不是一独立压载系统,只是经过清洗,达到规定的清洁程度,并在管路上设有双套截止阀,使货油不能泄入清洁压载舱内,而作为指定装载压载水的压载舱。CBT因是利用了现有的泵系和管系,故比全部采用专用压载舱要经济得多[①]。

[①] 危敬添、姚文兵:《国际海事条约概览》,大连海事大学出版社2007年版,第124页。

MARPOL 73/78 根据科技发展和防污染要求的提高,又通过了 23 个修正案,涉及增加指定"特殊区域"、使《散化规则》(BCH 规则)和《国际散化规则》(IBC 规则)具有强制性、检验和发证协调系统的引入、船上油污应急计划的配备、加速单壳船的淘汰和双层壳船的建造、防止在船对船转交货油作业时的海洋污染等内容。另外,还通过了 1 个议定书,即 1997 年议定书(截至 2010 年)[①]。1997 年议定书新增针对船舶造成空气污染的附则 Ⅵ[②],从而使 MARPOL 73/78 形成了一个具有 6 个附则的技术性专门公约。

目前,MARPOL 73/78 规定的技术要求已成为各港口国实施监控的必查项目。如果船舶排污违规操作,不执行排放标准,防污染证书和设备缺失或不符合公约要求,排污记录不符合要求等,港口国则有权滞留船舶。

二、不优惠待遇原则

"不优惠待遇原则"是指每一成员国确保对非成员国船舶适用法律文件进行检查时不给予任何优惠待遇,成员国船舶与非成员国船舶无差别性地一体适用法律文件。MARPOL 73/78 第 5 条第 4 条规定:"对于非本公约缔约国的船舶,各缔约国应在必要时运用本公约的要求,以保证不给予这些船舶较为优惠的待遇。"

"条约相对效力原则"是国际法的一项公认原则。所谓"条约相对效力原则",是指条约仅对各缔约国有拘束力,对作为非缔约国的第三国不发生效力的原则[③]。该原则可追溯至罗马法中的"约定对第三国既无损亦无益"(pacta tertiis nec nocent nec

---

① 劳辉:《MARPOL73/78 历年修正案纲要》,《交通环保》1998 年第 6 期。
② 张志刚:《IMO 批准〈73/78 防污公约〉的 1997 议定书》,《交通环保》1998 年第 2 期。
③ 李浩培:《条约法概述》,法律出版社 1987 年版,第 475 页。

prosunt)原则,后来在许多国家的民法或合同法中得到广泛采用,如《法国民法典》第 1165 条、英美法上的"合同相互关系原则"(doctrine of privity of contract)或"合同排他原则"等。《维也纳条约法公约》确认了这一原则,其第 34 条规定:"条约非经第三国同意,不为该国创设义务或权利。"

但是,在严格条件下,"条约相对效力原则"容许有例外。

一是联合国为维持国际和平与安全,并在此范围内,可以为第三国创设义务。联合国有必要保证作为第三国的非联合国遵守《联合国宪章》第 2 条所规定的各项原则,包括以和平方法解决国际争端,在国际关系上不得使用威胁或武力。《联合国宪章》第 2 条第 6 款明确规定,联合国在维持国际和平及安全之必要范围内,应保证非联合国会员国遵行这些原则。

二是符合《维也纳条约法公约》规定的必备条件,可以为第三国创设义务。《维也纳条约法公约》第 35 条规定:"如果条约当事国有意以条约之一项规定作为确立一项义务之方法,且该项义务经第三国以书面明示接受,则该第三国即因此项规定而负有义务。"根据此条规定,为第三国创设义务须具备两个条件,即当事国有此意思表示,第三国以书面形式明示接受。这些条件是国家主权平等的当然结果,也为国际实践所肯定,如 1932 年常设国际法院在"上萨瓦自由区和热克斯区案"指出,除了在瑞士的同意范围内,《凡尔赛和约》第 435 条对非缔约国瑞士没有拘束力。1920 年,荷兰曾以非缔约国为由,拒绝协约国根据《凡尔赛和约》第 227 条和第 228 条引渡德皇的请求[①]。

三是为制裁侵略国而在多边公约中对其课以义务。这属于追

---

① 邵津:《国际法(第五版)》,北京大学出版社、高等教育出版社 2014 年版,第 416 页。

究国家责任的性质,因此根本不需要侵略国的同意。《维也纳条约法公约》第 75 条规定:"本公约之规定不妨碍因依照《联合国宪章》对侵略国之侵略行为而采取措施而可能引起之该国任何条约之义务。"

四是条约所载相关规则属于国际习惯。国际习惯是国际法的一项重要渊源,对所有国家均具有约束力。如果某一国际公约所规定的规则属于一项国际习惯,则不受"条约相对效力原则"的限制。《维也纳条约法公约》第 38 条规定:"第 34 条至第 37 条之规定不妨碍条约所载规则成为对第三国有约束力之公认国际法习惯规则。"

五是条约所载相关规则实属于国际强行法规则。根据《维也纳条约法公约》第 53 条的规定,国际强行法指的是国际社会全体接受并公认为不许损抑且仅有以后具有同等性质之一般国际法规律始得更改之规律①。"国际强行法是国际社会作为整体不得以任何行为背离,并以维护全人类的利益和社会公德为目的,具有普遍约束力的最高行为规范。"②如果条约所载某规则属于国际强行法规则,当成"条约相对效力原则"的一种例外。

MARPOL 73/78 第 5 条第 4 条关于"不优惠待遇原则"的规定,显属为第三国创设义务,是"条约相对效力原则"的一种例外。结合"条约相对效力原则"的上述情形,可从国际习惯和国际强行法角度证成"不优惠待遇原则"的合法性。

根据《国际法院规约》第 38 条的规定,"经接受为法律者的通例"为国际习惯,其须具备两个条件,即国家反复一致地从事某种

---

① 廖诗评:《司法视野下国际强行法规则的新发展——基于不同机构司法实践的一个比较分析》,《华东政法大学学报》2008 年第 6 期。
② 万鄂湘、石磊、杨成铭、邓洪武:《国际条约法》,武汉大学出版社 1998 年版,第 318 页。

相同行为的实践的客观因素和上述行为模式被各个国家认为有法律约束力的主观因素。UNCLOS对船旗国、港口国、沿岸国的管辖权作了规定,明确了各自的权利和义务。例如,UNCLOS第94条第3款规定,每个国家对悬挂该国旗帜的船舶,应就船舶的构造、装备和适航条件,船舶的人员配备、船员的劳动条件和训练,以及信号的使用、通信的维持和碰撞的防止等,采取为保证海上安全所必要的措施。第5款规定,每一国家采取措施时,须遵守一般接受的国际规章、程序和惯例,并采取为保证这些规章、程序和惯例得到遵行所必要的任何步骤。"不优惠待遇原则"是国际海事安全条约确立的一项法律制度,除了MARPOL 73/78第5条第4条规定了此原则,其他重要的国际海事安全条约也作出了类似的规定,如SOLAS PROT(amended)1978第2条第3款和SOLAS PROT(HSSC)1988第1条第3款规定:"对于非本公约缔约国的船舶,必要时缔约国应运用本公约的一些要求,以保证不给予这些船舶较为优惠的待遇。"《国际海事劳工公约》(MLC)第5条第7款规定:"成员国需以确保未批准本公约之国家的船舶得不到比悬挂已批准本公约之成员国旗帜的船舶更优惠待遇的方式履行本公约赋予的责任。"STCW第10条第5款规定:"本条规定应根据必要予以执行,以保证不给予有权悬挂非缔约国国旗的船舶比有权悬挂缔约国国旗的船舶更为优惠的待遇。"目前,大部分国家加入了国际海事安全条约,缔约国商船吨位的全球占比均在90%,故此,在海洋法公约框架下的国际海事公约确立的法律制度符合国际习惯的构成条件,包括"不优惠待遇原则"在内的国际海事安全制度理应获得各国的遵守。

  国际强行法旨在维护全人类的利益和社会公德,MARPOL 73/78等国际海事安全条约均体现这一目的。例如,MARPOL 73/78在序言中指出:"认识到有保护整个人类环境特别是海洋环境的需要,认识到船舶故意地、随便地或意外地排放油类和其他有害物质是,造成污染的一项重要来源。"SOLAS 指出:"愿共同制定统一原则和有关规则,以增进海上人命安全。"MLC 序言规定:"意识到本组织倡导体面劳动条件的核心使命,认为由于航运业的全球性特点,海员需要专门的保护。"全球性之航运业发展属于"人类最重要的公共利益"之列,国际航运业是支撑和实现全球贸易自由化的重要产业,海事安全条约为了全球性之航运业发展的目的,符合国际强行性的本质特征,尽管海事安全条约并不像国际人道主义法和国际人权法的内容更体现"人类最重要的公共利益",但其在海事领域内发挥着强行法的效果,仍较为明显,正如同 SOLAS 1974 第 6 条所规定的,"上述条约、公约或协定与本公约的规定有抵触时,应以本公约的规定为准"①。

三、特殊区域制度

MORPOL 73/78 形成了一种独特的海洋环境保护制度,即特殊区域(Special Area,SA)。根据 MARPOL 73/78 附则Ⅰ、附则Ⅱ、附则Ⅴ、附则Ⅵ,SA 是指这样的一个海域,在该海域中,由于其海洋学的和生态学的情况以及其运输的特殊性质等方面公认的技术原因,需要采取防止海洋油污、有毒液体、船舶垃圾、船舶气体等的特殊强制办法,以防止污染海洋。只有当这些特殊区域的当事国具备了足够的接收设施,特殊区域才能生效②。此后,UNCLOS 也规定了专属经济区内建立特定区域保护海洋环境的内容,为特殊区域的建立提供了支持。UNCLOS 第 211 条第 6 款(a)规定,

---

① 刘洪云:《海事公约对第三国产生效力之原理》,《中国海事》2008 年第 8 期。
② 出席国际海事组织第 56 届海上环境保护委员会代表团:《出席国际海事组织海上环境保护委员会 56 届会议情况报告》,http://sti.shmtu.edu.cn/info/detail.php?id=22527,访问时间:2018 年 4 月 2 日。

如果第 1 款所指的国际规则和标准不足以适应特殊情况,又如果沿海国有合理根据认为其专属经济区某一明确划定的特定区域,因与其海洋学和生态条件有关的公认技术理由,以及该区域的利用或其资源的保护及其在航运上的特殊性质,要求采取防止来自船只的污染的特别强制性措施,该沿海国通过主管国际组织与任何其他有关国家进行适当协商后,可就该区域向该组织送发通知,提出所依据的科学和技术证据,以及关于必要的回收设施的情报①。

1. SA 设立条件

首先,须满足海洋学、生态学和运输的特殊性质。在海洋学方面,由于特殊的海洋学条件能导致有害物质在该区域内水体和沉积物中浓缩或滞留,如辐聚带和环流区,或者有温度、盐度的层化现象,或者海水流速过小,或者冰期过长以及和盛行风有关等。在生态学方面,该区域属于濒危的海洋物种,或者海洋生物资源高产区,或者重要的海洋物种产卵、繁殖和养护区以及海鸟和哺乳动物迁移、洄游路线,或者如珊瑚礁、红树林、海草基床和湿地等稀有或脆弱的生态系统,或者鱼类等海洋资源的重要栖息地和维持大型海洋生态系统的区域。在运输方面,若在该海域中要求船舶仅按 MARPOL 73/78 对一般海域的防污要求是不够的而必须采取更为严格的控制措施②。

其次,须由沿海国政府向 IMO 海上环境保护委员会(MEPC)提交一份 MARPOL 73/78 修正案草案。

再次,须由沿海国政府向 MEPC 提交相关背景材料,包括明确的地理位置(SA 划界和基准海图),SA 类型(对应 MARPOL

---

① 白佳玉、李玲玉、陈敬根:《论特别敏感海域制度在南中国海环境保护中的适用》,《中国海商法研究》2015 年第 4 期。

② 张硕慧:《特殊区域和特别敏感海域》,《交通环保》2000 年第 4 期。

73/78 的具体附则,若涉及多种污染物质,须针对相应的附则分别作出说明),该区域的海洋学、生态学和运输特性的描述以及现有的环境威胁和已采取的保护措施,应特别说明该区域内已配备足够适用的接受设施。

最后,应在 MEPC 某次会议之前的 3 个月提交申请,这期间 MEPC 可向申请国要求补充有关的信息。申请经会议讨论通过后,按 MARPOL 73/78 第 16 款的"默认接受程序"生效。

属于附则 I 的 SA 有地中海区域(The Mediterranean Sea Area)、波罗的海区域(The Baltic Sea Area)、黑海区域(The Black Sea Area)、红海区域(The Red Sea Area)、海湾区域(The Gulf Area)、亚丁湾(The Gulf of Aden)、南极区域(The Antarctic Area)、西北欧水域(The North West European Waters)、阿拉伯海的阿曼区域、南非南部海域。

属于附则 II 的 SA 有波罗的海区域(The Baltic Sea Area)和黑海区域(The Black Sea Area)。

属于附则 V 的 SA 有地中海区域(The Mediterranean Sea Area)、波罗的海区域(The Baltic Sea Area)、黑海区域(The Black Sea Area)、红海区域(The Red Sea Area)、海湾区域(The Gulf Area)、南极区域(The Antarctic Area)、北海区域以及包括墨西哥湾和加勒比海的大加勒比海区域(The Wider Caribbean Area)。

附则 VI 的 SA 有氮氧化物(NO_x)排放的北美区域、硫氧化物(SO_x)和颗粒物质排放的波罗的海区域、北海和北美区域。

2. SA 保护措施

SA 保护措施从船舶和接收设备两个方面提出具体保护措施。MARPOL 73/78 附则 I "防止油类物质污染规则"第 15 条第 3 款至第 5 款规定,在特殊区域内,禁止 400 总吨及以上的船舶排放油类或油性混合物入海,除非船舶正在航行途中,或者油性混合物经符合要求的滤油设备(装有报警装置和在排出物的含油量超过 15 ppm 时能保证自动停止油性混合物排放的装置)予以处理；未经稀释的排出物含油量不超过 15 ppm；油性混合物不是来自油船的货泵舱的舱底；油船的油性混合物未混有货油残余物。就南极区域而言，禁止任何船舶将任何油类或油性混合物排放入海。

第 38 条第 4 款和第 5 款规定了特殊区域内的接收设备：凡海岸线与任何特殊区域相邻接的本公约各缔约国政府，应保证在该特殊区域内的所有装油站和修理港，都备有足够的接收和处理来自油船的所有污压载水和洗舱水的设备。此外，该特殊区域以内的所有港口还应备有足够的①接收来自一切船舶的其他残余物和油性混合物的设备。这类设备应有足够的容量，以满足船舶使用的需要，而不对船舶造成不当延误。

MARPOL 73/78 附则 V"防止船舶垃圾污染规则"第 5 条"在特殊区域内处理垃圾"规定，禁止将下述垃圾处理入海：一切塑料制品，包括但不限于合成缆绳、合成渔网、塑料垃圾袋以及可能包含有毒或重金属残余的塑料制品的焚烧炉灰烬；一切其他垃圾，包括纸制品、破布、玻璃、金属、瓶子、陶器、垫舱物料、衬料和包装材料。废弃食物处理入海应尽可能远离陆地，但在任何情况下，应离最近陆地不少于 12 海里。如果垃圾与具有不同处理或排放要求的其他排放物混在一起时，则应适用其中较为严格的要求。

关于特殊区域内的接收设备规定，凡海岸线与某一特殊区域相邻接的缔约国政府，承担义务保证在港口和近海装卸站提供足够的垃圾接收设备，以满足船舶使用的需要，而不对船舶造成不当延误，并考虑到在这些区域中营运的船舶的特殊需要，尽早在该特

---

① 参见 MEPC.83(44)决议《确保足够的港口废弃物接收设备指南》。

殊区域内的所有港口设置足够的接收设备。对于南极区域,规定本公约各缔约国政府承担义务保证为在其港口内的来往于南极区域的船舶,按其使用需要尽快设置接收所有船舶垃圾的足够的设备,而不对船舶造成不当延误;应确保悬挂本国国旗的船舶在进入南极区域前,船上具有足够的能力留存在该区域作业时产生的垃圾,并已签订协议,保证船舶离开该区域后将这些垃圾排入接收设备。

MARPOL 73/78 附则Ⅵ"防止船舶造成空气污染规则"第 14 条"硫氧化物(SO_x)和颗粒物质"规定,船舶在排放控制区域内营运时,船上所用燃油的硫含量不得超过下述限值:2010 年 7 月 1 日以前,1.50%(m/m);2010 年 7 月 1 日及以后,1.00%(m/m);及 2015 年 1 月 1 日及以后,0.10%(m/m)。所述燃油硫含量须由供应商按照要求提供证明文件。须携有一份书面程序表明燃油转换如何完成,在其进入排放控制区之前规定足够的时间对燃油供给系统进行全面冲洗,以去除超过上述规定的适用硫含量的所有燃油。燃油转换作业在进入排放控制区以前完成时或离开该区域后开始时的日期、时间及船位及届时各燃油舱中低硫燃油的容量须记录在主管机关规定的日志中。

3. SA 与特别敏感海域的区别

特别敏感海域(Particular Sensitive Sea Area,PSSA)是指根据《特别敏感海域鉴定和指定指南》第 1 条第 2 款的规定,由于某一区域的生态、社会经济或科学方面的特质易于受到国际航运业活动影响而需要 IMO 采取行动进行特别保护的区域[①]。〔Revised Guidelines for the Identification and Designation of Particularly

---

① 韩佳霖、张爽、吕晓燕、郑苗壮:《全球海洋治理下的特别敏感海域制度》,《中国航海》2017 年第 3 期。

Sensitive Sea Areas, Resolution A. 982 (24), Article 1.2: "A PSSA is an area that needs special protection through action by IMO because of it's significance for recognized ecological, socioeconomic, or scientific attributes where such attributes may be vulnerable to damage by international shipping activities."]

IMO海上环境保护委员会(MEPC)从1986年便开始研究和识别在资源、科学等方面需特别保护的区域,并提出保护措施。1991年,IMO通过了关于"特殊区域和特别敏感海区指定导则"的决议[A.720(17)],对特别敏感海域的定义、鉴定标准、鉴定程序以及适用的保护措施作了相应规定。由于1991年导则内容冗长、复杂,难以具体适用,因此,该指南通过之后,只有古巴的萨瓦纳群岛与卡马圭地区在1997年被指定为特别敏感海域,并没有很好地发挥预期作用。经过一段时间的考察后,为了详细阐述1991年导则规定的工作程序,增强其操作性,1999年IMO大会又通过了A.885(21)号决议。到2002年,IMO通过第A.927(22)号决议,取代了A.885(21)号决议,使其更加简化,实践运行效果进一步加强。2005年,IMO第24次大会通过了第A.982(24)号决议,采纳了经修订的《特别敏感海区鉴定和指定导则》[①]。截至2017年年底,全球共有15个海域被指定为PSSA,包括澳大利亚的大堡礁水域、古巴的萨巴纳卡马圭群岛水域、哥伦比亚的马尔佩罗岛水域、美国的佛罗里达群岛沿岸水域、丹麦德国荷兰之间的瓦登海域、秘鲁的帕拉卡斯国家自然保护区水域、西欧水域、对现有的大堡礁水域拓展到托雷斯海峡水域、西班牙的加纳利群岛水域、厄瓜多尔的加拉帕戈斯群岛水域、波罗的海水域、美国的帕帕哈瑙莫夸基亚国家海洋保护区水域、博尼法乔海峡水域、荷属东北加勒比海萨巴

---

① 石春雷:《南海建立特别敏感海域问题研究》,《南海学刊》2015年第3期。

浅滩水域和菲律宾图巴塔哈群礁自然公园,其中澳大利亚大堡礁海域 PSSA 经过两次延伸①。

与 SA 相比,PSSA 的不同主要体现以下几个方面:

一是设定水域范围方面,SA 仅适用于闭海和半闭海,这类海域在数量和面积上都是有限的,如地中海、加勒比海、波斯湾等。PSSA 则并无适用范围的限制,包括领海、专属经济区,甚至用于国际航行的海峡在内均可设立,且可考虑在 PSSA 周边设定缓冲地带(buffer zone),这就意味着 PSSA 设定水域可能延伸至公海海域。可见,PSSA 可设定水域范围要远比 SA 广泛得多。

二是鉴定的考量标准方面,对鉴定为 SA 的区域必须同时满足海洋学、生态学和运输特性方面的标准。鉴定为 PSSA 的区域只需满足生态标准、社会文化和经济标准、科学和教育标准三者之一即可。其中,生态标准包括具备生态的独特性或稀少性,构成某些鱼类的关键栖息地,具有生物多样性和多产性,是生物的关键产卵或繁殖地,其生态结构具有完整性及脆弱性,具有未受人类入侵的自然性,以及生物地理的重要性等。社会文化和经济标准包括该海域具有社会或者经济上的依存性;该区域的环境质量和生物资源的利用对当地的社会和经济来说非常重要;该海域具有人类依存性,对维持当地的传统生活或食品生产活动或保护当地的文化资源来说意义重大;该海域因其重要的历史和考古遗址而非常重要。科学和教育标准是指该区域具有独特的自然现象或者历史,具有很高的科研价值,可作为监测研究的基线标准,具有教育学价值②。由此可见,就鉴定的考量标准而言,PSSA 比 SA 的标

---

① 张爽:《国际海事组织海洋环境保护委员会第 71 届会议(MEPC 71)情况简报》,《世界海运》2017 年第 12 期。

② 白佳玉、李玲玉、陈敬根:《论特别敏感海域制度在南中国海环境保护中的适用》,《中国海商法研究》2015 年第 4 期。

准容易满足。另外,申请 SA 必须以有满足接收设备为前提,而 PSSA 没有此类要求。

三是保护措施方面,对在 SA 内航行的船舶,主要是限制其操作性排放造成的污染,所采取的措施主要是对污染物的排放实行限制;对在 PSSA 内航行的船舶,主要是限制其事故性污染,所采取的措施除了限制其操作性排放造成的污染外,还包括如避航区、分道通航制、近海航区、警戒区和深水航线的船舶定线制,以及一些特殊的航行办法,如引水制度、交管系统和限速等措施。由此可见,PSSA 内采用的保护措施比 SA 的更为全面,且也比 SA 更能达到全面保护海洋环境的目的。

四是提交的申请文件方面,SA 和 PSSA 虽均需将申请文件提交 MEPC,但 SA 申请文件中须包括 1 份对 MARPOL 73/78 的修正案草案,PSSA 则无此要求[①]。

第五节 《2001 年国际控制船舶有害防污底系统公约》

船舶污底(fouling)是指船舶水线以下的船体表面附着的有害海洋生物,如藤壶、海藻等的现象。船舶污底会增加船舶的航行阻力,增加燃油消耗,提高了船舶的营运成本;降低螺旋桨的效率,影响海水冷却系统、测深仪、计程仪及声呐的正常工作;还会加快船舶水下部分船体的腐蚀速度,降低船舶的使用寿命[②]。为防止或者减少污着生物在船体的附着和生长,较早的时候船舶在船体外

---

① 汤旭红、蔡存强:《特别敏感海域和特殊区域的对比研究》,《中国航海》2007 年第 3 期。

② 夏征农主编、奚绍申等编:《大辞海·机械电气卷》,上海辞书出版社 2007 年版,第 162 页。

壳涂上石灰涂层,之后使用含有砷的涂漆。随着现代化工业的发展,在20世纪中期人们开发出了效果较好的含金属化合物的防污漆。这些化合物质可以滤入海水中,杀死藤壶和其他附着海洋生物。20世纪60年代研发并广泛应用的防污漆是含有机锡化合物(TBT)。但科学研究和调查表明,某些用于船舶上的防污底系统对于具有重要生态和经济价值的海洋生物构成严重的毒性危险和其他慢性影响,并且由于消费海产食品而导致人类健康可能受到危害。特别是含有机锡化合物(TBT)防污漆,已被证实会导致牡蛎畸形和螺类畸变。随着人们对海运界广泛使用的含有机锡化合物(TBT)防污漆对海洋生态平衡和人体健康的危害的认识,国际社会开始呼吁各国采取措施,减少和禁止这种防污漆在船舶上的使用。1992年联合国环境与发展大会通过的《第21世纪议程》第17章呼吁各国采取措施减少由于防污底系统中使用有机锡化合物所造成的污染,国际海事组织大会于1999年11月25日通过的第A.895(21)号大会决议敦促本组织海洋环境保护委员会(环保会),作为一个紧急事项,尽快制定针对防污底系统有害影响的一个全球强制性法律文件。2001年10月1日至5日,在国际海事组织的召集下,国际控制船舶有害防污底系统外交大会在伦敦召开,会议审议并通过了《2001年国际控制船舶有害防污底系统公约》(The International Convention on Control of Harmful Anti-fouling System on Ships, 2001; AFS 2001)。AFS 2001是由国际海事组织制定的又一个国际性防污公约,其宗旨是在2008年1月1日彻底禁止船舶使用含有有机锡的防污底漆,以使海洋生物系统免受该漆产生的污染影响。AFS 2001的问世弥补了海上防污方面的一个空白,并为将来在全球范围内禁止和规范其他有害防污底系统建立了一个机制。该公约于2008年9月17日生效。

一、适用范围

AFS 2001 第 3 条第 1 款规定了公约的适用范围,包括:"(a)有权悬挂当事国船旗的船舶;(b)无权悬挂当事国船旗,但在该当事国的权力下营运的船舶;以及(c)进入当事国的港口、船厂或近海装卸站但不属于第(a)或(b)项的船舶。"

但 AFS 2001 所述的船舶与以往公约所述的船舶不同。AFS 2001 第 2 条第 9 款规定:"'船舶'系指航行于海洋环境的任何类型船舶,包括水翼船、气垫船、潜水艇、浮动艇筏、固定或浮动式平台、浮动式储存装置(FSUs)以及浮动式生产、储存和卸货装置(FPSOs)"。由此可见,AFS 2001 适用的船舶,其范围较广,包括了国内航行海船、渔业船舶、海洋工程平台或生产储存装置等。

AFS 2001 第 3 条第 2 款规定:"本公约不适用于任何军舰、军用辅助船舶或当事国所拥有或营运的到目前为止只用于政府非商业服务目的的其他船舶。然而,各当事国须通过采取不妨碍其所拥有或营运此类船舶的操作或操作性能的适当措施,保证此类船舶在合理和可行时符合本公约。"

二、防污底系统的控制

AFS 2001 第 4 条第 1 款规定,对于悬挂当事国船旗的船舶或在当事国的权力下营运的船舶,各当事国须禁止和/或限制施涂、重涂、安装或使用有害防污底系统;对于非上述船舶,若其进入当事国的港口、船厂或近海装卸站,当事国须采取有效措施,确保在此类船舶上施涂、重涂或使用有害防污底系统符合 AFS 2001 附件 1 的要求。

AFS 2001 附件 1 列出了应予禁止或控制的防污底系统,对不得再施涂含 TBT 防污漆、清除有害防污漆、施涂封闭漆的截止时间做出了明确要求。根据 AFS 2001 附件 1 的要求,对于所有船舶,从 2003 年 1 月 1 日开始,不得再施涂或重新施涂充当杀虫剂的有机锡化合物。除 2003 年 1 月 1 日前建造的且 2003 年 1 月 1 日或以后没有进干坞的固定或浮动式平台,浮动式储存装置(FSUs)和浮动式生产、储存和卸货装置(FPSOs)外的所有船舶,从 2008 年 1 月 1 日开始,在船壳上或外部构件或表面上不得有充当杀虫剂的有机锡化合物;或者应有一个阻挡底层不符合要求的防污底系统渗出此类化合物的密封涂层。也就是说,自 2008 年 1 月 1 日起,现有船舶已经涂有含有 TBT 漆的,或者将有害防污漆一次清除,或者在原含 TBT 的防污漆上涂封闭漆形成封闭层,然后再涂无 TBT 的防污漆①。

AFS 2001 第 3 条第 3 款规定了"不优惠待遇原则",即对于本公约非当事国的船舶,各当事国可在必要时适用本公约的要求,保证不给此种船舶以更优惠的待遇。

三、防污底系统的检验和发证要求

AFS 2001 对防污底系统检验以及《国际防污底系统证书》的签发、《防污底系统声明》的携带等做出了明确规定。

AFS 2001 附件 4 第 1 条规定,除固定或浮动式平台,浮动式存储装置(FSUs)和浮动式生产、储存和卸货装置(FPSOs)外,对悬挂当事国船旗的从事国际航行的 400 总吨及以上的船舶,须接受规定的检验:一是船舶投入营运前或《国际防污底系统证书》第一次签发前的初次检验;二是在改变或替换防污底系统时的一次检验,并将此种检验签注在《国际防污底系统证书》上。

---

① 危敬添:《2001 年国际控制船舶有害防污底系统公约(AFS)生效在即》,《中国远洋航务》2008 年第 3 期。

如果主管机关、指定的验船师或认可的机构确定船舶的防污底系统与 AFS 2001 附件 4 所要求证书的内容不符,或不符合本公约的要求,该主管机关、验船师和机构须确保立即采取纠正措施以使船舶符合要求。验船师或机构还须及时将该决定通知主管机关。如果船舶没有采取所要求的纠正措施,须立即通知主管机关,而主管机关则须保证不签发证书或将证书予以吊销。如果船舶处在另一当事国的港口,须立即通知港口国的有关当局。如果主管机关、指定的验船师或认可的机构通知了港口国的有关当局,则有关港口国政府须对该主管机关、验船师或机构给以一切必要的协助,帮助他们行使职责,包括采取 AFS 2001 第 11 条或第 12 条所规定的任何行动,如对船舶予以警告、滞留、驱除或阻止船舶挂靠其港口,提起诉讼或者实施处罚。

由本公约一当事国签发的证书须被其他当事国接受,并在本公约所涉及的各方面被视为与其自己签发的证书同样有效。证书应由主管机关或经其正式授权的任何人员或机构签发或签证。不论哪种情况,主管机关对证书负有全部责任。

应主管机关的要求,另一当事国可指派人员对船舶进行检验,并且如果认为符合本公约,应根据本公约向该船舶签发或授权签发证书,并在适当时根据本公约为船舶的证书签证或授权为其签证。这样签发的证书应载明该证书是应该主管机关的请求签发的,应与主管机关签发的证书具有同等效力和得到同样承认。对悬挂非当事国船旗的船舶,不得发给证书。一当事国可以根据一次新的检验或船舶以前的船旗国所签发的有效证书向从另一当事国转来的船舶签发新证书。

签发的《国际防污底系统证书》如果出现下列情形之一的,则不再有效:一是改变或替换了防污底系统而证书未根据本公约加以签证。二是船舶改挂另一国国旗。对于此情形,只有在签发新证书的当事国确认该船业已满足本公约时才能签发新证书。如果变更船旗系在两个当事国之间进行,如果在变更船旗后的三个月内收到请求,前一个船旗国政府应尽速将变更船旗前该船所携的证书副本一份送交该船的新主管机关。如果有相关检验报告,也应将其副本一份送交新的主管机关。

AFS 2001 附件 4 第 5 条对《防污底系统声明》的携带做出了明确规定。除固定或浮动式平台,浮动式存储装置(FSUs)和浮动式生产、储存和卸货装置(FPSOs)外,对悬挂当事国船旗的长度 24 米及以上但小于 400 总吨的国际航行船舶,主管机关须要求其携带一份由船舶所有人或船舶所有人的授权代理所签署的声明,即《防污底系统声明》。该声明还须辅以适当的单证(例如油漆收据或承包商的发票)或包括适当的签字。

第六节 《2004 年国际船舶压载水和沉积物控制和管理公约》

压载水是指为控制船舶纵倾、横倾、吃水、稳性或应力而在船上加装的水及其悬浮物。船舶压载水的加装是为了满足船舶操纵和航行安全的需要。目前,远洋船舶在航行中普遍使用压载水来调整船舶的吃水和重心平衡以保证船舶安全。船舶在加装压载水的同时,海水中的一些水生物和病原体也随之被加入到压载舱中,直到航行结束被排放到目的地海域。随着海洋生态科学的发展,人们逐渐认识到用于保证船舶平衡和稳性的压载水在很大程度上"充当"转移有害水生物和病原体的"角色",引起了有害水生物和病原体的传播,并对海洋环境、生态平衡、人类健康等造成可能无法逆转的危害。为了减少和避免有害水生物和病原体通过船舶压载水进入他国管辖水域所带来的危害或威胁,切实履行 UNCLOS

第196条"技术的使用或外来的或新的物种的引进"第1款关于"各国应采取一切必要措施以防止、减少和控制由于在其管辖或控制下使用技术而造成的海洋环境污染,或由于故意或偶然在海洋环境某一特定部分引进外来的或新物种致使海洋环境可能发生重大和有害的变化"的规定,统一压载水排放标准,IMO于2004年2月9日至13日在英国伦敦召开了压载水管理国际会议,并通过了《2004年国际船舶压载水和沉积物控制和管理公约》(International Convention for the Control and Management of Ships Ballast Water and Sediments, 2004; BWM 2004)。该公约将在合计商船总吨位不少于世界商船总吨位35%,至少30个国家加入文件之后的12个月后生效。2016年9月8日,芬兰加入了BWM 2004,公约正式达到生效条件,于2017年9月8日正式实施。

一、框架结构

BWM 2004包括公约正文和1个技术性附则。

公约正文共有22个条款,主要包括定义、一般义务、适用范围、控制有害水生物和病原体通过船舶压载水和沉积物转移、沉积物接收设备、科学技术研究和监测、检验和发证、违犯事件、船舶检查、对违犯事件的侦查和对船舶的控制、控制行动的通知、船舶的不当迟延、信息通报能让签署、批准、接受、核准、加入、生效等。

技术性附则为《船舶压载水和沉积物控制与管理规则》,包括5个部分:A部分为一般规定,包括定义、适用性、例外和免除的具体规定;B部分为对船舶的管理和控制要求,包括压载水管理计划、压载水记录簿、船舶压载水管理、压载水更换、沉积物管理、高级船员和普通船员的职责;C部分为对若干区域的特殊要求,包括附加措施、在若干地区加装压载水的警告和有关的船旗国措施以及信息通报;D部分为压载水交换标准、压载水性能标准、压载水管理系统的认可要求、原型压载水处理技术及海事组织对标准的检查;E 部分为检查、证书颁发或签注、证书的格式和期限等方面的具体规定。

BWM 2004 第 2 条第 2 款规定,技术性附则为本公约的组成部分。除另有明文规定者外,在提及本公约时即提及其附则。

二、适用范围

BWM 2004 第 3 条第 1 款规定,本公约应适用于有权悬挂某一当事国国旗的船舶和虽无权悬挂某一当事国国旗但在一当事国管辖下营运的船舶。第 3 条第 3 款规定,对于非本公约当事国的船舶,当事国应应用本公约的必要要求,以确保不给予此类船舶更为优惠的待遇。BWM 2004 第 1 条第 12 款规定,"船舶"系指凡在水环境中运行的任何类型的船舶,包括潜水器、浮动器具、浮动平台、浮动式存储装置(FSUs)和浮动式生产、储存和卸货装置(FPSOs)。

BWM 2004 第 3 条第 2 款规定了公约不予适用的船舶:

(1) 设计或建造成不承载压载水的船舶。

(2) 仅在某一当事国管辖水域内营运的该当事国的船舶,除非该当事国确定此类船舶的压载水排放会损伤或损害本国、相邻或其他国家的环境、人体健康、财产或资源。

(3) 仅在某一当事国管辖水域内营运,此种免除需经该当事国授权的另一当事国的船舶。如果此种授权会损伤或损害本国、相邻或其他国家的环境、人体健康、财产或资源,则任何当事国不得给予此种授权。不给予此种授权的任何当事国应向有关船舶的主管机关做出本公约适用于该船的通知。

(4) 仅在一个当事国的管辖水域内和在公海上营运的船舶,但不包括未根据第(3)项给予授权的船舶,除非此当事国确定此类船舶的压载水排放会损伤或损害本国、相邻或其他国家的环境、人体健康,财产或资源。

(5) 任何军舰、海军辅助船或由国家拥有或营运并在其时仅用于政府非商业服务的其他船舶。但是,每一当事国应通过采用不损害其拥有或经营的此类船舶的作业或能力的适当措施,确保此类船舶在合理和可行时以符合本公约的方式行动。

(6) 船上密封舱柜中的不排放的永久性压载水。

三、压载水管理方式和排放标准

压载水管理管理主要包括两种方式,即压载水置换和压载水处理。压载水置换对应的排放标准为 D-1 标准,压载水处理对应的排放标准为 D-2 标准。D-2 标准是 BWM 2004 的核心条款。BWM 2004 的核心管理要求是通过压载水置换达到 D-1 排放标准,或通过压载水处理达到 D-2 排放标准,但压载水置换仅是一种过渡性管理措施,BWM 2004 的目标是对加装到船上的压载水进行处理达到 D-2 标准后,才允许排放。

为满足 D-1 标准,船舶应在航行途中采用逐一更换法、直流法或稀释法,使舱内压载水的更换率至少达到压载水体积的 95%。D-1 标准要求船舶在距陆地至少 200 海里、水深至少 200 米处海域置换压载水;实在不可行时,应尽可能远离陆地并在所有情况下距陆地至少 50 海里、水深至少 200 米处,或在港口国指定的海域更换压载水。按照 BWM 2004 的规定,港口国不应要求船舶为更换压载水而偏离其预定航线或推迟航程。

为满足 D-2 标准,船舶有两种途径可供选择:一是安装应经主管机关型式认可①的压载水管理系统(BWMS)。船舶利用

---

① 压载水管理系统(BWMS)型式认可分为"岸基试验"(Land-based testing)和"船上试验"(Shipboard testing)两个阶段。

BWMS，在压载水加载时、在压载舱内或在压载水排放前对压载水进行物理、化学或生物处理，使排放的压载水中所含的存活生物数量、指标微生物等符合规定要求。二是采取其他替代措施，如用已经符合 D-2 标准的饮用水作压载水等。

2017 年 7 月 3 日至 7 日，在伦敦召开的 IMO 海上环境保护委员会第 71 届会议（MEPC 71）批准了 BWM 2004 第 B-3 条修正案文本，船舶安装 BWMS 的时间最终确定如下：对受 BWM 2004 约束的"新船"（即于 2017 年 9 月 8 日及以后建造的船舶，"建造"系指安放龙骨日期或处于类似建造阶段，具体详见公约第 A-1.4 条"定义"），在交船时应安装 BWMS 以满足 D-2 排放标准。对于"现有船"（即非"新船"的船舶）应在 2019 年 9 月 8 日及以后的首次国际防止油污证书（IOPP）换证检验时安装 BWMS，但对于曾在 2014 年 9 月 8 日及以后且在 2017 年 9 月 8 日前完成 IOPP 换证检验的"现有船"，则应在 2017 年 9 月 8 日及之后的首次 IOPP 换证检验时安装 BWMS。对于不适用 IOPP 检验的现有船，应在主管机关确定的时间，且不迟于 2024 年 9 月 8 日安装 BWMS[①]。

压载水的处理标准要求：第一，每立方米压载水中最小尺寸大于或等于 50 微米的可检出存活生物少于 10 个，每毫升压载水中最小尺寸小于 50 微米但大于或等于 10 微米的可检出存活生物少于 10 个。第二，指标微生物应包括但不限于：有毒霍乱弧菌（O1 和 O139）：每 100 毫升小于 1 cfu，或浮游动物样品 1 克（湿重）小于 1 cfu；埃氏大肠杆菌：每 100 毫升小于 250 cfu；肠道球菌：每 100 毫升小于 100 cfu。cfu 是菌落形成单位（Colony-Forming Units），指的是单位体积中的细菌群落总数。在活菌培养计数时，

---

① 《中国船级社发布新版"实施压载水公约及区域性法令的信息通告"》，《中国船检》2017 年第 7 期。

由单个菌体或聚集成团的多个菌体在固体培养基上生长繁殖所形成的集落,称为菌落形成单位,以其表达活菌的数量。菌落形成单位的计量方式与一般的计数方式不同,一般直接在显微镜下计算细菌数量会将活与死的细菌全部算入,但是 cfu 只计算活的细菌。

为满足 D-2 标准,BWM 2004 对现有船舶和新船的压载水管理提出具体要求[①]。

对于现有船:2009 年以前建造的、压载水容量在 1 500—5 000 m³ 之间的船舶,在 2014 年之前,其压载水管理至少要满足压载水置换标准或压载水性能标准,2014 年以后,应满足压载水性能标准;2009 年以前建造的、压载水容量小于 1 500 m³ 或大于 5 000 m³ 的船舶,在 2016 年之前,其压载水管理至少要满足压载水置换标准或压载水性能标准,2016 年以后,应满足压载水性能标准。

对于新船:2009 年及以后建造的、压载水容量小于 5 000 m³ 的船舶,其压载水管理应至少满足压载水性能标准;2009 年及以后,但 2012 年以前建造的、压载水容量大于等于 5 000 m³ 的船舶,从 2017 年开始,其压载水管理至少能满足压载水性能标准;2012 年及以后建造的、压载水容量大于等于 5 000 m³ 的船舶,其压载水管理至少应满足压载水性能标准。

IMO 制定了压载水公约下港口国检查导则,并允许 PSC(港口国监督)检查在任何情况下都可以采取压载水取样检查的方法来判断船舶是否符合 D-2 标准。当取样分析结果证明船舶不符合压载水公约管理要求时,PSCO(港口国监督检查官)可能对船舶采取警告、滞留或驱逐等措施;在取样分析方法试用阶段(公约生

---

① 危敬添:《船舶压载水和沉积物控制和管理的有关规则和公约》,《世界海运》2007 年第 4 期。

效后 3 年内),港口国将免除对船舶的各类处罚。

四、船舶证书和文件要求

BWM 2004 要求,所有船舶应持有或备有如下船舶证书和文件:

一是压载水管理计划(BWMP)。为符合公约要求,船舶应持有一份按照 MEPC.127(53)决议制定并经船级社批准的 BWMP。

二是《压载水记录簿》(BWR),船舶应备有一份 BWR,以记录船舶关于压载水的一切相关操作。

三是《国际压载水管理证书》。400 总吨及以上的船舶,应按照公约要求进行检验发证。检验包括初次检验、换证检验、年度检验、中间检验和附加检验。通过检验的船舶,应持有一份有效的《国际压载水管理证书》。小于 400 总吨的船舶,主管机关制定相应的措施,确保这些船舶符合公约要求。

第七节 关于船源污染防备、反应和合作的公约

为强调有效防备的重要性和给抵御大的油污事故或海洋污染威胁提供一个全球性的国际合作框架,以便在发生重大油污事故或有害有毒物质污染事故时加强区域性或国际性合作,采取快速有效的行动,减少污染造成的损害,国际社会通过了防备、反应和合作类公约,主要包括《1990 年国际油污防备、反应和合作公约》和《2000 年有害有毒物质污染事故防备、反应和合作议定书》。

一、《1990 年国际油污防备、反应和合作公约》

1990 年 11 月 19—30 日,在发达工业国家的呼吁下,IMO 在

伦敦召开了外交大会，审议通过了《1990年国际油污防备、反应和合作公约》(International Convention on Oil Pollution Preparedness, Response and Co-operation, OPRC)，旨在促进各国加强油污防治工作，强调有效防备的重要性。公约于1995年5月13日生效。

OPRC要求所有船舶、港口和近海装置都应具备油污应急计划，并且港口国当局有权对此进行监督检查。OPRC第3条"油污应急计划"规定，每一缔约国应要求有权悬挂其国旗的船舶在船上备有由本组织为此目的通过的规定所要求的并符合此种规定的油污应急计划，在某一缔约国管辖的港口或近海装卸站时，船舶须根据现行国际协定或国内立法所规定的做法，接受由该缔约国正式授权的官员的检查。每一缔约国应要求由其管辖的近海装置的经营人备有油污应急计划，该计划应与按公约设立的国家系统相协调并按国家主管当局规定的程序核准。每一缔约国应视情要求负责由其管辖的此种海港和油的装卸设施的当局或经营人备有油污应急计划或类似安排，此种计划或安排应与按公约设立的国家系统相协调并按国家主管当局规定的程序核准。

OPRC规定所有肇事船舶和其他发现油污事故的机构或官员应毫不延迟地向最近的沿岸国报告，各国在接到报告后应采取行动，并进行通报。OPRC第4条"油污报告程序"规定，每一缔约国应要求负责悬挂其国旗的船舶的船长或其他人员和负责由其管辖的近海装置的人员，将其船舶或近海装置发生或可能发生排油的任何事件及时报告给离船舶最近的沿海国或管辖该近海装置的沿海国。要求负责悬挂其国旗的船舶的船长和其他人员和负责由其管辖的近海装置的人员，将发现的海上排油或出现油迹的事件及时报告给离船舶最近的沿海国或管辖该近海装置的沿海国。要求负责由其管辖的海港和油装卸设施的人员，将任何排油和出现油迹的事件及时报告国家主管当局。指示其海上巡视船舶或飞机及其他适当机构或官员,视情及时向国家主管当局或最近沿海国报告在海上或在海港或油装卸设施发现的排油或出现油迹的事件。要求民用飞机驾驶员及时向最近沿海国报告发现的海上排油或出现油迹的事件。OPRC 第 5 条"收到油污报告时的行动"规定,缔约国每当收到报告或其他来源提供的污染信息时,应对事件做出评估,以判断是否发生了油污事故;对油污事故的性质、范围和可能的后果做出评估;然后将该报告或污染信息连同评估的详细情况、已经或准备采取的任何处理该事故的措施和进一步的相应资料及时通知其利益受到或可能受到该油污事件影响的所有国家,直至对该事故采取响应行动已经结束或这些国家已决定采取联合行动时为止。当该油污事故严重到需要这样做时,各缔约国应直接地或在适当时通过有关的区域性组织或安排,将相关资料提供给 IMO,或促请受到该事故影响的其他国家直接地或在适当时通过有关的区域性组织或安排,将它们对其利益所受威胁的程度所做出的评估以及已经或准备采取的任何行动通知 IMO。

OPRC 规定了各缔约国应建立全国性油污防备和响应体系。OPRC 第 6 条"国家和区域的防备和响应系统"规定,每一缔约国应建立对油污事故采取迅速和有效的响应行动的国家系统,此系统至少应包括两个方面:一是指定负责油污防备和响应工作的国家主管当局;国家行动联络点,此种联络点应负责收受或发送油污报告;以及有权代表该国请求援助或决定按请求提供援助的当局;二是国家防备和响应应急计划,该计划包括各种公共或私人机构间的组织关系,考虑到本组织制定的导则。此外,每一缔约国在其力所能及的范围内,各自或通过双边或多边合作,并在适当时与石油界和航运界、港口当局及其他有关实体合作应设立与有关风险相称的最低水平的预先设置的抗溢油设备以及它们的使用方案;油污响应组织的演习和有关人员培训的方案;详细的油污事故响应计划和始终具备的通信能力；以及对油污事故响应工作进行协调的机构或安排，并在需要时应具备调动必要的人力和物力的能力。

OPRC 规定在发生重大油污事故时加强区域性或国际性合作，采取快速有效的行动，减少油污造成的损害。OPRC 第 7 条"油污响应工作的国际合作"规定，在受到或可能受到油污事故影响的任何缔约国提出请求时，各缔约国同意将根据其能力和具备的有关人力和物力，为油污事故的响应工作进行合作并提供咨询服务、技术援助和设备。每一缔约国均应采取必要的法律和行政措施提供便利，包括从事油污事故响应工作或运输处理此种事故所需人员、货物、材料和设备的船舶、飞机和其他运输工具抵离其领土和在其领土内使用；以及上述人员、货物、材料和设备迅速进入、通过和离开其领土。

二、《2000 年有害有毒物质污染事故防备、反应和合作议定书》

有害和有毒物质(HNS)系指除油类以外的，如果进入海洋环境很可能造成危及人体健康，损害生物资源以及海洋生物，损害舒适度或妨碍其他海洋的合理利用的任何物质。随着全球化工业的迅速发展，HNS 水上运输量持续增长，伴随的船载 HNS 污染风险也越来越严峻。为了解决有关 HNS 污染事故防备、反应和合作问题，自 OPRC 于 1995 年起生效实施后，IMO 开始考虑将 HNS 纳入到全球防备与反应合作框架之中。2000 年 3 月 15 日，IMO 在伦敦召开外交大会，通过了《2000 年有害有毒物质污染事故防备、反应和合作议定书》(the Protocol on Preparedness, Response and Cooperation to Pollution Incident by Hazardous and Noxious Substance, 2000; OPRC-HNS)，并于 2007 年 6 月 14 日生效。

OPRC-HNS 沿用 OPRC 的思路和原则,将适用范围扩大到 HNS 污染事故,即任何发生或同一起因而连续发生包括火灾或爆炸,导致或可能发生有害和有毒物质的排放、释放或喷出以及造成或可能造成对海洋环境或海岸线或一国或多国利益构成或可能构成威胁和需要采取应急行动或其他迅速反应措施的事故(OPRC-HNS 第 2 条第 1 款)。OPRC-HNS 要求缔约国船舶必须备有污染事故的应急计划,船长须遵守所要求的报告程序;要求港口当局和码头装卸设备经营人备有污染事故的应急计划或作出类似安排;建立有效的国家或区域性防备与反应系统以及开展污染反应方面的国际合作。

OPRC-HNS 与 OPRC 之间的关系既相互独立,又相互联系。相互独立体现在 OPRC-HNS 与 OPRC 之间,除有关物质的定义基本相同外,在条约的宗旨、权利和义务方面并无直接的内在联系[1]。相互联系体现在只有 OPRC 的缔约国才能成为 OPRC-HNS 的缔约国;退出前者,意味着自动退出后者。OPRC-HNS 第 13 条"签署、批准、接受、核准和加入"规定,任何 OPRC 当事国可以下列方式成为本议定书的当事国:"(a) 签署而不需批准、接受或核准;或(b) 签署但有待批准、接受或核准,随后予以批准、接受或核准;或(c) 加入。"第 16 条第 4 款规定:"退出《OPRC 公约》的当事国,也即自动地退出本议定书。"

---

[1] 危敬添:《关于〈2000 年有毒有害物质污染事故防备、反应与合作议定书〉》,《中国远洋航务》2008 年第 2 期。

第四章
《极地水域船舶作业国际规则》

  为了有效保障极地水域船舶航行安全与极地自然生态环境，2014 年 11 月起，国际海事组织（IMO）历时 7 年制定了《极地水域船舶作业国际规则》(International Code for Ships Operating in Polar Waters, Polar Code)。该规则已于 2014 年 11 月 IMO 海上安全委员会（MSC）第 94 次会议和 2015 年 5 月海上环境保护委员会（MEPC）第 68 次会议分别通过，并已于 2017 年 1 月 1 日默认生效①。

第一节　Polar Code 制定背景

  极地水域具有非常重要的战略地位，一直以来都是世界各国

---

① 宋巍：《国际海事组织极地航行规则的发展历程》，《中国海事》2013 年第 9 期。

关注的热点水域。随着全球变暖,南北极海冰加速融化,越来越多的船舶出现在南北极航道上。北极航道是连接大西洋与太平洋和俄罗斯欧亚部分的最短路线,船舶通过北极水域,可以大大地缩短亚洲与欧洲、亚洲与北美洲之间的航程,从而减轻运输成本,船舶通航极地水域将成为常态。此外,目前南北极已成为国际旅游业的热门目的地。日渐频繁的人类活动将对极地海洋生物和环境造成巨大压力。但是,船舶航行于极地水域将会面临十大危险:冰、低温、救援缺乏、积冰、高纬度、气候恶劣、经验缺乏、极昼极夜、环境敏感与偏远等①。一旦发生突发事故,相应的海上救援路程遥远、实施难度大、费用也较高。对于船舶自身来说,极端的低温将可能降低包括甲板器械和紧急装置等船舶部件的灵敏度。此外,当海水开始结冰时,会对船体推进系统和附体产生额外的压力,导致船舶故障频出。因此,极地水域船舶航行安全和极地区域自然环境保护一直是国际海事界关注的重要议题。Polar Code 正是为了解决上述问题而制定的②。

南北极水域有许多相似性,但也存在着重大差异。北极地区是一片被陆地环绕着的海洋,而南极地区则是一片被海洋环绕着的陆地。南极的海冰在夏季大大减少,或被永久环流分割成两大海域:威德尔海和罗斯海。因此南极地区多年冰层相对较少,而北极地区正好相反,北极海冰历经多个夏季仍然存在,有大量多年冰层。与此同时,两极地区海洋环境都很脆弱,面对这种挑战,应充分考虑分别适用于两极海域的法律制度的特性。

---

① 王德岭、郑剑:《〈极地规则〉生效下的船舶设备配备和履约》,《航海技术》2017 年第 4 期。
② 周超:《〈极地航行规则〉正式生效 国际极地环境保护有规可依》,《中国海洋报》2017 年 1 月 13 日第 A4 版。

一、一般国际海事安全公约适用存在较多局限

国际海事安全公约的法律性规范其内容多具有一般性、普遍适用性,故可直接适用于船舶极地航行。事实亦是如此。随着极地航运业的开掘与发展,IMO 也积极推动 SOLAS、MARPOL 和 STCW 等公约在极地的适用。例如,2011 年,针对在北极地区航行的船舶面临不可预见的极端恶劣天气的风险不断增大的情况,IMO 将全球航行警告系统(WWNWS)扩展到北极水域。WWNWS 在 20 世纪 70 年代后期由 IMO 与 IHO 联手建立。该系统将全球海洋划分为 16 个航行警告区域,每个区域内由一个签署协议的国家负责该区域内的航行信息传送。气象警告区域的范围划分与之相同。北极航行警告区域的协调方和气象警告区域服务方是加拿大、挪威和俄罗斯等三国。具体分工为第十七、第十八航行警告区域和气象警告区域由加拿大负责,第十九航行警告区域和气象警告区域由挪威负责,第二十、第二十一航行警告区域和气象警告区域由俄罗斯负责。这一扩展具有重大意义,意味着在北极恶劣的环境中航行的船舶,可以自动从 IMO 和 WMO 划定的 5 个新的航行警告区域和气象警告区域接收有关航行和气象危险的重要信息以及其他紧急航运信息[①]。

但是,由于极地自然环境、地理条件的特殊性,SOLAS、MARPOL 和 STCW 等公约的大部分技术规范因在客观上缺乏对极地特殊性的考虑而不能完全对船舶极地航行进行全面调整。例如,由于《国际海上避碰规则公约》没有针对"冰封区域"规定航行过程中的避碰规则,故该公约无法很好地适用于极地船舶避碰;又如,极地生态极其脆弱,这需要完全禁止船舶在极地倾废、焚烧废

---

① 吴磊明:《国际航行警告系统扩大到北极水域》,《水运管理》2011 年第 4 期。

物、排放生活生产污物以及压载水置换，因此，即使倾废、排污行为完全符合 MARPOL 公约体系的规定，也无法完全保证不给脆弱的极地生态环境带来损害或威胁；再如，STCW 体系事实上已大幅度提高船员适任标准及培训、发证要求，但由于其缺少关于"冰区航行"的船员适任培训、值班和发证规则，因此，即使现有规则全面得到有效实施，也仍无法保证船员极地操纵和管理船舶航行的适任性[①]。

综上，为保障船舶极地航行和海洋环境安全，需要国际社会制定针对性较强的极地海事安全规则。

二、极地水域船舶航行管控规范具有丰富的创制实践基础

IMO、部分北极圈国家和国际船级社协会制定和实施极地水域船舶航行管理规范，为 IMO 制定 Polar Code 提供了丰富的实践和经验。

首先，IMO 通过一系列的通函、导则、建议和规则来促进极地航行船舶的安全和海洋环境保护。

早在 1996 年 IMO 就以通函的方式发布了《北极有冰覆盖水域营运船舶导则》，旨在为从事北冰洋水域操作的船舶提供抵御冰和寒冷环境风险的船舶构造、设备配备和操作限制的安全指南[②]。

2002 年，IMO 海上环境保护委员会会议（MEPC 48）和海上安全委员会会议（MSC 76）审议了海上安全委员会"船舶设计和设备分委会"（DE）提交的《北极冰覆盖水域船舶航行指南》（The Guidelines for Ships Operating in Arctic Ice-coverd Waters），为缔

---

① 李志文、高俊涛：《北极通航的航行法律问题探析》，《法学杂志》2010 年第 11 期。

② 张俊杰：《极地航行安全之约》，《中国船检》2013 年第 7 期。

约国制定北极冰封水域条件下的航行规则提供了重要的参考标准。该文件得到批准并以联合通函的形式向国际海事界发布[①]。2009年,IMO第26届大会将该指南的适用扩展至南极进而形成了新的非强制性的《极地水域船舶航行指南》(Guidelines for Ships Operating in Polar Waters)[Res. A1024(26)][②],主要内容包括船体结构、分舱和稳性、起居处所和脱险措施、方向控制系统、锚泊和拖带装置、主机、辅机系统、电气装置、防火安全、救生设备和装置、航行设备、作布置、船员配备、应急设备、环境保护和破损控制。该指南要求船舶在冰区航行时要配备冰区驾驶员,其中冰区驾驶员应具有能表明其合格地完成冰区航行的培训课程的书面证明。冰区航行船上始终配备规定的船舶操作手册和培训手册,以供所有冰区驾驶员使用。鉴于极地水域气候条件并为满足海上安全和防污染的标准,在SOLAS和MARPOL现有要求基础上,该指南提出了认为必需的附加规定。这实际上是在SOLAS和MARPOL基础上的附加规定,主要包括航行、通信、救生、主辅机、环境保护和破损控制,安全航行要求特别注意人的因素以及人员培训和操作程序[③]。

2006年,IMO制定了《冷水求生的导则》(MSC.1/Circ.1185),就如何防止和减少冷水带来的危害提出了指导意见,包括一些自救的技巧以及冷水求生和救助清单等;还制定了《远离搜救设施区域营运客船加强应急计划导则》(MSC.1/ Circ.1184),强化在偏远

---

① IMO, The Guidelines for Ships Operating in Arctic Ice-coverd Waters, MSC/Circ.1056 and MEPC/Circ.399, 2002, December 23, 2002, http://www.imo.org/KnowledgeCenter/IndexofIMOResolutions/Maritime-Safety-Committee-(MSC)/MSC-40-1981-92-2013/Pages/default.aspx.
② 许运秀:《冰区航行船舶规范标准的发展》,《中国船检》2010年第9期。
③ 李永鹏、陈爱玲:《极地航行的相关规则及最新进展》,《青岛远洋船员职业学院学报》2012年第4期。

地区航行船舶的计划安排以及同相关搜救中心的合作和联系[1]。

2007 年,IMO 大会以 A.999(25)号决议通过了《偏远地区客船航行计划指南》,以应对因航海旅行游客数量和出国旅行需求日益增长而在偏远地区航行的客船越来越多的趋势,要求在制定偏远地区的航行计划时,应当对航行区域的环境特征、有限资源和导航信息予以特别考虑,如冰区信息、冰区导航、冰区航行的操作限制、距离冰山的最小安全距离以及须携带的特殊设备等,详细的航行和航线计划应包含安全区域和禁航区域;已探明的海上通道(如有);以及在远离 SAR 设备覆盖范围而无法获得足够的岸基支持的情况下发生意外事故的应急计划的要素[2]。

2008 年,国际海事组织海上安全委员会第 85 届会议以第 MSC.267(85)号决议通过了《2008 年国际完整稳性规则》强制性的 A 部分和建议性的 B 部分,其中 B 部分第 6 章有关条款涉及船舶结冰对稳性造成的影响以及应考虑的因素[3]。

其次,部分北极圈国家出台诸多法律规范,规制极地水域船舶航行。

20 世纪 30 年代,芬兰和瑞典海事局颁布了《芬兰—瑞典冰级规则》(FSICR),将船舶分为 B1、B1、B2、B3 等 4 个冰级,对于不同冰级,提出了不同的技术要求,包括外板、甲板、舷侧骨架、首尾结构和拖带、主机、桨、舵设备等。没有取得上述冰区加强的船舶,如

---

[1] 林德辉:《极地规则及其相关 IMO 和 IACS 文件若干问题》,《船舶》2016 年第 5 期。

[2] 《极地规则:保护极地环境保障船舶安全》,《船舶标准化工程师》2013 年第 1 期。

[3] 关于国际海事组织《2008 年国际完整稳性规则》引言和 A 部分、经修正的《1974 年国际海上人命安全公约》和经修正的《1966 年国际载重线公约 1988 年议定书》的修正案生效的公告,http://www.mot.gov.cn/sj/guojihzs/duobianhz_gjs/201408/t20140819_1673638.html,访问日期:2018 年 3 月 4 日。

需要进入某国港口冰区,那么港口当局可根据港口冰况,决定是否采取相应的护航、拖航或破冰等措施,并收取不菲的额外费用。

美国则通过《油污染法》《1980年综合环境反应、赔偿和责任法》《联邦水污染控制法》《泛阿拉斯加管道授权法》《港口和油轮安全法》《垃圾法》《海洋保护、研究和避难法》《防止船舶污染法》等以及阿拉斯加州通过《阿拉斯加油类和危险物质污染控制法》《阿拉斯加自然环境保护法》等具体规制极地水域船舶航行安全问题[①]。

俄罗斯(包括苏联)颁布了许多法律来规范极地航行,主要包括《1973年苏联国家海上引航法》《1984年苏联北部沿岸水域和泛北部水域自然环境保护法》《1985年苏联专属经济区保护法》。《1985年苏联专属经济区海洋环境保护和保持法》就船舶在北部海路航行的设计、设备和供给提出要求。

加拿大有关海上管辖分为非北极水域和北极水域两部分,后者又被进一步划分为许多安全航行区域,受《防止北极水域污染法》及其相关法规的约束。《北极航行防污染条例》就船舶设计、构造和操作进行了详细规定。2010年,加拿大出台了《加拿大北方船舶交通服务区规定》(Northern Canada Vessel Traffic Services Zone Regulations,NORDREG),建立针对通行北极水域船舶强制报告制度,即加拿大北方船舶交通服务区(NORDREG Zone)制度,要求通行该区域的船舶必须履行航行报告义务,以加强管控北极航行活动。如果未经许可的船舶在加拿大被发现处在NORDREG Zone 内,船舶将在加拿大挂靠港被滞留。违反NORDREG 的船舶,将面临大约10万美元的罚款或者监禁一年或两者兼有[②]。

---

① 李伟芳、黄炎:《极地水域航行规制的国际法问题》,《太平洋学报》2017年第1期。
② 刘惠荣、李浩梅:《北极航行控制的法理探讨》,《国际问题研究》2016年第6期。

俄罗斯《北方海航道航行指南》、加拿大《加拿大冰区水域航行规则》分别对航行于俄罗斯和加拿大极地水域的船舶进行了规定，包括对冰级要求、船舶加强的要求以及冰区领航规定等内容。

最后，国际船级社协会(IACS)统一了极地水域船舶航行要求。2006 年，IACS 颁布了《极地船级要求》(Unified Requirements，UR)，将船级分成 UR Ⅰ1、Ⅰ2、Ⅰ3 三个部分。Ⅰ1 部分为极地级(Polar Class, PC)描述和应用，对极地级分成 PC1～PC7 七个等级(PC1 为最严重冰况，随着数字递增，冰况依次递减)，并对冰区高位、低位水线进行了定义；Ⅰ2 部分为极地级船舶的结构要求，包括船体、设计冰区载荷、外板、骨架、材料、纵向受力、焊接等内容；Ⅰ3 部分为对极地级船舶的机械要求，包括图纸、系统设计、材料、螺旋桨、主动力装置、辅助系统、海水入口和冷却系统、压载舱、通风系统等内容。2010 年 11 月，IACS 对其进行了最新修订，对原有错误和不清晰的地方做了更正和明确，同时修改了个别公式[①]。

第二节　Polar Code 制定过程

随着极地航行和商业开发活动的增多，制定一套完善的极地航行安全和防污标准，就成为 IMO 需要迫切解决的问题。由于 Polar Code 是现有 IMO 公约关于船舶极地航行安全和环保方面的补充文件，内容几乎涉及安全和环保方面的所有方面，既涉及船舶的设计要求(如结构完整性、分舱与稳性、轮机等)、设备配备要求(如救生、消防、通信、导航等)，也涉及船员培训、应急控制、操作

---

① 冯光、张建业、喻太君、何亮：《极地航行法规与准则现状》，《船舶力学》2017 年第 z1 期。

安全等海事管理的诸多方面,故 IMO 各相关专业分委会应保持紧密合作[1],但相关规范创制权相应属于 IMO 海上安全委员会(MSC)和海上环境保护委员会(MEPC),故 Polar Code 最终将借助于 SOLAS 和 MARPOL 相关附则修正案的生效而使其成为强制性要求[2]。

一、动议与起草

2009 年,美国、丹麦和挪威联合提出制定《极地水域船舶作业国际规则》(International Code for Ships Operating in Polar Waters,Polar Code)的动议。IMO 海上安全委员会(MSC)同意在"船舶设计和设备分委会"(DE)工作计划中将起草 Polar Code 列入高优项目。

Polar Code 起草工作自 2010 年 2 月由"船舶设计和设备分委会"第 53 次会议(DE 53)正式启动。

2010 年 10 月,DE 第 54 次会议基本确定 Polar Code 的框架结构,即主要包含极地船舶认证、设备防风雨的完整性、船舶结构、救生设备、配员培训、污染防控等内容。

2011 年 3 月,DE 第 55 次会议完成了 Polar Code 草案的初稿,包括强制性规定的 A 部分和建议性指南 B 部分为,主要涉及环境保护与极地地理边界划分、环保要求与极地水域的航行监管等,从而为未来 Polar Code 的成形奠定了坚实的基础。DE 第 55 次会议确定了 Polar Code 的主体部分用"目标导向型标准"(Goal-Based Standards,GBS)的模式编写,即先识别船舶极地航行的特定风险,再寻求消除或减轻风险的相应措施,各类措施均包含目

---

[1] 龙涛、王峥嵘:《极地规则呼之欲出》,《中国船检》2013 年第 12 期。
[2] 参见 MSC94/WP.1。

标、功能要求和具体规定①。

2012年,DE第56次会议对技术细节进行了深入探讨,初步确定了A、B、C等3类船舶的定义。因Polar Code涉及面广,国际各方立场分歧较大,技术问题相对复杂,故DE 56重新调整了工作计划,即分两个阶段进行,第一阶段制定适用于SOLAS船舶的适用规则;第二阶段制定不适用SOLAS船舶和渔船的适用规则②。

2013年3月,DE第57次会议审议并修改了基本成形的Polar Code各个条款和章节,主要内容包括简介、目标和通用部分(定义、适用、检验和发证、航行限制)等内容。规则的制定采用基于风险/目标的方法,包括目标和功能要求,以及相关的解释性条款。DE 57对极地船舶的分类及其定义作了重点讨论,并将A、B、C类船舶分别对应国际船级社协会的极地船级分类标准,规定A类船舶需符合极地船级中的1至5级的要求,B类船舶需符合极地船级中的6至7级的要求,C类船舶则不做船级要求③。此外,规则还增加了有关冰区证书的要求,同时指出要有独立的"环保"章节④。

二、环保章节的纳入与强制化方式的确定

2012年2月,IMO海上环境保护委员会(MEPC)第63届会议将制定Polar Code草案中的"环保"章节提上了日程,并就Polar

---

① IMO, "55th Session of Sub-Commitee on Ship Design and Equipment(DE)", March 25, 2011, http://www.imo.org/en/Media-Center/MeetingSummaries/SDC/Pages/DE-55th-session.aspx.
② 龙涛、王峥嵘:《极地规则呼之欲出》,《中国船检》2013年第12期。
③ IMO, "57th Session of Sub-Commitee on Ship Design and Equipment(DE)", March 22, 2013, http://www.imo.org/en/Media-Center/MeetingSummaries/SDC/Pages/DE-57th-session.aspx.
④ 韩佳霖、张爽:《极地规则制定进程对我国参与国际海事事务的启示》,《中国航海》2015年第2期。

Code 强制化问题达成了一致，同意 Polar Code 与 SOLAS、MARPOL 及其他相关强制性文件修正案一样具有强制性。

由于 Polar Code 是一个独立的文件，本身不具有强制效力，因此为使其成为强制性文件需要解决采取何种强制化方式。关于 Polar Code 强制化方式共有三种方案：

一是修正 SOLAS 关于船舶海上航行安全的内容。此方案优点是可借助默认修正程序及时产生法律效力，缺点是因其调整对象而不宜将极地水域防污措施纳入其中。

二是修正所有相关公约，即 SOLAS、MARPOL，纳入 Polar Code 并赋予强制性。该方案优点是可在保证 Polar Code 强制性实现的基础上不影响现在国际海事安全条约的框架和结构，缺点是 Polar Code 可能因为各国际海事安全条约缔约国的不同而产生效力不对等的情形。

三是通过一个新的专门规制极地水域船舶航行与操作的公约。此方案优点是可以较为明晰地确定适用范围，不需要借助其他国际海事安全公约而产生强制性效力，缺点是新的公约可能因缔约国数量较少而覆盖不了 SOLAS、MARPOL 的缔约国，进而无法保证新的公约的广泛适用性[1]。

MEPC 63 最终采取的是第二种方案，即修正所有相关公约以使 Polar Code 强制化的方式，即各公约分别引用 Polar Code，但各公约的修正只适用于 Polar Code 的部分章节，同时通过调整各公约修正案的默认接受日期来保证与其生效日期的一致性[2]。此种

---

[1] 李伟芳、黄炎：《极地水域航行规制的国际法问题》，《太平洋学报》2017 年第 1 期；IMO，"63rd Session of Marine Environment Protection Committee (MEPC)", March 2, 2012, http://www.imo.org/en/MediaCenter/MeetingSummaries/MEPC/Pages/MEPC-63rd-session.aspx.

[2] 宋巍：《国际海事组织极地航行规则的发展历程》，《中国海事》2013 年第 9 期。

方式充分体现了利用 IMO 法律体系的架构和关系、议事规则和法律程序来制定规则的习惯做法,通过合适的援引方式和修正程序达到理顺规则的制定与实施程序的目的。

2013 年 5 月,MEPC 第 65 届会议讨论了 Polar Code 中"环保"章节的内容,同意根据散装液体及气体分委会(BLG)的研究结果讨论黑炭问题;同意禁止在北极区域排放任何含油污水,其中 INTERTANKO 提出完全禁止排放的基础是该区域必须设置足够的接收设施;同意在一定条件下排放食物垃圾;未对重油(HFO)和灰水提出要求[①]。

2014 年 1 月,IMO 分委会改组后新合并成立的船舶设计和建造分委会(Sub-Committee on Ship Design and Construction,SDC)在其首次会议原则性通过 Polar Code 草案,该草案覆盖极地船舶设计、构造、设备、操作、培训、搜救与环保等各事宜[②]。

三、通过 SOLAS 修正案

2014 年 5 月,IMO 海上安全委员会会议(MSC 93)核准了 Polar Code 草案及其关联的 SOLAS 修正案(SOLAS 公约新十四章)草案,并将草案散发缔约国审议,从而使《极地规则》具有全球约束力这一目标迈出了关键性的一步。

2014 年 12 月,MSC 94 在吸收相关提案有价值的建议基础上,最终通过了 Polar Code[MSC.385(94)]及相关的 SOLAS 修正案,该修正案新增 SOLAS 第ⅩⅣ章"极地水域营运船舶的安全措施"(Safety measures for ships operating in polar waters),其使

---

① 《IMO MEPC65 简报》,《船舶标准化工程师》2013 年第 4 期。
② IMO, "1st Session of Sub-Commitee on Ship Design and Construction(SDC)", January 24, 2014, http://www.imo.org/en/Media-Center/MeetingSummaries/SDC/Pages/SDC-1-.aspx.

Polar Code(引言和第Ⅰ-A篇"安全措施")具有强制性[MSC.386(94)]①。

四、通过 MARPOL 修正案

2014 年 10 月,MEPC 67 批准了与 Polar Code 中环境保护规定相关的修正案草案,该修正案草案将使 Polar Code(引言和第Ⅱ-A 篇"防污染措施")为强制性,其涉及 MARPOL 附则Ⅰ(防止油类污染)、附则Ⅱ(控制散装有毒液体物质污染)、附则Ⅳ(防止船舶生活污水污染)和附则Ⅴ(防止船舶垃圾污染)②。

2015 年 5 月,MEPC 68 通过了 Polar Code 第Ⅱ-A 篇和第Ⅱ-B 篇[MEPC.264(68)]以及相关的《国际防止船舶造成污染公约》(MARPOL)修正案,该修正案使极地规则(引言和第Ⅱ-A 篇"环境保护措施")为强制性,其涉及 MARPOL 附则Ⅰ(防止油类污染)、附则Ⅱ(控制散装有毒液体物质污染)、附则Ⅳ(防止船舶生活污水污染)和附则Ⅴ(防止船舶垃圾污染)[MEPC.265(68)]③。

在 2014 年 12 月的 MSC 94 通过了 Polar Code 中与安全有关的要求和相关的 SOLAS 修正案之后,2015 年 5 月的 MEPC 68 通过了 Polar Code 中与环保有关的要求和相关的 MARPOL 修正案,这样一个完整的与安全和环保这两者均有关的 Polar Code 获得了最后通过,其作为 SOLAS 和 MARPOL 两项公约的一部分具有强制性。

Polar Code 于 2017 年 1 月 1 日生效,适用对象为生效后建造

---

① 林德辉:《极地规则及其相关 IMO 和 IACS 文件若干问题浅述》,《船舶》2016 年第 5 期。
② 林德辉:《MSC 94 及其通过的极地规则等简介》,《船舶》2015 年第 2 期。
③ 林德辉:《极地规则及其相关 IMO 和 IACS 文件若干问题浅述》,《船舶》2016 年第 5 期。

的新船舶;2017年1月1日之前建造的船舶将被要求在2018年1月1日之后通过首次中期检验或换证检验来满足 Polar Code 的有关要求①。

第三节　Polar Code 主要内容

Polar Code 旨在与极地航行安全以及防污染有关的法规、公约和指南进行整合,形成一个规制船舶重量超过 500 总吨的所有客轮和货轮的极地水域船舶操纵安全的规则,其涵盖的内容不仅包括极地区域船舶航行的所有方面,如船舶设计和建造、船员培训和航海、提高协调搜救行动能力,还涉及稳性规则、冰冷水域的救生、边远地区船舶操纵指南、极地分级、渔船在极地的航行等内容,以及环保,制定标准超出了 SOLAS 和 MARPOL 等原有的国际公约的相关规定,以确保船舶在严酷的极地环境下能够安全航行和保护极地水域环境。Polar Code 主要内容如下。

一、框架结构

Polar Code 由引言、第Ⅰ-A篇"安全措施"和第Ⅱ-A篇"防污染措施"以及附加指南第Ⅰ-B篇和第Ⅱ-B篇组成。第Ⅰ-A篇"安全措施"和第Ⅱ-A篇"防污染措施"是强制性规定,第Ⅰ-B篇和第Ⅱ-B篇是建议性规定。Polar Code 的内容基本与 SOLAS 和 MARPOL 的要求相对应,但相对于在一般环境下作业的船舶,对极地作业船舶提出了额外的安全和环境保护要求。

引言(Introduction)列出了目标(Goal)、定义(Definitions)、危

---

① 陈君怡:《国际海事组织通过极地航行新规则》,《中国海洋报》2014年11月25日第 A4 版。《IMO 批准〈极地水域船舶航行安全规则〉》,http://www.simic.net.cn/news_show.php?id=146225.访问时间：2017年5月30日。

险源(Sources of hazards)、本规则结构(Structure of the Code)和表明南极和北极水域的图(Figures illustrating the Antarctic area and Arctic waters)。在目标中明确,本规则的目标是提供安全的船舶营运和保护极地环境。

第Ⅰ-A篇"安全措施"包括12章:

第1章"通则"(General),规定了本篇的结构、定义、证书和检验、性能标准、运作评估等内容。

第2章"极地水域运作手册"(Polar Water Operational Manual,PWOM),规定了在极地水域营运的条件和程序。

第3章"船舶结构"(Ship Structure),对结构的材料和尺寸基于对环境载荷和条件的总体和局部响应而保持其结构完整性做出规定。

第4章"分舱和稳性"(Subdivision and Stability),确保完整和破损工况下的足够的分舱和稳性,即破损稳性和完整稳性。

第5章"水密和风雨密完整性"(Watertight and Weathertight Integrity),规定关闭装置结冰的预防以及在最低预期温度等条件下的运行。

第6章"机械设备"(Machinery Installations),确保船舶的机械设备能够提供船舶安全运作所需的功能,规定机器和应急电源装置等结冰的预防。

第7章"消防安全/防火",规定灭火系统免受冰等阻塞的保护,确保消防安全系统和设备有效运行,脱险通道保持可用以使船上人员能在预期的环境条件下安全和快速地逃离至救生艇和救生筏乘登甲板。

第8章"救生设备与装置"(Life-saving Appliances and Arrangements),规定在可能的有害环境条件等影响下的救生设备,对安全脱险、撤离和生存做出规定。

第 9 章"航行安全"(Safety of Navigation),规定接收冰情和气象信息之设备的安装、探照灯等的加装。

第 10 章"通信"(Communications),规定考虑到极地水域远距离、与护航船通信等的通信设备的加装。

第 11 章"航次计划"(Voyage Planning),规定在编制航次计划中应考虑的因素,确保向船公司、船长和船员能够提供足够的信息,使其能够充分考虑至船舶和船上人员的安全并酌情虑及环境保护而进行规定。

第 12 章"配员和训练"(Manning and Training),规定了对船员资格、配员和训练的附加要求。

第Ⅰ-B篇是对引言和第Ⅰ-A篇规定的补充指南。

第Ⅱ-A篇"防污染措施"(Pollution Prevention Measures)包括 5 章:

第 1 章"防止油类污染"(Prevention of Pollution by Oil),禁止船舶在极地水域的任何油类排放,装容油类等液舱的保护。

第 2 章"控制散装有毒液体物质污染"(Control of Pollution by Noxious Liquid Substances in Bulk),规定装容有毒液体物质等液舱的保护。

第 3 章"防止海运有包装有害物质污染"(Prevention of Pollution by Harmful Substances Carried by Sea in Packaged Form),无附加规定。

第 4 章"防止船舶生活污水污染"(Prevention of Pollution by Sewage from Ships),规定在极地水域排放生活污水时离最近陆地距离的要求等。

第 5 章"防止船舶垃圾污染"(Prevention of Pollution by Garbage from Ships),规定在极地水域排放垃圾时离最近陆地距离的要求等。

第Ⅱ-B篇是对于第Ⅱ-A篇的附加指南。

二、适用范围

一是地理边界。船舶航行极地水域,适用异于常规水域的安全和环保标准,这便关系到对极地水域地理边界的认定,但极地水域的界定又涉及沿岸国以主权名义对通航进行限制与航道使用国以通航自由的名义反限制之间的矛盾。在 MSC 第 93 届会议上,俄罗斯和德国分别就北极水域范围提出了建议。俄罗斯认为,白令海峡无多年冰,不应纳入极地水域。实际上"无冰"并不能掩盖俄罗斯北极战略的野心,其曾提出 120 万 km^2 北极领土主权,而白令海峡就是其中的关键点。俄罗斯此次继续提出不应将白令海峡纳入北极水域,免除国际社会对这一水域的控制,正是其北极战略步骤的关键一点[①]。为避免涉及超出 IMO 工作范围的嫌疑,避免涉足政治领域和地理划分,同时体现 IMO 工作的系统性和延续性,Polar Code 维持了 IMO 于 2009 年通过的《船舶极地水域作业指南》A.1024(26)中对地理边界的认定[②]。

SOLAS 第ⅩⅣ 章"极地水域营运船舶的安全措施"(Safety Measures for Ships Operating in Polar Waters)第 1 条规定,极地水域(Polar waters)系指北极水域和/或南极区域,其中南极区域(Antarctic area)系指南纬 60°以南的海域,与《南极条约》的适用范围一致;北极水域(Arctic waters)并非北纬 60°以北的海域,因考虑北大西洋暖流的变化而在白令海峡将北纬 60°以北的界线作

[①] 程群:《浅议俄罗斯的北极战略及其影响》,《俄罗斯中亚东欧研究》2010 年第 1 期。

[②] IMO, "94th Session of Marine Safety Committe (MSC)", November 21, 2014, http://www.imo.org/en/MediaCenter/MeetingSummaries/MSC/Pages/MSC-94th-session.aspx.

了自东逐渐向南的微调,并将整个格陵兰岛纳入其中,然后向东北方向移动,经冰岛以北水域直达俄罗斯北极海岸线,冰岛、挪威和俄罗斯西北部的科拉半岛因全年无冰而不在 Polar Code 的适用范围内①。

二是船舶种类。遭遇各种冰况是船舶在极地航行有别于常规水域航行最典型的特征。极地船舶分 A、B、C 三类,A 类船舶指为极地水域设计的,至少能在可包括旧夹冰的中等厚度的当年冰中操作的船舶,其船级需符合国际船级社协会(International Association of Classification Societies,IACS)统一要求(Unified Requirements,UR)UR-Ⅰ"对极地船级的要求"(Requirements concerning POLAR CLASS)中极地船级 PC1-PC5 的要求;B 类船舶指为极地水域设计的,至少能在可包括旧夹冰的薄的当年冰中操作的非 A 类船舶,需符合 IACS 统一要求 UR-Ⅰ中极地船级 PC6-PC7 的要求;C 类船舶指设计用于开敞水域,或在严重程度不及 A 和 B 类船对应的冰况下操作的船舶,不需要符合特定的极地船级要求。UR-Ⅰ被 IACS 各船级社采用,适用于 2008 年 3 月 1 日及之后签合同建造的船舶。UR-Ⅰ极地船级符号见表 8。

表 8　IACS 极地船船级描述②

极地船级	冰况描述(基于世界气象组织 WMO 海冰专用术语)
PC1	全年在所有极地水域
PC2	全年在中等厚度的多年冰龄状况下

---

① 李伟芳、黄炎:《极地水域航行规制的国际法问题》,《太平洋学报》2017 年第 1 期;IMO, "Inernational Code for Ships Operating in Polar Waters, MSC 94/Res. 385, 2014", November 21, 2014, http://www.imo.org/en/KnowledgeCenter/IndexofIMOResolutions/Maritime-Safety-Committee-(MSC)/MSC-93-2013-onwards/Pages/default.aspx.

② 王燕舞、张达勋:《冰级定义的有关分析及建议》,《上海造船》2010 年第 4 期。

续 表

极地船级	冰况描述（基于世界气象组织 WMO 海冰专用术语）
PC3	全年在第二年冰龄状况下,可包括多年夹冰
PC4	全年在当年厚冰状况下,可包括旧夹冰
PC5	全年在中等厚度的当年冰龄状况下,可包括旧夹冰
PC6	夏季/秋季在中等厚度的当年冰龄状况下,可包括旧夹冰
PC7	夏季/秋季在当年薄冰状况下,可包括旧夹冰

三、船舶性能与设备

在船舶航行安全方面,Polar Code 规定了在极地航行的船舶必须安装保暖设备、除冰设施、封闭式救生艇等装备,以确保在雨雪天气中能够安全运行。在船舶建造上,必须使用能够适应极地环境的专门材料,所有的油轮必须是双层船壳。

Polar Code 第 I-A 部分第 1 章第 1 条第 4 款对船舶设备提出特殊的性能标准,保证船舶设备能够在极地环境下正常工作。该性能标准包括:除另有明文规定外,船舶系统和设备至少应满足 SOLAS 中引用的相同的性能标准;对于在低温中操作的船舶,极地服务温度应有明确规定,且应设置在极地水域操作区域和季节的最低平均日低温至少 10℃以下,系统和设备应在极地服务温度下完全正常运行;对于在低温中操作的船舶,救生系统和设备应在最长预期救助时间内的极地服务温度下完全正常运行[①]。

船舶设备的要求体现在以下几个方面:

一是船舶露天液压设备,Polar Code 第 I-A 部分第 6 章中要

---

① 王德岭、郑剑:《〈极地规则〉生效下的船舶设备配备和履约》,《航海技术》2017 年第 4 期。

求航行于极地水域船舶所配备的机器设备使用的工作液体应能适应预期的工作环境。

二是船舶消防设备,Polar Code 第Ⅰ-A 部分第 7 章中规定,露天位置的隔离阀和压力/真空阀应被保护,免遭积冰影响并保持随时可用;所有双向便携式无线电通信设备应在极地服务温度下可用;包括应急消防泵、水雾泵等的消防泵应安放在不结冰的舱室;消防总管应以使其暴露部分可以被隔绝的方式安装,且应提供暴露部分的排水方法,消防水带和水枪不必一直与消防总管连接,可存放在靠近消防栓的保护地带;消防员装备应保存在船上保暖的位置;若固定式水灭火系统安装在与主消防泵分离的处所并使用独立的海水吸口,该海水吸口的积冰也应能够被清除;便携式和半便携式的灭火器应尽可能地安置在免受结冰温度影响的位置,在易于结冰的位置,要提供能够在极地服务温度下使用的灭火器;外部消防系统的材料应经主管机关核准或被认可组织接受,并考虑本组织接受或其他在极地服务温度下具有等效安全水平的标准[1]。

三是船舶救生和通信设备,Polar Code 第Ⅰ-A 部分第 8 章中规定,暴露在积冰中的船舶,应提供使其在以下区域去除或防止结冰和积雪的方法:逃生路线、集合站、登乘区域、救生艇筏及其降落设备,以及通往救生艇筏的通道。对 2017 年 1 月 1 日或之后建造的船舶,露天逃生路线应布置成不至于阻碍穿着极地服装人员的通行。对于预定在低温下操作的船舶,应对登乘布置的适合性进行评估,并充分考虑对穿着额外极地服装人员的任何影响。在冰封水域或直接在冰上操作时,船舶应具有确保人员安全撤离的措施,包括救生设备的安全布放,改善封闭和半封闭救生艇筏的通

---

[1] 钱晨康:《〈极地规则〉效应》,《中国船检》2014 年第 12 期。

风设备,并应考虑到外部低温空气的进入。应为船上每位人员提供一套大小合适的保暖救生服和保温用具,所要求的保暖救生服应为隔热类型。应提供能够满足单用(个人救生设备)和共用(集体救生设备)所需的适当的救生资源,其中包括救生设施和集体救生设备,以避免船上人员直接遭受寒风侵害;个人救生设备、救生设施或集体救生设备,以保持人体核心温度;个人救生设备,以防止手足冻伤[①]。

四、环境保护

Polar Code Ⅱ-A 第 1 章第 1 条规定,北极水域中禁止任何船舶排放油或油性混合物入海,但不适用于清洁或专用压载水排放。

Polar Code Ⅱ-A 第 2 章第 1 条规定,北极水域中禁止排放有毒液体物质或含有这些物质的混合物入海。

Polar Code Ⅱ-A 第 4 章第 2 条第 1 款规定,在极地水域内禁止排放生活污水,但下列情况除外:

(1) 船舶在距任何冰架或固定冰 3 海里之外按 MARPOL 附则Ⅳ第 11.1.1 条排放业经粉碎和消毒的生活污水,且须尽实际可行地远离冰密集度超过 1/10 的区域;

(2) 船舶在距任何冰架或固定冰 12 海里之外按 MARPOL 附则Ⅳ第 11.1.1 条排放未经粉碎和消毒的生活污水,且须尽实际可行地远离冰密集度超过 1/10 的区域;

(3) 船舶运行着经主管机关发证符合 MARPOL 附则Ⅳ第 9.1.1 条或第 9.2.1 条的操作要求的生活污水处理装置,并按照 MARPOL 附则Ⅳ第 11.1.2 条排放生活污水,且须尽实际可行地

---

① 钱晨康:《船舶在北极地区高寒水域航行、停泊注意事项》,《航海技术》2016 年第 1 期。

远离最近陆地、任何冰架、固定冰或冰密集度超过1/10的区域。

冰架系指具有相当厚度,露出海平面2～50米或以上,与海岸连接的浮动冰层。固定冰系指沿海岸形成并沿海岸固定,与岸、冰墙、冰崖相连,在浅滩或接地冰山之间的海冰。

Polar Code Ⅱ-A 第4章第2条第2款规定,禁止2017年1月1日或以后建造的A类和B类船舶,及2017年1月1日或以后建造的所有客船排放生活污水入海,但此种排放符合Ⅱ-A第4章第2条第1款第3项的规定时除外。

Polar Code Ⅱ-A 第5章第2条第1款规定,在北极水域,允许的垃圾排放入海须满足下列附加要求:

(1) 船舶仅在尽实际可行地远离冰密集度超过1/10的区域时,方允许排放食品废弃物,但在任何情况下距最近陆地、最近冰架或最近的固定冰不得少于12海里。

(2) 食品废弃物须经粉碎或磨碎并须能通过网眼不大于25 mm的粗筛。食品废弃物不得被其他类型的垃圾污染。

(3) 食品废弃物不得排放到冰上。

(4) 禁止排放动物尸体。

(5) 卸载时使用普通方法无法回收的货物残余物,须仅在船舶航行途中并满足下列所有条件时,方允许排放:

a. 虑及本组织制定的导则,货舱清洗水中所含货物残余物、清洁剂或添加剂中不包括任何被列为有害海洋环境的物质;

b. 出发港和下一目标港均在北极水域内,且在这些港口之间,船舶将不会驶出北极水域;

c. 虑及本组织制定的导则,这些港口没有足够的接收设备;

d. 如已满足a、b和c分段的条件,含有残余物的货舱清洗水的排放须尽实际可行地远离冰密集度超过1/10的区域,但在任何情况下距最近陆地、最近冰架或最近的固定冰不得少于12海里。

Polar Code Ⅱ-A 第 5 章第 2 条第 2 款规定,在南极水域,允许的垃圾排放入海须满足下列附加要求:

(1) 按要求进行的排放须尽实际可行地远离冰密集度超过 1/10 的区域,但在任何情况下距最近的固定冰不得少于 12 海里。

(2) 食品废弃物不得排放到冰上。

另外,为保护南极地区免遭重油污染,2010 年海环会第 60 次会议通过了一项新的 MARPOL 规则,其将于 2011 年 8 月 1 日生效。该修正案在 MARPOL 附则Ⅰ中新增的第九章第 43 条规定,禁止下列物质作为散货运输或作为燃料运输和使用:15℃时密度大于 900 kg/m³ 的原油;15℃时密度大于 900 kg/m³ 或 50℃时动滞系数大于 180 mm²/s 的除原油以外的其他油类;或沥青、焦油及其乳化品。参与船舶安保或搜救行动的船舶可免于遵守该规定[①]。

五、《极地船舶证书》

为了有效预防和降低船舶在极地水域航行的风险,Polar Code 要求在南北极指定水域内航行的船舶应申请《极地船舶证书》。此外,考虑到极地水域中可能存在的危险和所需要的操作条件,签发《极地船舶证书》前需要进行相关评估。评估将包括操作限制和应对事故的计划或者程序、额外的安全设备等。通过极地水域的船舶须携带《极地水域操作手册(PWOM)》,手册上提供船主、经营人员、船长和船员的船舶操作能力及限制等相关信息,以帮助其及时进行相关决策。

Polar Code 规定,在冰级证书之外,船舶还应持有与之关联的

---

① 上海海事局:《极地规则:保护极地环境保障船舶安全》,http://www.imoship.com.cn/newsdetail.jsp?id=327,访问日期:2018 年 3 月 5 日。

船舶《极地水域操作手册(PWOM)》,载明所有与极地航行相关的操作性事项,包括操作限制和规避风险的措施,如航速控制/作业程序/应急措施等。

  Polar Code 及其强制化进一步促进国际海事安全条约的体系化发展。目前,国际海事安全条约是一个庞大的体系,由 SOLAS 公约体系、MARPOL 公约体系和 STCW 公约体系三个分公约体系和极地国际海事规则体系构成。其中,三个分公约体系和极地国际海事规则体系自身都具有较强的独立性,其调整对象、规制内容、立法技巧、创制途径等各不相同;极地国际海事规则体系与三个分公约体系的关系是前者对后者在极地海域适用空白或不足的补充。换言之,三个分公约体系和一个极地国际海事规则体系的规定已全面覆盖了海事安全的各个领域,为国际海事安全提供法律保障作用。

第五章
国际海事安全条约的执行

尽管国际海事安全条约大部分是由 IMO 等相关国际组织创制的,但国际海事安全条约的执行依赖于各缔约国及其政府,IMO 等相关国际组织并没有这方面的权力。故此,缔约国是国际海事安全条约的执行主体,具体包括船旗国、沿岸国和港口国。缔约国执行国际海事安全条约的方式是缔约国将国际海事安全条约的规定适用于其船舶并采取相应的措施,对构成海事安全风险的船舶或经营人采取滞留、罚款等强制措施或惩治措施[①]。基于海洋互通性和海事安全共利性,缔约国往往会通过区域性安排,形成合力,共同执行国际海事安全条约。

---

① Debra Doby. Whale Wars: How to End the Violence on the High Seas. J. Mar. L. & Com, Vol.44, No.1, 2013.

第一节 船旗国、沿海国和港口国的管辖和控制

船旗国、沿海国和港口国因属人管辖、属地管辖等在实质上承担着保障国际海事安全和贯彻执行国际海事安全条约的最为重要的职责。缔约国及其依船旗国、沿海国和港口国角色,根据《联合国海洋法公约》(UNCLOS)和国际海事安全条约规定的条约义务,结合本国国内法赋予的职权及其行使方式,对危及海事安全的行为予以惩治。

一、船旗国的管辖和控制

船旗国(Flag State)是指船舶悬挂其国旗的国家,即船舶国籍国。根据 UNCLOS 第 92 条的规定,除另有规定外,在公海上航行的船舶受船旗国的专属管辖,船旗国可制定悬挂本国国旗的船舶及其航行应遵守的海事安全规范;另外,船旗国应制定以防止、减少和控制由悬挂其旗帜或在其国内登记或在其权力下经营的船只造成对海洋环境的污染(第 209 条第 2 款、第 210 条第 1 款、第 211 条第 2 款、第 216 条第 1 款第 b 项)。根据 UNCLOS 第 216 条第 1 款第 b 项的规定,为了防止、减少和控制倾倒对海洋环境的污染而按照本公约制定的法律和规章,以及通过主管国际组织或外交会议制定的可适用的国际规则和标准,对于悬挂旗籍国旗帜的船只或在其国内登记的船只和飞机,应由该旗籍国执行。

事实上,船旗国承担着海事安全的主要责任(第 94 条和第 217 条第 2 款)。

UNCLOS 第 94 条的规定,船旗国应对悬挂其旗帜的船舶履行下列义务:

1. 每个国家应对悬挂该国旗帜的船舶有效地行使行政、技术及社会事项上的管辖和控制。

2. 每个国家特别应：

(a) 保持一本船舶登记册，载列悬挂该国旗帜的船舶的名称和详细情况，但因体积过小而不在一般接受的国际规章规定范围内的船舶除外；

(b) 根据其国内法，就有关每艘悬挂该国旗帜的船舶的行政、技术和社会事项，对该船及其船长、高级船员和船员行使管辖权。

3. 每个国家对悬挂该国旗帜的船舶，除其他外，应就下列各项采取为保证海上安全所必要的措施：

(a) 船舶的构造、装备和适航条件；

(b) 船舶的人员配备、船员的劳动条件和训练，同时考虑到适用的国际文件；

(c) 信号的使用、通信的维持和碰撞的防止。

4. 这种措施应包括为确保下列事项所必要的措施：

(a) 每艘船舶，在登记前及其后适当的间隔期间，受合格的船舶检验人的检查，并在船上备有船舶安全航行所需要的海图、航海出版物以及航行装备和仪器；

(b) 每艘船舶都由具备适当资格，特别是具备航海术、航行、通信和海洋工程方面资格的船长和高级船员负责，而且船员的资格和人数与船舶种类、大小、机械和装备都是相称的；

(c) 船长、高级船员和在适当范围内的船员，充分熟悉并须遵守关于海上生命安全，防止碰撞，防止、减少和控制海洋污染和维持无线电通信所适用的国际规章。

5. 每一国家采取第 3 和第 4 款要求的措施时，须遵守一般接受的国际规章、程序和惯例，并采取为保证这些规章、程序和惯例得到遵行所必要的任何步骤。

6. 一个国家如有明确理由相信对某一船舶未行使适当的管辖和管制，可将这项事实通知船旗国。船旗国接到通知后，应对这事项进行调查，并于适当时机采取任何必要行动，以补救这种情况。

7. 每一国家对于涉及悬挂该国旗帜的船舶在公海上因海难或航行事故对另一国国民造成死亡或严重伤害，或对另一国的船舶或设施，或海洋环境造成严重损害的每一事件，都应由适当的合格人士一人或数人或在有这种人士在场的情况下进行调查。对于该另一国就任何这种海难或航行事故进行的任何调查，船旗国应与该另一国合作。

船旗国还应负责确保其船只遵守关于船舶安全的公认国际规章、程序和惯例。UNCLOS 第 217 条"船旗国的执行"规定：

1. 各国应确保悬挂其旗帜或在其国内登记的船只，遵守为防止、减少和控制来自船只的海洋环境污染而通过主管国际组织或一般外交会议制定的可适用的国际规则和标准以及各该国按照本公约制定的法律和规章，并应为此制定法律和规章和采取其他必要措施，以实施这种规则、标准、法律和规章。船旗国应作出规定使这种规则、标准、法律和规章得到有效执行，不论违反行为在何处发生。

2. 各国特别应采取适当措施，以确保悬挂其旗帜或在其国内登记的船只，在能遵守第 1 款所指的国际规则和标准的规定，包括关于船只的设计、建造、装备和人员配备的规定以前，禁止其出海航行。

3. 各国应确保悬挂其旗帜或在其国内登记的船只在船上

持有第 1 款所指的国际规则和标准所规定并依据该规则和标准颁发的各种证书。各国应确保悬挂其旗帜的船只受到定期检查,以证实这些证书与船只的实际情况相符。其他国家应接受这些证书,作为船只情况的证据,并应将这些证书视为与其本国所发的证书具有相同效力,除非有明显根据认为船只的情况与证书所载各节有重大不符。

4. 如果船只违反通过主管国际组织或一般外交会议制定的规则和标准,船旗国……应设法立即进行调查,并在适当情形下应对被指控的违反行为提起司法程序,不论违反行为在何处发生,也不论这种违反行为所造成的污染在何处发生或发现。

5. 船旗国调查违反行为时,可向提供合作能有助于澄清案件情况的任何其他国家请求协助。各国应尽力满足船旗国的适当请示。

6. 各国经任何国家的请求,应对悬挂其旗帜的船只被指控所犯的任何违反行为进行调查。船旗国如认为有充分证据可对被指控的违反行为提起司法程序,应毫不迟延地按照其法律提起这种程序。

7. 船旗国应将所采取行动及其结果迅速通知请求国和主管国际组织。所有国家应能得到这种情报。

8. 各国的法律和规章对悬挂其旗帜的船只所规定的处罚应足够严厉,以防阻违反行为在任何地方发生。

二、沿海国的管辖和控制

沿海国(Coastal State)是指其陆地领土的一部分或全部邻接海洋的国家。

沿海国可制定有关航行安全及海上交通管理的法律和规章。根据UNCLOS第21条第1款第a项的规定,沿海国可依本公约规定和其他国际法规则,就航行安全及海上交通管理事项制定关于无害通过领海的法律和规章。根据UNCLOS第42条第1款第a项的规定,海峡沿岸国可就航行安全和海上交通管理事项制定关于通过海峡的过境通行的法律和规定。

根据UNCLOS第41条"用于国际航行的海峡内的海道和分道通航制"的规定:

1. 依照本部分,海峡沿岸国可于必要时为海峡航行指定海道和规定分道通航制,以促进船舶的安全通过。

2. 这种国家可于情况需要时,经妥为公布后,以其他海道或分道通航制替换任何其原先指定或规定的海道或分道通航制。

3. 这种海道和分道通航制应符合一般接受的国际规章。

4. 海峡沿岸国在指定或替换海道或在规定或替换分道通航制以前,应将提议提交主管国际组织,以期得到采纳。该组织仅可采纳同海峡沿岸国议定的海道和分道通航制,在此以后,海峡沿岸国可对这些海道和分道通航制予以指定、规定或替换。

5. 对于某一海峡,如所提议的海道或分道通航制穿过该海峡两个或两个以上沿岸国的水域,有关各国应同主管国际组织协商,合作拟订提议。

6. 海峡沿岸国应在海图上清楚地标出其所指定或规定的一切海道和分道通航制,并应将该海图妥为公布。

7. 过境通行的船舶应尊重按照本条制定的适用的海道和分道通航制。

沿海国可制定有关防止船源海洋污染的法律和规章。根据UNCLOS第21条第1款第f项的规定,沿海国可依本公约规定和其他国际法规则,就保全沿海国的环境,并防止、减少和控制该环境受污染事项制定关于无害通过领海的法律和规章。根据UNCLOS第42条第1款第b项的规定,海峡沿岸国可制定关于通过海峡的过境通行的法律和规定,使有关在海峡内排放油类、油污废物和其他有毒物质的适用的国际规章有效,以防止、减少和控制污染。根据UNCLOS第56条第1款第b(3)项的规定,沿海国在专属经济区内就海洋环境的保护和保全行使本公约有关条款规定的管辖权。根据UNCLOS第210条第5款和第6款的规定,非经沿海国事前明示核准,不应在领海和专属经济区内或在大陆架上进行倾倒,沿海国经与由于地理处理可能受倾倒不利影响的其他国家适当审议此事后,有权准许、规定和控制的这种倾倒。国内法律、规章和措施在防止、减少和控制这种污染方面的效力应不低于全球性规则和标准。根据UNCLOS第216条第1款第a项的规定,为了防止、减少和控制倾倒对海洋环境的污染而按照本公约制定的法律和规章,以及通过主管国际组织或外交会议制定的可适用的国际规则和标准,对于在沿海国领海或其专属经济区内或在其大陆架上的倾倒,应由该沿海国执行。

UNCLOS第211条"来自船只的污染"规定:

　　1.各国应通过主管国际组织或一般外交会议采取行动,制定国际规则和标准,以防止、减少和控制船只对海洋环境的污染,并于适当情形下以同样方式促进对划定制度的采用,以期尽量减少可能对海洋环境,包括地海岸造成污染和对沿海国的有关利益可能造成污染损害的意外事件的威胁。这种规则和标准应根据需要随时以同样方式重新审查。

2. 各国应制定法律和规章,以防止、减少和控制悬挂其旗帜或在其国内登记的船只对海洋环境的污染。这种法律和规章至少应具有与通过主管国际组织或一般外交会议制定的一般接受的国际规则和标准相同的效力。

3. 各国如制定关于防止、减少和控制海洋环境污染的特别规定作为外国船只进入其港口或内水或在其岸外设施停靠的条件,应将这种规定妥为公布,并通知主管国际组织。如两个或两个以上的沿海国制定相同的规定以求协调政策,在通知时应说明哪些国家参加这种合作安排。每个国家应规定悬挂其旗帜或在其国内登记的船只的船长在参加这种合作安排的国家的领海内航行时,经该国要求应向其提送通知是否正驶往参加这种合作安排的同一区域的国家,如系驶往这种国家,应说明是否遵守该国关于进入港口的规定。……

4. 沿海国在其领海内行使主权,可制定法律和规章,以防止、减少的控制外国船只,包括行使无害通过权的船只对海洋的污染。……

5. 沿海国……可对其专属经济区制定法律和规章,以防止、减少和控制来自船只的污染。这种法律和规章应符合通过主管国际组织或一般外交会议制定的一般接受的国际规则和标准,并使其有效。

6. (a) 如果第1款所指的国际规则和标准不足以适应特殊情况,又如果沿海国有合理根据认为其专属经济区某一明确划定的特定区域,因与其海洋学和生态条件有关的公认技术理由,以及该区域的利用或其资源的保护及其在航运上的特殊性质,要求采取防止来自船只的污染的特别强制性措施,该沿海国通过主管国际组织与任何其他有关国家进行适当协商后,可就该区域向该组织送发通知,提出所依据的科学和技术证据，以及关于必要的回收设施的情报。该组织收到这种通知后，应在十二个月内确定该区域的情况与上述要求是否相符。如果该组织确定是符合的，该沿海国即可对该区域制定防止、减少和控制来自船只的污染的法律和规章，实施通过主管国际组织使其适用于各特别区域的国际规则和标准或航行办法。在向该组织送发通知满十五个月后，这些法律和规章才可适用于外国船只；

（b）沿海国应公布任何这种明确划定的特定区域的界限；

（c）如果沿海国有意为同一区域制定其他法律和规章，以防止、减少和控制来自船只的污染，它们应于提出上述通知时，同时将这一意向通知该组织。这种增订的法律和规章可涉及排放和航行办法，但不应要求外国船只遵守一般接受的国际规则和标准以外的设计、建造、人员配备或装备标准；这种法律和规章应在向该组织送发通知十个月后适用于外国船只，但须在送发通知后十二个月内该组织表示同意。

7. 本条所指的国际规则和标准，除其他外，应包括遇有引起排放或排放可能的海难等事故时，立即通知其海岸或有关利益可能受到影响的沿海国的义务。

UNCLOS第234条"冰封区域"规定：

沿海国有权制定和执行非歧视性的法律和规章，以防止、减少和控制船只在专属经济区范围内冰封区域对海洋的污染，这种区域内的特别严寒气候和一年中大部分时候冰封的情形对航行造成障碍或特别危险，而且海洋环境污染可能对生态平衡造成重大的损害或无可挽救的扰乱。这种法律和规章应适当顾及航行和以现有最可靠的科学证据为基础对海洋环境的保护和保全。

但在毗连区内,沿岸国则无制定有关海事安全法律和规章的权力,UNCLOS 第 33 条"毗连区"第 1 款规定:

> 沿海国在毗连区内行使下列事项的必要管制:
> (a) 防止外国船舶在其领土或领海内违犯其海关、财政、移民或卫生的法律和规章;(b) 惩治在其领土或领海内违犯上述法律和规章的行为。

三、港口国的管辖和控制

港口国(Port State)是指船舶停靠的港口或岸外设施的所属国。港口国概念的提出,主要是针对抵港的外国籍船舶所实施的检查,目的是监督其是否遵守和符合相关国际公约的规定和安全标准。如果发现船舶存在缺陷,则要求其纠正;如果船舶的缺陷已严重危及海事安全,则可采取滞留措施直至其纠正缺陷。UNCLOS、SOLAS、MARPOL 等公约对此均有明确规定,如 UNCLOS 第 218 条第 1 款即赋予港口国该种管辖权:"对于抵港的外国船舶,若在该港口国管辖海域外的任何排放违反了可适用的国际规则和标准,则港口国可进行调查,并在有充分证据的情形下,提起司法程序。"根据 UNCLOS 第 210 条第 1 款的规定,港口国可制定的有关海事安全的法律和规章仅包括以防止、减少和控制对海洋环境造成污染的倾倒。

UNCLOS 第 218 条"港口国的执行"规定:

> 1. 当船只自愿位于一国港口或岸外设施时,该国可对该

船违反通过主管国际组织或一般外交会议制定的可适用的国际规则和标准在该国内水、领海或专属经济区外的任何排放进行调查,并可在有充分证据的情形下,提起司法程序。

2. 对于在另一国内水、领海或专属经济区内发生的违章排放行为,除非经该国、船旗国或受违章排放行为损害或威胁的国家请求,或者违反行为已对或可能对提起司法程序的国家内水、领海或专属经济区造成污染,不应依据第1款提起司法程序。

3. 当船只自愿位于一国港口或岸外设施时,该国应在实际可行范围内满足任何国家因认为第1款所指的违章排放行为已在其内水、领海或专属经济区内发生,对其内水、领海或专属经济区已造成损害或有损害的威胁而提出的进行调查的请求,并且应在实际可行范围内,满足船旗国对这一违反行为所提出的进行调查的请求,不论违反行为在何处发生。

4. 港口国依据本条规定进行的调查的记录,如经请求,应转交船旗国或沿海国。在第七节限制下,如果违反行为发生在沿海国的内水、领海或专属经济区内,港口国根据这种调查提起的任何司法程序,经该沿海国请求可暂停进行。案件的证据和记录,连同缴交港口国当局的任何保证书或其他财政担保,应在这种情形下转交给该沿海国。转交后,在港口国即不应继续进行司法程序。

UNCLOS第219条"关于船只适航条件的避免污染措施"规定:

各国如经请求或出于自己主动,已查明在港口或岸外设施的船只违反关于船只适航条件的可适用的国际规则和标准从而有损害海洋环境的威胁,应在实际可行范围内采取行政措施以阻止该船航行。这种国家可准许该船仅驶往最近的适当修船厂,并应于违反行为的原因消除后,准许该船立即继续航行。

四、国家海事安全风险管控实践

国际海事安全条约规定的义务一般属于最低限度的义务,且国际海事安全条约往往倡导或赋予缔约国或参加国创制严于条约义务的国内法。国际海事安全条约关于缔约国或参加国履行条约义务方式的此种"开口性"特征,为缔约国或参加国实施单边海事安全风险管控法律制度提供了国际法依据。事实上,部分国家囿于其自身的立法、执法和司法能力与水平以及文化传统、经济发展水平、战略利益等考量,在客观上也不得不制定和实施与海事安全风险管控国际规则不同的制度与措施。

基于国家管辖权的海事安全管控行为,国家可以对存在缺陷的船舶规定和实施相关管理行为。例如,澳大利亚在 Navigation Act 2012 中以立法形式授予本国海事管理机构对 PSC 检查记录不良或者涉及船舶操作方面的 PSC 检查缺陷的船舶采取拒绝进港的措施,实质上规定了拒绝船舶进港制度[①]。为了贯彻 2017 年阿联酋联邦陆海运输管理局的有关决议,阿联酋联邦陆海运输管理局于 2018 年 1 月 18 日发布了对载运原油及产品的外籍船舶在进行货物装卸作业要求的通函(Circular No. 2 2018),该通函已经生效。通函要求所有在阿联酋港口、领海以及专属经济区的装卸

[①] 李伟、张国伟、李守超:《巴黎备忘录和澳大利亚拒绝进港制度研究及对策》,《航海技术》2015 年第 5 期。

原油及产品的外籍船舶(除已获得航行许可证的除外)应满足如下要求：① 船舶自交付之日起，船龄小于 25 年。② 拥有国际船级社(IACS)或阿联酋船级社（TASNEEF）船级。③ 双层船壳。④ 为载运散装原油及产品建造或改装。2014 年 5 月中旬，美国海岸警卫队(USCG)在波特兰港滞留了一艘载重 39 848 吨的新加坡籍散货船"Strategic Synergy"。该船由天津新港船舶重工有限公司于 2014 年 4 月 23 日建成交付，但波特兰港海事安全小组(MSU)的港口国检查官(PSCO)在对该船的例行检查中发现其存在多处安全违规：多次尝试后仍无法启动救助艇；从船驶离中国之后，船员也未能完成对救助艇任何必要的定期检查或维护；操舵泵无法使用，导致船舶不能安全操纵。由于上述每一项缺陷都影响着船舶、船员和港口的安全，故该船不适合航行并被滞留[①]。

一些国家还采取了更为严厉的措施，如实施"海事识别制度"(MIS)、"集装箱安全倡议"(CSI)和"防扩散安全倡议"(PSI)等。

1. 海事识别制度(MIS)

海事识别制度（Maritime Identification System，MIS)是澳大利亚于 2004 年率先实施的海事安全管控措施，要求驶入澳大利亚港口的非澳大利亚籍船舶在距离澳大利亚港口 1 000 海里时向澳方提供船舶的基本信息，包括船籍所属国、船员的具体构成、船载货物情况、船舶所处的海域位置、航程情况、航速以及停靠港口等信息。由于创设 MIS 无法从 UNCLOS 中获得依据，且其法律属性存在异议，故遭到周边国家的强烈抵制，但 MIS 在保障海洋安全，提高海疆管控能力，避免或消除潜在的海事风险等方面发挥了非常重要的作用[②]。

---

① 《中国造散货船首航遭滞留被指存多处安全违规》，http://www.cnss.com.cn/html/2014/domestic_industry_0521/150801.html，访问时间：2016 年 5 月 20 日。
② 陈敬根：《论海上防空识别区划设的合法性》，《政法论丛》2015 年第 6 期。

2. 集装箱安全倡议(CSI)

2002 年,美国政府出台了"集装箱安全倡议"(Container Security Initiative,CSI)。集装箱运输是海洋运输的一次重大改革,因其极大方便货物安全运输和节省装卸与时间成本,故集装箱运输一经推出即获得飞速发展。据统计,每年约有近 2 000 万个海运集装箱运经全球主要海港,经历的航程达 2.3 亿个。[1] 但集装箱的密封性、较难探测性、大批量性等特征给相关安全例行检查带来技术操作上的困难,给走私军火、危险品等提供了机会。"9·11"事件发生后,美国政府担心恐怖主义分子会借由海运集装箱秘密运载核武器或散发有毒物质的放射性炸弹等对美国再次实施恐怖活动,故于 2002 年出台了"集装箱安全倡议",其主要内容包括:以对预先获得信息的风险目标分析为基础制定高风险集装箱的识别标准;在集装箱运往美国之前进行预先甄别;运用科学手段预先检查高风险的集装箱;设计和使用智能化的安全集装箱。CSI 的最大特征是创设了"海事安全检查前置制度",[2]要求被锁定为高风险货物集装箱(一般由驻货物出口国的美国海关关员提出)在运往美国港口之前须由出口国海关进行查验,通过查验的集装箱船舶在抵达美国时可享受快速放行的待遇。[3] 如果他国拒绝接受美国提出的"集装箱安全倡议",则美国港口当局有权对该国运至或经由美国港口的货物进行强制检查,并不负责由此所遭受的货物运输迟延、成本增加等责任,从而使本应在美国本土开始的海事安全检查前置至其他国家进行,美国则成为管控海事安全风险的最后一道防线。为全面实施 CSI,美国海关先从对美国出口海运集装箱前 20 大外国港口入手进行试点,依次为香港、上海、新加坡、

---

[1] 迈克尔·里查德森:《东南亚海事安全》,《东南亚纵横》2005 年第 3 期。
[2] 陈敬根:《论海上防空识别区划设的合法性》,《政法论丛》2015 年第 6 期。
[3] 海盐:《集装箱安全倡议的进展》,《海运情报》2015 年第 1 期。

高雄、鹿特丹、釜山、不莱梅、东京、热那亚、盐田、安特卫普、名古屋、勒阿弗尔、汉堡、斯塔西亚、费利克斯托、阿尔赫西拉斯、神户、横滨、拉加班①。

由于美国在国际贸易市场占据非常重要的地位,故与美国存在较为紧密的贸易关系的国家不得不接受该项倡议。否则,一旦美国基于港口国管辖和"集装箱安全倡议"启动强制检查,那么必然会给被检查国承运人及货物运输和贸易带来重大影响,甚至可能再也不能进入美国市场。故此,自美国政府推出"集装箱安全倡议"后的三年内,就有近20个国家和经济组织与美国签署了该倡议,所涉港口逾30余个,遍及欧洲、亚洲、非洲、北美等,货物检查量也由2001年2%增长到5.2%。当然该倡议也有局限性。根据"集装箱安全倡议",重在检查发往美国的集装箱,且只局限在可疑货物范围,即要接受检查的只是小部分有可能藏有大规模杀伤性武器的集装箱,或者恐怖分子可能放置放射性危险物品的集装箱,故此在全球范围内,只有不到1%的集装箱接受了X光和γ射线的检测②。截至2011年年底,开辟通往美国航线的多数主要世界港口均已加入"集装箱安全倡议",美国也向58个外国主要港口派出了检查官员,覆盖箱量占美国与上述外国主要港口间总箱量的80%以上③。

为确保CSI的有效实施,美国已经或即将采取一系列相关及配套措施:一是出台规定承运人须在海运集装箱装船前24小时向美国海关申报货运舱单的新法规(简称"24小时规定")。美国

---

① 《CSI的输美前20大海运集装箱港口》,http://info.shippingchina.com/czzn/index/detail/id/79.html,访问时间:2016年5月20日。
② 迈克尔·里查德森:《东南亚海事安全》,《东南亚纵横》2005年第3期。
③ Container security initiative port. http://www.dhs.gov/xprevprot/programs/gcl165872287564.shtm,访问日期:2016年5月20日。

海关署长2002年8月7日宣布了要求海运货物承运人必须在海运集装箱装船前24小时向美国海关申报货运舱单的新法规,并于8月8日在美国《联邦宪法》公布该法规。12月2日生效,2003年2月2日正式实行。二是实施"海关—商界反恐伙伴计划"(C-TPAT)和海关与企业的合作伙伴计划。三是与CSI结合确定通关便利的适用对象。美国海关按是否加入CSI和C-TPAT决定对运抵美国的海运集装箱货物给予快速通关还是细查细验。四是海关增配高技术检查设备。五是建立海关与港务部门的伙伴关系。六是取得IMO的支持配合,着手建立相关管理制度和国际标准,如建立对所有超过5 000吨位船舶的船舶自动识别系统,并会同国际劳工组织制定新的海员身份证件等。七是在世界海关组织(WCO)框架下建立保证国际贸易供应链安全与便利的多边合作机制,如《海关合作理事会关于国际贸易供应链安全与便利的决议》(简称SCS)[①]。

3. 防扩散安全倡议(PSI)

"防扩散安全倡议"(Proliferation Security Initiative, PSI)是一些重要的沿岸国和港口国为了防范如朝鲜、伊朗等较敏感的国家通过进口核原料来生产秘密武器而于2003年5月通过的,旨在对全球范围内探明、震慑类似行为,且在必要时对较敏感国家非法贩运大规模杀伤性武器及相关原料的行为予以拦截。2002年第二次美伊战争前,西班牙据美国情报,拦截到一艘柬埔寨籍的船只载满朝鲜船员和朝鲜制飞毛腿导弹正要运往也门,不过由于该导弹射程并未超过150千米,未违反国际法规定,同时也门、朝鲜和柬埔寨均非"导弹科技管制典则"(Missile Technology Control Regime, MTCR)的会员,故西班牙无法扣押该船,只好眼睁睁将

---

① U.S. Customs and Border Protection. CSI in Brief. http://www.cbp.gov/xp/cgov/trade/cargo_security/csi/csi_in_brief.xml.访问日期: 2016年5月20日。

其放行。既然难以修改现存国际法规,美国政府便主张协调各国国内法的运作方式,让各国主动加强对大规模毁灭性武器扩散的防堵。2003年5月,美国总统布什在访问波兰时提出了集体安全政策,宣布将采取一切手段阻止大规模杀伤性武器在全球扩散,建立防扩散安全倡议同盟,旨在通过情报交流、执法合作、武力拦截等措施打击贩运大规模杀伤性武器及相关敏感物项的活动。① 尽管该倡议不像"集装箱安全倡议"直接针对海事领域尤其是港口安全的,但海运由于其自身特性而被经常作为非法贩运大规模杀伤性武器及相关原料的重要工具,从而对海事安全构成一种潜在的高危风险,故此,世界上重要的沿岸国和港口国纷纷加入该倡议。目前,防扩散安全倡议的核心成员国几乎囊括了美国、俄罗斯、英国、法国、德国、加拿大、澳大利亚等所有的沿海发达国家,另有60余个国家或地区表示支持该倡议的设定目标。

第二节 区域性安排:港口国监督备忘录组织

基于海洋的互通性以及船舶全球流动性特征,决定了仅凭一国或基于一国考虑而采取的海事安全立法与措施,很难高效应对海事风险,因此,一些区域沿岸国家开始着手构建区域性海事安全对策,其中较为典型的是港口国监督备忘录组织。

一、区域性安排的概念

区域性安排是协调各国单边管控行为和追求更严于国际公约

---

① 余民才:《对我国关于〈防扩散安全倡议〉立场之重新审视》,《法商研究》2009年第6期;顾国良:《美国"防扩散安全倡议"评析》,《美国研究》2004年第3期。

规制标准的实然结果。区域性安排的特征表现为在特定海域内,实现了监督内容统一、监督要求一致、监督效果相同的同一性,避免了不符合相关国际公约标准的船舶通过选择停泊在监督要求较低的港口进而逃避在该特定海域中本应遵循的海事监管的现象的出现[1]。区域性安排的理念、自身优势,使区域性安排成为海上安全风险国际管控的一种较优选择。

1. 区域性安排涵摄理念契合新兴"经济圈"的发展诉求

区域性安排涵摄"开放性""合作性"和"共同体"理念,在相当程度上对接了当前新兴"经济圈"的发展诉求。

区域性安排是区域内各国针对普遍共同关注的事项而在区域协定框架下所采取的统一行动,是一种"开放性""合作性"和"共同体"的架构。为有效规制共同关注的区域性事项,区域性安排通过各国认可的制度设计,力求区域内各国皆参与其中,以便遵循固定动作,采取统一措施,故其是一种"开放性"的架构。区域性安排是各国在某种程度上放弃本国管辖权的行使,在共同认可的区域协定下执行统一规定和运行模式,以实现"求同、合作、达致规制"的目的,故其也必定是一种"合作性"的架构。区域性安排最终目的是规制共同关注的事项,维护区域共同利益,这在一定程度上使其成为一种"共同体"的架构。

随着国际经济形势发展,若干国家为了达到优惠的贸易政策、实现共同的经济利益和应对激烈的市场竞争而纷纷组建"经济圈"或经济共同体或经济合作团体,其形式包括优惠贸易安排、自由贸易区、关税同盟、共同市场、完全经济一体化等[2]。"经济圈"实质

---

[1] 陈敬根:《南极旅游海事风险的法律规制:规范构成与制度完善》,《法学杂志》2017年第1期。

[2] David A. Gantz, Regional Trade Agreement: Law, Policy and Practice, Durham: Carolina Academic Press, 2009, pp.42-48.

上遵循"开放性""合作性"和"共同体"理念：旨在打造范围更广、水平更高、层次更深的经济发展模式,故体现了"开放性"理念；坚持"求同化异、合作共赢"的原则,兼顾各方利益需求、寻求利益契合点和充分发挥各方优势与潜力,故体现了"合作性"理念；在维护和实现各方自身根本利益的同时,兼顾相关各方的共同利益,追求利益共同体、命运共同体,故体现了"共同体"理念。

区域性安排与新兴"经济圈"理念重合、诉求相同、目标一致,两者存在较高程度的契合性和对接性,使得区域性安排往往成为新兴"经济圈"建设的应有之义、重要支撑和优先考虑,从而也在更深层次上推进区域性安排的发展。

2. 区域性安排运行机制弥补国家管控的固有不足

UNCLOS 以船旗国监督、沿海国监督、港口国监督为承载并辅以国家之间管辖权竞合的协调,意图构建一个覆盖全球海域的风险管控体系,避免海上安全风险管控存在"死角"。具言之,在公海上通过船旗国监督(Flag State Control, FSC)的专属管辖,以避免船舶借"公海航行自由"原则实施危害公海安全的行为,实则确立了公海安全优位于"公海航行自由"原则；在领海、用于国际通行的海峡、专属经济区等国家管辖海域通过沿海国监督(Coastal State Control, CSC)实现了对船舶的动态管控,有效协调了"无害通过""过境通行""船旗国管辖"与沿海国对相关海域风险管控之间的法律关系,实则确立了沿海国在上述海域对他国船舶实行风险管控的优先地位；通过港口国监督(Port State Control, PSC)对港口国管辖海域之外的海上安全风险行为实现管控,实则确立了海上安全风险管控的事后追惩机制,避免了当事船舶以海上安全风险行为发生时并非处于港口国管辖海域而港口国无权管辖为借口逃避责任追惩。但在具体实践中,FSC、CSC 和 PSC 仍存一定不足。FSC、CSC 和 PSC 的有效实施,需要具备完善的国内立法、强有力的执法等前提条件,然囿于一些国家自身的法治建设能力所限,其立法水平、执法能力等并非处于同一水平,加之某些利益考量,FSC、CSC 和 PSC 的某些弊端无法避免,如 FSC 对于在公海航行的本国船舶没有切实担负专属管辖之职;CSC 无法对移动的船舶实施跟踪性的风险管控;PSC 可能在某些国家并没有建立,或者检查力度较弱而促使船舶经营者通过变更停靠港、改变航线等方式挂靠该国家港口,以逃避较为严格的 PSC,进而无法达致在全球范围内实现对船舶的统一风险管控等。

由于区域性安排的特征表现为在特定海域内实现了监督内容统一、监督要求一致、监督效果相同的同一性,能有效遏制某些船舶逃避在该特定海域中本应遵循的风险监管的现象,避免低标准船舶选择性停靠港口,故在现有的国际法治机制下,弥补 FSC、CSC 和 PSC 的现实不足有效措施即为确立区域性安排,以实现对该海域内的安全保障目的。

二、港口国监督备忘录组织

谅解备忘录(memorandum of understanding,MoU)是指谈判各方就关注领域或事项经过协商达成共识后用文本方式记录下来的书面文件,并表明各方遵循互相体谅的精神妥善处理彼此的分歧和争议[①]。谅解备忘录虽不像契约具有完全的约束力,但比传统的君子协定(gentleman's agreement)更有效力,也更正式。MOU 这一术语被用作意向书(a letter of intent)的同义词,尤其是在私法中(in private law),表达了对服务或参加活动的兴趣,但对任何一方来说不具有法律上的义务。

---

① 刘锟、姜旭阳:《论谅解备忘录的法律效力》,《商务与法律》2002 年第 2 期。

1. 谅解备忘录的实践

在国际公法领域,谅解备忘录经常被使用,因为与条约相比,其有诸多现实优势。例如,在处理敏感问题时,谅解备忘录可以保密,而条约不能;谅解备忘录因为不需要被批准而可以以一种比条约更有效的方式生效;谅解备忘录可以不经过冗长的谈判而进行修改。大多数的跨国航空协议(transnational aviation agreements)都是这种类型的协议[①]。

1995 年联合国的"石油换粮食项目"(the Oil For Food Program)即是一份国际谅解备忘录,其允许伊拉克向世界出售石油,以换取人道主义援助,如为伊拉克平民提供食品和药品。1990 年 8 月 2 日伊拉克入侵科威特战争发生后,联合国一直对伊实行包括石油禁运在内的经济制裁。为缓解制裁给伊人民生活造成的严重影响,安理会于 1995 年 4 月通过了第 986 号决议,允许伊每半年出口价值 20 亿美元的石油,用于进口食品、药品和其他民用物资;1996 年 12 月决议开始实施。安理会还先后于 1998 年和 1999 年,通过将伊拉克每半年出口 20 亿美元的石油限额提高到 52 亿美元和 82 亿美元的决议。2003 年 1 月,安理会批准的第 13 期"石油换食品"计划总额为 49 亿美元。执行期从 2002 年 12 月 5 日至 2003 年 6 月 3 日。但在 2003 年 3 月 17 日,在伊拉克战争一触即发前夕,所有联合国工作人员自伊撤出,"石油换食品"计划中断。萨达姆政权垮台后,伊拉克局势发生变化,安理会于 5 月 22 日决定取消对伊制裁,并决定于 11 月 21 日结束这一计划。2003 年 11 月 20 日,联合国秘书长安南宣布,实施 7 年的伊拉克"石油换食品"计划于 21 日午夜正式终结。

---

① What is a Memorandum of Understanding? http://www.wisegeek.org/what-is-a-memorandum-of-understanding.htm#,访问日期:2016 年 5 月 20 日。

一国之内也会存在谅解备忘录,其典型例子是 1948 年美国第一任国防部长 James V. Forrestal 起草的《基韦斯特协议》(the Key West Agreement),即"武装军队和参谋长联席会议职能政策文件"。1948 年 3 月 11 日至 14 日,美国后勤部长会议在佛罗里达州基韦斯特召开,通过了《基韦斯特协议》的基本框架,并经在华盛顿特区召开的后续会议最后完成。同年 4 月 21 日,美国总统哈利·S·杜鲁门批准该协议。1954 年,艾森豪威尔政府予以修订。《基韦斯特协议》最突出的特点是概述了美国陆军、海军和新成立的空军之间的空中资产(air assets)划分问题。尽管该协议已经被修改了,但其仍然是目前美国各军种划分空中资产的指导方针,继续为美军的军事行动提供依据。

2. 港口国监督备忘录组织的发展

囿于一些船旗国立法水平、执法能力等,加之某些利益考量,船旗国监督(Flag State Control, FSC)的某些弊端无法避免,而港口国监督(Port State Control, PSC)是港口国基于保障自身海事安全对抵港的外籍船舶所进行的最低标准的专项检查,如船舶适航、船员适任、防控船源污染等,故 PSC 就成为保障海事安全的最后一道防线,发挥着有效补充 FSC 的重要功能,因而深受港口国和国际社会的普遍关注。为进一步构建各国管控海事安全风险的协调机制,为实现追求目的或着眼于实际效果,一些区域的港口国纷纷以谅解备忘录形式设计和实施区域性安排,即港口国监督备忘录组织。港口国监督备忘录组织是特定海域的国家经协商建立的就如何加强对进入本海域的船舶进行技术状况检查,以限制并继而消除不符合国际公约标准的船舶在本海域航行的区域性安排。

1982 年,欧洲 14 国在巴黎签署了港口国监督的第一个地区性安排,即"巴黎备忘录组织"(Paris MoU)。Paris MoU 在抵制低标准船舶在欧洲的营运以及提高缔约国监控等方面发挥了显著的成效而备受国际海运界瞩目,并于 1991 得到 IMO 大会 A.682(17)号决议的充分肯定,被视为回应现实中船旗国监督、沿海国监督、港口国监督之于风险管控存在力有未逮或不尽如人意等不足所采取的应对之举。在"巴黎备忘录"的影响下,区域性 PSC 纷纷建立。截至 2014 年年底,全球已成立了 9 个区域性的港口国监督备忘录组织①,如拉丁美洲港口国监控协议(1992 年)、东京备忘录(1993 年)、加勒比海地区港口国监督谅解备忘录(1996 年)、地中海区域港口国监控备忘录(1997 年)等②。还有一些区域性 PSC 正在着手建立,如西非及中非区域的港口国监督协作、波斯湾区域港口国协议等③。

亚太地区港口国监督备忘录组织(Tokyo MoU)于 1993 年 12 月签订,共有 18 个成员:澳大利亚、加拿大、智利、中国、斐济、中国香港、印度尼西亚、日本、韩国、马来西亚、新西兰、巴布亚新几内亚、菲律宾、俄罗斯、新加坡、泰国、瓦努阿图、越南以及包括 IMO、ILO、Paris MoU 在内的 6 个观察组织。印度洋备忘录组织(Indian Ocean MoU)于 1998 年 6 月签订,共有 18 个成员国:澳大利亚、孟加拉国、吉布提、厄立特里亚、印度、伊朗、肯尼亚、马尔代夫、莫桑比克、缅甸、阿曼、塞舌尔、斯里兰卡、苏丹、南非、坦桑尼亚、毛里求斯、也门。中西非备忘录组织(Abuja MoU)于 1999 年 10 月 22 日签订,共有 19 个成员国:安哥拉、贝宁湾、喀麦隆、佛得角、刚果、科特迪瓦、赤道几内亚、加蓬、冈比亚、几内亚、加纳、利比

---

① 齐壮、王凤武、刘强等:《港口国监督中船舶滞留原因》,《航海技术》2014 年第 6 期。
② 王娉娉:《方便旗船船旗国监控与港口国监控的关系问题探讨》,《现代商贸工业》2012 年第 12 期。
③ 吴帅:《港口国监督的发展趋势与我国的应对措施》,《对外经贸》2012 年第 11 期。

里亚、毛里塔尼亚、纳米比亚、尼日利亚、塞内加尔、塞拉利昂、南非、多哥。利雅得备忘录组织（Riyadh MoU）于 2005 年 6 月签订，共有 6 个成员国：巴林、科威特、阿曼、卡塔尔、沙特阿拉伯和阿拉伯联合酋长国。

3. 港口国监督备忘录组织的非强制性

作为一种区域性安排，谅解备忘录组织在本质上属于参加国在管控海上安全风险方面所达成的一种协调机制，故其本身并无强制性①，如黑海港口国监督谅解备忘录（The Black Sea MoU on Port State control）指出，其是一套以最终消除低标准船只为主要目标的协调检查程序。（a system of harmonized inspection procedures designed to target sub-standards ships with the main objective being their eventual elimination.）Tokyo MoU 序文即言："Noting also that the Memorandum is not a legally binding document and is not intended to impose any legal obligation on any of the Authorities."（"此备忘录不是一个有法律约束力的文件，无意将任何法律义务加诸成员国当局。"）②当然，区域性安排的非强制约束性，决定了其具体实施端赖于各方的自我道德约束和利益权衡后的选择，这在一定程度上削弱了区域性安排获得更进一步的实施效果。

三、港口国监督备忘录组织的成效

上述港口国监督备忘录组织在抵制低标准船舶在相关海域的营运以及提高缔约国监控等方面发挥了显著成效，达到了国际社

---

① Ozcayr, Z. Oya. The use of port state control in maritime industry and application of the Paris MoU. Ocean and Coastal Law Journal, Vol.14, No.2, 2009.

② Memorandum of Understanding on Port State Control in the Asia-Pacific Region, Preamble.

会的心理预期①。经过十余年的实践,港口国监督备忘录组织已经建立了相对较为完善的架构体系、检查机制、运行模式和惩防措施,对于抵制相关海域安全风险发挥了重要作用。

例如,近些年,亚太地区港口国监督备忘录组织(Tokyo MoU)检查卓有成效,初次检查突破 3 万艘次,查出缺陷总数量也突破 10 万件,船舶滞留比呈下降趋势,降到 5% 以下②。港口国监督备忘录组织通过强制性措施(禁令)来保证船舶航行安全。例如,如果船舶因安全隐患被扣而却未能前往议定船厂接受修理,将会立即被取消在欧洲航行的资格。该措施已有相关案例支持。2014 年 5 月,6 000 吨级的杂货船 Ada A 轮(造于 2000 年)与 5 000 吨级的多用途船 Alex‐Y 轮(造于 2002 年)就遭巴黎备忘录组织(Pairs MoU)施以禁令。该两船在港口国监督检查(PSC)期间被查出安全隐患并责令纠正,但事后却未能履行允诺,即前往相关船厂接受修理。挂巴拿马旗的 Ada A 轮于 4 月 3 日在意大利拉文那(Ravenna)被扣,当局于六天后将其释放,以便其实施整改。然而,该船并未如约前往议定船厂。巴黎备忘录组织针对此事发布声明称:"土耳其方面已将该船并未前往相关修船厂一事,通知意大利港口国管理机关。"基于上述原因,该组织决定取消 Ada A 轮到欧洲各国港口以及锚地停泊的资格,直到船东方纠正所有查出的缺陷。Alex‐Y 轮被扣的时间更早,但情况几乎完全一样。该船在英国利物浦被扣三年后,因承诺会到一家罗马尼亚船厂进行修理而被当局释放。但在罗马尼亚方面报告其未能如约而至后,也遭到相同禁令。船舶若被扣三次,就会被禁止在欧洲水域航行。上

---

① Arthru Alan Severance. The Duty to Render Assistance in the Satellite Age. Cal. W. Int'l L. J, Vol.36, No.1, 2006.

② 《2012 年中国港口国监督数据分析年报》,http://www.msa.gov.cn/Upload/201305161007476445.pdf,访问日期:2017 年 3 月 15 日。

述案例表明,针对在巴黎备忘录组织负责区域接受港口国检验的船舶,欧盟成员国之间已建立非常紧密的监督协作机制[①]。

另外,为加强各港口国监督备忘录组织之间的合作,增强全球海域风险管控的一体化、统一化,部分港口国监督备忘录组织实施互动,以保障相关规则在各海域的统一实施。例如,自2012年9月1日起,Paris MoU和Tokyo MoU联合开展为期3个月的消防安全系统PSC集中检查,以确保受检船舶符合SOLAS第2章第2条有关船上防火、探火和灭火的规定。集中检查意味着在两个组织所覆盖海域进行常规性的港口国检查,包括消防安全系统、维修记录和其他适用性文件。检查官根据12个选定条款来检验船舶消防安全系统的关键区域,包括对证书、设备和检验[②]。2015年9月至11月,Paris MoU和Tokyo MoU又携手就船员进入封闭空间的熟悉程度推出集中检查活动(CIC),以确保船员在进入封闭空间和在封闭空间实施作业时的安全。此次检查的结果为IMO就全球船队的安全流程和设备以及与目前SOLAS的要求相匹配程度提出意见。各区域性安排的实施及其合作,获得了较为显著的成绩,达到国际社会的预期效果,并总结了有益的经验。

同时,港口国监督备忘录组织PSC机制也获得发展。例如,2009年5月,巴黎备忘录委员会第42次会议通过了港口国监督检查机制(NIR)。新的检查机制较之以前在许多方面都发生了变化,诸如建立了新的船舶风险评估模型、首次将船舶管理公司的表现纳入到船舶风险评估体系、新增了拒绝船舶进入令等。在新的检查机制中,首次对船舶管理公司(ISM所指的船公司)的表现进

---

① 巴黎备忘录组织:《逃避修理的船舶将被禁止在欧洲航行》,http://www.simic.net.cn/news_show.php?id=146100,访问时间:2017年5月20日。

② 《巴黎备忘录和东京备忘录将联合开展港口国监督消防安全系统集中检查》,《海事快讯》2012年第6期。

行评价,并纳入船舶管理风险评估因素中。该机制已于2011年1月1日正式实施。类似的机制也被东京备忘录于2013年11月引入。在该机制中,船舶被划分为三个风险等级,高风险船舶将会接受更频繁的检查,中等风险船舶将接受中等频繁的检查,低风险船舶受检的周期将被延长①。

可以确信,随着各地区性PSC协议逐步建立和发展,PSC的作用将会得到最大限度的发挥,沿海区域的海事安全将得到进一步保障。

第三节 履约审核强制化

"法律的生命力在于有效执行。"虽然基于"条约必须信守"原则,国际海事安全条约的缔约国承担条约义务采取措施保证条约的执行,但由于国际海事安全条约数量众多,且各缔约国的自身国情存在较大差异,故各缔约国执行国际海事安全条约的状况良莠不齐,效果不尽如人意。这主要表现为:港口国并非总能有效履行PSC职责,缺乏统一标准,不能及时发现缺陷;对STCW的质量控制只是进行书面审核,而未实行实地审核;相关规则的实施更多地表现为从"公约"到"文件";船旗国履约自评表(SAF)只限于内部评估,缺少外来压力;等等②。这些情况在相当程度上诱发了数据和证书造假、形式应付、海难事故等情况。

一、自愿履约审核

为保障国际海事安全条约获得各缔约国的有效履行,提高缔

---

① 《东京备忘录将启动新的检查机制》,《海事快讯》2013年第3期。
② 李桢、裘建伟:《IMO成员国自愿审核机制的现状、趋势和挑战》,《世界海运》2007年第1期。

约国的履约能力，实现环境保护的共同目的，2003 年 11 月，IMO 通过了《关于开展 IMO 成员国自愿审核机构的决议》(A23/Res. 946)，赋予 IMO 对成员国[①]进行履约评估和审核的权力，从而使 IMO 由"创制规范"延伸到"监督执行"[②]，IMO 的地位也从"创制海事规范的主体"提升至同时"监督海事规范执行的主体"[③]。

2004 年 9—11 月，为获取履约审核的经验，英国、塞浦路斯、马绍尔群岛和新加坡、伊朗、法国分两组就其所加入的相关强制性公约进行了试验性审核。

2005 年 11 月，IMO 第 24 届大会通过有关审核机制的两个决议，即《IMO 强制性文件实施规则》和《IMO 成员国自愿审核机制程序和框架》，从而形成一个完整的"IMO 成员国自愿审核机制"(Voluntary IMO Member State Audit Scheme，VMSA)。

VMSA 的审核目的是通过审核缔约国适用相关国际海事安全条约的情况，发现不符合项和观察项，总结经验，反馈信息，提出合理化建议，以协助成员国提高国际海事安全条约的履约能力，实现海上安全和环境保护的共同目标。

《IMO 强制性文件实施规则》是实施审核的标准，由四个部分和五个附件组成。四个部分分别对缔约国及其以船旗国、港口国、沿岸国的身份适用其所缔结和加入的海上安全和防污染相关公约的十个文件的情况进行评估和审核时的具体内容与要求。该十个文件包括 SOLAS 1974、SOLAS PROT 1978、SOLAS PROT 1988、MARPOL 73/78、MARPOL PROT 1997、STCW 1978、

---

① 为保证所有的 IMO 公约得到切实履行，审核的范围不局限于船旗国，而是延伸到沿岸国和港口国，因此文件中使用成员国而非船旗国。

② 于洪波:《IMO 成员国审核发现对我国履约借鉴作用分析》,《中国海事》2011 年第 5 期。

③ 陈敬根、汪阳:《海洋法律争端中海事安全议题的导入》,《江西社会科学》2017 年第 6 期。

LL 1966、LLPROT 1988、TONNAGE 1969、COLREG 1972。《IMO强制性文件实施规则》对船旗国、沿岸国和港口国规定了不同的执行措施，主要包括签发证书、监督和控制、检查、处罚、滞留、向 IMO 报告、提高公众的安全文化和环境意识等（见表9）。五个附件主要是分别列出缔约国及其以船旗国、沿岸国和港口国身份所应遵循的上述十个文件所规定义务。

表9 《IMO强制性文件实施规则》规定的执行措施

执 行 措 施	船旗国	沿海国	港口国
发证、认证、定期检查、监控、调查	√		
滞留、处罚、诉讼、报告	√		
搜集数据、对缺陷的反应	√		
信息发布、搜救服务、应急反应		√	
船舶报告/船位报告、避难港		√	
建立 PSC 程序、对 PSCO 授权和发证			√
反腐败			√
接收设施			√
评估与评论	√	√	
（员工）培训和发证	√	√	√
合作和信息交流	√	√	√

《IMO 成员国自愿审核机制程序和框架》明确了审核机制基本策略的主要因素，包括审核的目标、原则、范围、责任和能力建设等。具体内容与要求包括：第一部分明确规定缔约国实施 IMO 强制性文件的目标、策略、总则、范围、初始行动、信息沟通、记录和改进。明确 SOLAS、MARPOL、STCW、LL、TONNAGE 和 COLREG 公约及其议定书共九个文件中缔约国批准的文件为强

制执行和审核的范围。第二部分为船旗国部分,是该规则的主要部分,相关要求是审核最主要部分。这一部分内容从船旗国履约的角度,对于强制性的国际海事条约的实施、授权认可组织、执行、船旗国检查员、船旗国调查、评估和审阅规定了较为详细的技术和程序要求。第三、四部分分别针对缔约国以船旗国、沿岸国、港口国的角色履约,规定了实施、执行、评估和审议的具体要求。

VMSA 的审核内容主要包括对 IMO 强制性文件实施规则的遵守情况,相关立法情况,对所适用的法律法规的管理和执行情况,授权组织的机制及其管理情况,对相关检验和发证过程中所适用的控制、监督和信息反馈机制,以及其他义务和责任的分解程度等,尤其针对其海事主管机关的管理工作进行评估和审核①。

自 2006 年 9 月,IMO 对丹麦进行第一次审核以来,已对 50 余个国家进行了履约审核②。

二、强制履约审核

虽然 VMSA 是以缔约国"自愿"接受审核为基础来开展工作的,但没有进入 VMSA 体系的成员国,一旦其船舶进入已加入 VMSA 的成员国水域或港口,则极有可能施加更多或额外的技术检查,在客观上构成一种技术壁垒,给非体系成员国及其船舶带来一种隐性或潜在的"损失"。从这个角度讲,VMSA 在很大程度上具有一定的"强制性"特征③。然"自愿性"毕竟存在着诸如主观随意性,缺少"平等压力",易使履约审核停留在纸面上,相关经验与

---

① 佚名:《IMO 成员国自愿审核机制简介》,《中国海事》2006 年第 4 期。
② 曲亚图:《IMO 审核机制下国际海事公约在中国立法转化研究》,大连海事大学博士学位论文,2014 年,第 30—31 页。
③ 成纪麟:《IMO 成员国自愿审核机制介绍》,《航海技术》2007 年第 5 期。

教训不能分享等弊端①,故随着履约审核工作的开展和经验的积累,以及国际社会对海事安全的持续关注和重视,实现履约审核由自愿性转为强制性的时机逐渐成熟。

2009年,IMO第26届大会决定,自2016年起,IMO对所有成员国实施强制性的履约审核,并将审核结果与提供具有援助性质的综合技术合作项目实现"挂钩",以此促进各成员国积极履行海事条约义务和提高海事履约水平。海事安全条约的强制履约审核无疑为国际海上运输、船舶管理、海上环境保护提供了更为坚实的保障,对提升海事安全建设能力具有重要意义。

---

① 李桢、裘建伟:《IMO成员国自愿审核机制的现状、趋势和挑战》,《世界海运》2007年第1期。

第六章
国际海事安全条约面临的法律挑战

随着海事安全治理诉求的持续旺盛,加之国家主权的排他性管理、区域性制度安排管辖海域的地理分割性,海事安全条约规制内容与手段的妥协性以及北极航行、南极旅游、海上难民管控等新情形的不断出现,国际海事安全条约面临着诸多法律挑战。

第一节 立法理念过于倚重技术描述带来消极影响

现代科学技术的飞速发展及其在海运业的广泛应用,在使船舶本身变得更坚固和船舶航行变得更智能、更高效的同时,也使国际社会普遍认为,越是技术高配的船舶,其安全性越有保证,船舶发生海上事故的可能性也就越小。基于此认识,在国际海事安全法律制度的创制和实施过程中,技术描述及其更新成为一项重要立法理念。特别是在每次海难事故发生后,当调查结论将海难事故发生的原因归结于某一技术缺陷、某一设施低配时,技术描述及其更新就成为避免发生类似事故的主要解决策略。但若过分倚重技术描述及其更新,其消极影响也会逐渐显现出来。

一、国际海事安全条约缺乏稳定性

新技术、新材料、新能源等被广泛运用在海运领域中,驾船技术、操纵技术、船岸管理技术等也不断更新,技术密集性构成目前船舶及其航行的突出特征之一,相应的法律规范也必然体现技术性特征。但是,科技日新月异,科技应用船舶及其航行的速度加快、时间缩短,随之而来的必然是"密集"修改相关国际海事安全条约的技术规则或规范。由于国际海事安全条约缔约国和参加国众多,关乎利益复杂、重大,一旦制定就不可能在短时间内废止,为了适应技术频繁更新的现实情况,就需要对国际海事安全条约进行频繁修改[1]。以 SOLAS 1974 为例,SOLAS 1974 自 1980 年 5 月生效至 2013 年年底,仅国际海事组织海上安全委员会(MSC)通过的修正案就已超过 40 次(见表 10),几乎每年通过一个,有的年份多达 4 次。该些修正案绝大多数属于新技术的引入、技术标准的提升及相应监控措施的增加。国际海事安全条约频繁修订必然使其缺乏稳定性,同时也使那些不处于技术优势、体量较大的缔约国或加入国疲于应对[2]。

---

[1] 郑慧:《国际海事条约基本制度研究——以四大支柱性国际海事条约为视角》,大连海事大学硕士学位论文,2012 年,第 10—11 页。

[2] 许民强:《国际海事安全法律制度研究》,大连海事大学博士学位论文,2015 年,第 67—71 页。

表 10　海上安全委员会扩大会议通过的 SOLAS 1974 修正案

修　正　案	决议文号	通过日期	生效日期
1981 年修正案	MSC.1(xlv)	1981.11.20	1984.9.1
1983 年修正案	MSC.6(48)	1983.6.17	1986.7.1
1988 年修正案	MSC.11(55)	1988.4.21	1989.10.22
1988 年修正案	MSC.12(56)	1988.10.28	1990.4.29
1989 年修正案	MSC.13(57)	1989.4.11	1992.2.1
1990 年修正案	MSC.19(58)	1990.5.25	1992.2.1
1991 年修正案	MSC.22(59)	1991.5.24	1994.1.1
1992 年修正案	MSC.24(60)	1992.4.10	1994.10.1
1992 年修正案	MSC.26(60)	1992.4.10	1994.10.1
1992 年修正案	MSC.27(61)	1992.12.11	1994.10.1
1994 年修正案	MSC.31(63)	1994.5.25	1996.1.1 1998.7.1
1994 年修正案	MSC.42(64)	1994.12.9	1996.7.1
1995 年修正案	MSC.46(65)	1995.5.16	1997.1.1
1996 年修正案	MSC.47(66)	1996.6.4	1998.7.1
1996 年修正案	MSC.57(67)	1996.12.6	1998.7.1
1997 年修正案	MSC.65(68)	1997.6.4	1999.7.1
1998 年修正案	MSC.69(69)	1998.5.18	2002.7.1
1999 年修正案	MSC.87(71)	1999.5.27	2001.1.1
2000 年修正案	MSC.91(72)	2000.5.26	2002.1.1
2000 年修正案	MSC.99(73)	2000.12.6	2002.7.1
2001 年修正案	MSC.117(74)	2001.6	2003.1.1
2002 年修正案	MSC.123(75)	2002.5.24	2004.1.1
2002 年修正案	MSC.134(76)	2002.12.13	2004.7.1

续 表

修 正 案	决议文号	通过日期	生效日期
2003年修正案	MSC.142(77)	2003.6	2006.7.1
2004年修正案	MSC.151(78)	2004.5	2006.1.1
2004年修正案	MSC.152(78)	2004.5	2006.7.1
2004年修正案	MSC.153(78)	2004.5	2006.7.1
2005年修正案	MSC.194(80)		2007.1.1
2006年修正案	MSC.201(81)	2006.5	2010.7
2006年修正案	MSC.202(81)	2006.5	2008.1.1
2007年修正案	MSC.239(83)	2007.10	2009.7.1
2008年修正案	MSC.256(84) MSC.257(84)	2008.5	2010.1.1
2008年修正案	MSC.269(85)	2008.12	2010.7.1
2009年修正案	MSC.282(86)	2009.6	2011.1.1
2010年修正案	MSC.304(87)		2011.1.1
2010年修正案	MSC.306(87)	2010.5.17	—
2011年修正案	MSC.308(88)	2010.12	2012.7.1
2011年修正案	MSC.310(88)	2010.12	2012.1.1
2012年修正案	MSC.317(89)		2013.1.1
2012年修正案	MSC.318(89)		2013.1.1
2013年修正案	MSC.325(90)		2014.1.1
2013年修正案	MSC.326(90)		2014.1.1
2013年修正案	MSC.328(90)		2014.1.1
2013年修正案	MSC.330(90)		—

二、易形成海运领域新的"技术壁垒"

海运属于跨海越洋的流动性较高的行业,出于对本国市场的保护,一国可通过技术壁垒设置阻碍,抵制船舶抵港(岸)或船载货物在本国市场销售。特别是在海运业从海运利益面向转至海洋环境利益面向的今天,传统海运强国更易凭借自身垄断的海洋环境技术通过设置高于国际社会一般要求的技术规范迫使新兴海运国家因无法达此要求而无法在全球高效开展海运业。在保障海事安全的同时促进船舶高效运营是国际社会一直追求的目标。为避免上述情况的出现,海运服务贸易自由化一直是多边贸易谈判的重要议题,并通过了《服务贸易总协定》(General Agreement on Trade in Services,GATS)以及《关于海运服务谈判附件》《关于海运服务谈判的部长决定》等法律文件,成为 WTO 各成员方在推动海运服务贸易自由化过程中必须遵循的规则。但在技术描述及其更新的立法理念下,一些传统的海运强国会从技术角度不断提出提高航运安全和环保标准的新要求,以借机强化对本国海运服务贸易的保护力度,从而构成一种新型的贸易保护主义措施,且很难"抗拒"。正如有学者指出,这种新型的贸易保护主义措施具有"合理性",因为其名义是为了维护海事安全,故与以维护本国市场和贸易为名义的货载保留、税收优惠、财政补贴等传统政策明显地区别开来;技术描述及其更新的立法理念下"催生"的以技术主导的国际海事安全公约及其众多的修正案以及基于港口国监督(PSC)所制定的技术、设施配置要求等,使这种新型的贸易保护主义措施具备了"合法性";而日新月异的创新技术与新型设施设备等,又使以技术为主的这种新型的贸易保护主义措施很难被直接的识别出来①。其实质是构成筑起一道阻碍海运服务贸易自由化的"技术壁垒",不但无益于船舶的高效运营,也会使某些传统海运

---

① 焦晓娇:《海上安全与贸易自由:港口国监控制度与海运服务贸易的冲突与协调》,《法学杂志》2013 年第 6 期。

强国在海事安全法律制度领域中拥有的新的话语权。

三、易使国际海事安全条约在一定时间内的实施出现不一致情形

若某一技术主导型的国际海事安全条约纳入的先进技术过多,为在尽快促成条约生效的同时最大限度地吸引缔约国或加入国,往往设置一定的"缓冲",主要表现为生效或实施时间缓冲和适用范围缓冲。生效或实施时间缓冲是指条约生效后并不立即实施,而是规定一个延后期间,待该延后期间届满时条约正式实施;或者对不同的适用对象(主要是船舶)规定不同的条约实施时间。适用范围缓冲是指某一海事安全条约暂时不适用该海域,待条件符合时才予以适用。这是一种不得不采取的立法技巧。因为如果某一条约缔约国或加入国过少,即使条约生效或实施,也不能达到预期效果;同时,如果某一条约过于追求较多数量的缔约国或加入国,由于条约存在国内签署、批准等程序,故有可能导致条约即使制定出来了,但未能获得多数国家的签署、批准,从而同样不能达到预期效果。国际海事安全条约以技术主导型居多,而各国对技术的掌握、习得、运用及相关设施设备的配置能力、水平等各不相同,一体要求各国在同一时间一同遵守与实施,确无客观可能性,故只能采取"缓冲"办法。但若"缓冲"太多,必然导致某一国际海事安全条约在一定时间内的实施出现不一致情形。国际海事安全条约如何兼顾其创制的先进性与实施的有效性,仍是当前亟须解决的迫切任务之一。

第二节 国际海事安全条约管控的统一性面临一定挑战

国家单边海事行动、区域性安排的"划海而治"和"分而治之"

以及各条约之间的宗旨和诉求存在的不同,在一定程度上影响了国际海事安全条约管控的统一性。

一、国家单边海事行动易割裂国际海事安全条约管控的统一性

一国采取单边主义,基于国际法所赋予的国家的主权、主权性权利和管辖权,即一国可依法创制本国的海事安全风险管控制度,并可以依据"平等者之间无管辖权"原则完全排除他国的干涉。基于国家主权的对内效力的最高性和对外效力的独立性,美国、澳大利亚、欧盟一些国家在单边海事制度创设与实施方面采取了更为严厉的手段,从而在客观上割裂了海事安全风险法律管控的统一性[1]。

例如,澳大利亚于 2004 年效仿防空识别区制度创设和实施了"海事识别区制度"(MIS),要求他国船舶在驶入澳大利亚港口时预先(一般为距离澳方港口 1 000 海里)提供船舶及其营运信息,包括船籍、船舶配员、船载货物、航行路线、挂靠港口等。美国则分别于 2002 年和 2003 年创设了"集装箱安全倡议"(CSI)和"防扩散安全倡议"(PSI),前者要求对船载可疑货物在国外装货港起运前即实施安全检查,这种"检查前置"的做法使美国港口由首道防线成为最后一道防线,从而将海事安全风险拒在"千里之外";后者旨在通过拦截较敏感国家的船舶,以避免船舶可能因被用于非法运输大规模杀伤性武器及相关原料而对船舶停靠国构成一种海事安全风险[2]。

---

① Thomas J. Schoenbaum, Jessica C. Langston. An All Hands Evolution: Port Security in the Wake of September 11th. Tul. L. Rev, 2003, 77(6).
② 陈敬根:《南极旅游海事风险的法律规制:规范构成与制度完善》,《法学杂志》2017 年第 1 期。

MIS、CSI 和 PSI 有效保障了澳大利亚、美国的海事安全,但这一单边性极强的国家法律管控措施在事实上导致了国与国之间的海事安全风险管控的法律冲突,不利于塑造海事安全治理规则与标准的全球一致性。"海事安全检查前置制度"虽然在相当程度上保障了美国海事安全,但在客观上破坏了海事安全条约关于海事风险法律管控的整体效果,造成国家单边海事安全风险管控法律制度与海事安全条约之间的冲突①。

二、区域性安排易形成"划海而治"和"分而治之"的状态

区域性安排虽然实现了监督内容统一、标准要求一致等效果,避免了低标准船舶途经或停泊所带来的海事安全风险,但目前九个区域性海事制度安排的适用仅限于各自所划定的海域,在所有的区域性安排不能覆盖全球海域的情况下,其结果是各区域性安排的"划海而治"和"分而治之"②。特别是各区域性安排彼此并未实现监督内容、监督要求和监督程序的一致性,在选船标准、检查机制、检查频次、指标赋值、禁令内容、保障措施等方面存在一定差异③,不同的区域性安排之间产生冲突便不可避免。这种差异为船舶经营人通过绕行高标准的区域性安排的方式规避海事安全监管提供了机会,不利于全球整体海事安全的保障。

例如,作为全球最具有影响力的两个区域性安排,巴黎备忘录组织(Paris MoU)和东京备忘录组织(Tokyo MoU)在船舶检查率

---

① Rebecca Fantauzzi, Rascals, Scoundrels, Villains, Knaves. The Evolution of the Law of Piracy from Ancient to Present. Int'l Legal Info, Vol.36, No.4, 2011.

② Felicity Attard. IMO's Contribution to International Law Regulating Maritime Security. J. Mar. L. Com, 2014, 45(10).

③ Shane Pollin. Getting Bearings: A Practitioner's Guide to Researching Maritime Law on the Internet. Tul. Mar. L. J, Vol.22, No.4, 1997.

计算方法、确定风险船舶的参数标准等方面存在一定的差异,这种差异在具体适用途径或停靠两个备忘录海域的同一船舶时便演变成两个区域性海事制度安排的冲突。

考虑到在客观上不可能对所有船舶进行检查,故 Paris MoU 和 Tokyo MoU 均规定了船舶检查率,然两者计算方法并不相同。Paris MoU 采用的是"区域整体＋单个国家计算法",Tokyo MoU 采用的则是"区域整体计算法"①。前者先确定对进入该区域的船舶实施检查的整体数量,然后再确定每一个成员国对进入本国港口的船舶实施检查的比例;后者只是确定了对进入该区域的船舶实施检查的比例,对每一个成员国对进入本国港口的船舶实施检查的比例或数量并没有明确规定,而是规定每一成员国在委员会协调下确定一个适当的(appropriate)外国籍商船单船检查的年度百分占比。Memorandum of Understanding on Port State Control in the Asia-Pacific Region 第 1.4 段规定:"Each Authority, under the coordination of the Committee established pursuant to paragraph 6.1, will determine an appropriate annual percentage of individual foreign merchant ships, hereinafter referred to as 'ships', to be inspected."

另外,Paris MoU 和 Tokyo MoU 虽然在确定风险船舶的参数标准方面总体一致,如在船型、船龄、认可组织绩效等三个参数标准相同,但在船旗国绩效、过去 36 个月的缺陷数和滞留次数、高风险船舶标准等四个参数标准存在差异。例如,Paris MoU 将"黑名单"国家划分为极高风险、高风险、中高风险和中等风险的国家,但对前三类国家的评估分值并无不同,Tokyo MoU 却无此分类,且

---

① 钱媛媛:《21 世纪海上丝绸之路背景下亚太地区港口国监控的区域协调问题研究》,《中国海商法研究》2016 年第 2 期。

评估分值相同;Paris MoU 对过去 36 个月滞留次数赋值标准定为超过三次,而 Tokyo MoU 则定为超过两次;Paris MoU 和 Tokyo MoU 对高风险船舶认定的分值标准分别为≥5 和≥4[①]。

这种差异在具体适用于途径或停靠两个备忘录海域的同一艘船舶时便会演变成该两个区域性安排的规则冲突。例如,俄罗斯和加拿大均为 Paris MoU 和 Tokyo MoU 的成员,但由于两个区域性海事制度安排在船舶检查率计算方法、确定风险船舶的参数标准等方面存在一定的差异,使得俄罗斯和加拿大两个国家在具体实施港口国监督行为时无法完全符合 Paris MoU 和 Tokyo MoU 的要求,从而在客观上表现出区域性海事制度安排之间的冲突。

上述规则冲突在以下两种情况更显溢出效应:一是"不优惠原则",即每一成员国确保对非成员国船舶适用法律文件进行检查时不给予任何优惠待遇,成员国船舶与非成员国船舶无差别性地一体适用法律文件。例如,Paris MoU 第 2.4 段规定,在依据某一公约进行港口国监督执行时,Paris MoU 参加国应保证不给予非公约当事国船舶更优惠的待遇。(Paris Memorandum of Understanding on Port State Control, Section 2.4:"In applying a relevant instrument, the Authorities will ensure that no more favourable treatment is given to ships of non-Parties and apply the procedures specified in Annex 1.")Tokyo MoU 第 2.5 段也作了类似规定:"In applying a relevant instrument for the purpose of port State control, the Authorities will ensure that no more favourable treatment is given to ships entitled to fly the flag of a

---

[①] 甘政:《东京备忘录新检查机制对比现行巴黎和东京备忘录检查机制》,《中国海事》2014 年第 1 期。

non-party to that instrument.""不优惠原则"的确立与实施,使区域性安排的适用扩展至非成员国船舶,从而必然使规则冲突的情形被进一步放大。二是双重备忘录成员的身份,即某些国家同时拥有两个备忘录组织的成员身份。例如,俄罗斯和加拿大均为 Paris MoU 和 Tokyo MoU 的成员,但 Paris MoU 和 Tokyo MoU 彼此之间存在规则冲突,使得俄罗斯和加拿大两个国家在具体适用 Paris MoU 和 Tokyo MoU 时自始便存在先天的规则冲突,且无法予以消除。

另外,区域性安排本质上属于一种非法律约束力的协调机制,这就决定了其不得创设超出相关国际条约范围的权力[①]。但事实上,区域性安排突破了国际海事安全条约的范围,形成与国际海事安全条约的法律冲突。例如,"条约不得为第三国创设义务"是国际法的一项重要原则,但上文所述的 Paris MoU 关于"不优惠待遇"的规定明显与该原则不符。尽管相关国际海事安全条约的具体规定事实上也突破了这一原则,并成为 Paris MoU 规定"不优惠待遇"的法律依据,如 MARPOL 第 5.4 条规定,"对于非本公约缔约国的船舶,各缔约国应在必要时运用本公约的要求,以保证不给予这些船舶较为优惠的待遇";SOLAS 公约 78 议定书第 2 条第 3 款和 88 议定书第 1 条第 3 款也有类似规定,即"对于非本公约缔约国的船舶,必要时缔约国应运用本公约的一些要求,以保证不给予这些船舶较为优惠的待遇",但 Paris MoU 却将"不优惠待遇"扩展到了 Paris MoU 参加国所依据的所有国际公约中,包括公约本身并未如此约定的《国际船舶载重线公约》《国际船舶吨位丈量公约》等公约。而根据 Paris MoU 的规定,某船若被 Paris MoU 某

---

① Juan L. Pulido Begines. The EU Law on Clasification Societies: Scope and Liablity Issues. J. Mar. L. & Com, Vol.36, No.10, 2005.

个国家拒绝进港,意味着该船也被 Paris MoU 所有其他成员国拒绝进港,无论该船是否属于成员国。拒绝进港对于该船来说,不仅其无法在 Paris MoU 水域完成预定的运输任务,而且将因无法进港而导致无法回避的损失,包括燃油消耗、人员工资、货物赔偿等。很显然,Paris MoU 规定的"不优惠待遇"与国际海事安全条约的规定存在法律冲突。另外,尽管国际海事组织赞赏区域性安排,但其抵消国际海事安全条约的统一执行标准却是客观存在的,事实上割裂了国际海事安全条约的统一性,在一定程度上无益于国际海事安全条约的执行。

三、相关条约不能有效实现彼此之间的衔接

旨在构建国际性普遍海事规则的海事安全条约体系,由于各条约之间的宗旨和诉求存在不同,因此,在具体履约过程中,规制同一对象或行为的条约之间易出现冲突[①]。

例如,SOLAS 是专门规制船舶航行安全风险的海事条约,MARPOL 是专门规制船源海洋污染的海事条约。两个条约及其构成内容从各自规制目的出发创制了诸多技术性较强的条款或标准,但有时这些条款或标准过于关注其所属条约规制的针对性而在彼此照应层面上缺少衔接性,进而导致条约适用冲突,即在达致某一条款或标准所追求的效果时在某种程度上减损或削弱另一条款或标准所追求的效果。

例如,SOLAS 体系的构成规范《国际散货船和油轮目标型船舶建造标准》(GBS)为追求船舶航行安全,要求船舶在建造时需加大船舶钢板的厚度,但这在客观上导致所建造的船舶自身重量的

---

① 张丽英、邵晨:《近岸油污赔偿机制的国际新动向——以 OPOL 机制及其国际化为视角》,《中国海商法研究》2016 年第 2 期。

增加;而 MARPOL 体系的构成规范《船舶能效设计指数》(EEDI)为追求 CO_2 排放量的控制,实现节能环保的诉求,则要求所建造的船舶自身重量的减轻。2011 年 7 月,IMO 海上环境保护委员会(MEPC)第 62 届会议通过了 MARPOL 附则Ⅵ有关船舶能效规则的修正案,确立了"船舶能效设计指数"(EEDI)船舶能效标准,适用于 2013 年 1 月 1 日及以后安放龙骨的 400 总吨及以上的国际航行船舶。EEDI(Energy Efficiercy Design Index)是衡量新船 CO_2 效能的一个指标。新船能效设计指数的原理是根据 CO_2 排放量和货运能力的比值来表明船舶的能效,即根据船舶在设计最大载货状态下,以一定航速航行所需推进动力以及相关辅助功率所消耗的燃油计算出的 CO_2 排放量;同时通过对现有各种船型和不同吨位的船舶进行统计分析设立排放基线,在基线的基础上对新造船能效进行控制①。很显然,SOLAS 和 MARPOL 基于自身条约宗旨就所建造的船舶自身重量在事实上规定了完全不同的要求,从而使海事安全条约体系内部产生冲突和矛盾。这种冲突和矛盾也体现在对船舶航行速度的要求层面。为追求 CO_2 排放量的控制,实现节能环保的诉求,进而达到 EEDI 的要求,船方往往被要求降低主机功率和船舶航速,然此要求却与 GBS 的诉求相悖,因为船舶在恶劣的自然环境航行中,为保障船舶航行安全,更有效地操控船舶的航向和船位,船方往往需要借助增强主机功率和加大船舶航速的途径②。国际海事安全条约旨在创建全球一致的规范体系,如果条约之间存在冲突,必无益于这一目标的实现。

---

① 佚名:《船舶能效设计指数 EEDI》,《船舶标准化工程师》2012 年第 1 期。
② LIker Basaran. The Evolution of the International Maritime Organization's Role in Shipping. J. Mar. L. Com,Vol.47, No.1, 2016.

第三节　国际海事安全条约规制对象面临新情势

随着南极旅游业的快速发展、难民和非安全移民选择经海路入境的持续,国际海事安全条约需要考虑其所伴随的海事安全风险的管控问题,另外,Polar Code本身没有调整的环保对象,逐渐受到学界的重视,进而亦成为国际海事安全条约需要考虑的规制问题。

一、与南极旅游相伴随的海事安全风险

自20世纪90年代以来,南极旅游获得飞速发展,南极旅游规模不断扩大。根据国际南极旅游组织协会(International Association of Antarctica Tour Operators,IAATO)公布的数据进行统计,赴南极旅游的人数从1993年的6 700人急剧增长至2015年的36 702人。在二十余年的时间里,赴南极旅游的人数增长了近5.5倍。截至2015年,到达南极旅游的总人数已多达20多万人次[1]。南极区域非属任何国家的领土组成部分,使得南极旅游成为一种完全异质于其他模式的旅游:不由政府直接管理或主要资助、无接待国或旅游目的地国、无任何直接的旅游管理者和旅游服务设施、不存在刺激当地经济发展的问题等,且与南极权利主张、极地规则制定话语权、南极科考秩序等紧密相连。随着南极旅游快速发展,南极也面临着航行安全风险、海洋环境安全风险等问题。南极是地球上最后一个被发现、唯一没有人员定居的大陆,也是已知

---

[1] IAATO: Tourism Statistics, http://iaato.org/tourism-statistics, 访问日期:2016年8月28日。

世界上唯一有陆地的极地。因此,如何有效规制南极旅游海事风险,已成为国际社会普遍关注的国际热点问题之一。

1. 南极旅游运载模式及存在的潜在海事风险

南极旅游最主要的交通工具是船舶。随着南极旅游的快速发展,一方面,诸多类型船舶涌入南极旅游市场,不仅包括新船、定制船,还包括旧船、改装船等①;另一方面,陆续有许多的大型邮轮被投入开展南极旅游活动,并出现了"飞机加游船"的旅游运载模式。南极旅游的形式也越来越丰富,除了主要以乘船登陆南极形式外,还有部分游客选择不登陆而仅仅以巡航的方式进行观光②。南极旅游运载模式的发展在相当程度上增大了南极区域的海事安全风险,这突出表现在以下两个方面。

一是航行安全风险。由于南极旅游的主要交通工具是船舶,游客们不论从西线的南美的智利、阿根廷出发,还是从东线的澳大利亚、新西兰出发,都需要乘船赴南极,所以,在南极游的整个行程和大部分时间,游客是在海上度过的,相应的,航行安全就成为一个不容忽视的问题。截至目前,南极旅游发生了数起邮轮航行安全事件,如"探索者"号事件、"绍卡利斯基院士"号事件等。2007年11月,承载了100名游客的"探索者"号邮轮在驶往南极的旅途中撞上一座冰山,随后船体破裂进水,并因严重倾斜而沉没在南极海域海底③。2013年12月,载有74人的"绍卡利斯基院士"号经过南极迪维尔海的浮冰区时受困。我国"雪龙"号接到求救后前往救援,但也被困浮冰区。一直到2014年的1月7日,两船方才相

---

① 杨文:《同程牵手北欧邮轮包船玩南极》,《扬子晚报》2015年11月18日第A36版。

② 陈丹红:《南极旅游业的发展与中国应采取的对策的思考》,《极地研究》2012年第1期。

③ 龚立仁:《邮轮失事给南极游敲响警钟》,《中国旅游报》2007年11月30日第9版。

继脱困①。航行安全问题包括要考虑邮轮是否具备南极海域适航条件,邮轮遇险时是否能够得到及时的救援,如何确保游客在航行过程中安全问题等。随着南极旅游的升温,南极旅游航行安全风险亟待得到有效管控。

二是海洋环境安全风险。在对于南极旅游的诸多讨论中,海洋环境安全始终是争议最大的话题。赴南极旅游的人数不断增加,旅游区域不断扩大,载运船舶类型不断增多,均在相当程度上加大了南极海洋环境安全风险。据估计,每一位南极游客每次旅游平均释放的二氧化碳量为 15 吨,远远高于全球规定的每人 3.2 吨排放的极限值②。目前,南极旅游仍以船舶为主要交通工具,这给南极海洋环境带来巨大的潜在风险,尤其是与其他海洋区域相比,南极海域自净能力十分有限,其对油污的净化需要更漫长的时间。如果船舶在南极海域发生油污泄漏,不仅污染了该区域的表层水域,影响原有的冰体结构,而且直接影响南极海域生物的生存和繁衍,可能造成原有生物体的死亡威胁甚至整个生物系统的破坏③,如"巴哈亚·帕莱索"号邮轮触礁事故。1989 年,阿根廷的"巴哈亚·帕莱索"号邮轮因触礁致 60 万立升原油泄漏,造成泄漏区大量动物死亡,对该海域的生物群落和食物链造成了严重破坏④。

---

① 李良勇:《俄南极受困船被指是观光而非科考》,《新华每日电讯》2014 年 1 月 10 日第 8 版。

② See Patrick T Maher, Margaret E Johnston, "Risk and a changing environment for Antarctic tourism", Current Issues in Tourism. Vol.14, No.4, 2010, pp.387-399.

③ 王自磐、陈丹红、赵萍、姜梅、龙威:《南极人类活动的环境负效应与管理对策》,《海洋开发与管理》2008 年第 7 期。

④ See Woodruff A. Polk, "Welcome to the Hotel Antarctica: the EPA's Interim Rule on Environmental Impact Assessment of Tourism in Antarctica", 12 Emory Int'l L. Rev. 1395, 1400-01(1998).

2. 南极旅游海事安全风险的治理主体

南极旅游海事安全风险的治理主体除了国际海事组织、缔约国/船旗国外,还包括南极条约协商会议和国际南极旅游业者协会。

1959年,国际社会在华盛顿签订了《南极条约》(The Antarctic Treaty),其中最为突出的成果是基于《南极条约》建立了南极事务的唯一决策机构,即南极条约协商会议(Antarctic Treaty Consultative Meeting, ATCM)。《南极条约》第9条规定,缔约方代表在《南极条约》生效后将定期举行会议进行情报交换、共同协商南极问题,并制定有关措施,同时这些措施必须经过各缔约国转化为本国国内的法律规则之后才能生效。该项规定奠定了南极条约协商会议的基础,为议定与南极事务相关的国际法律文件提供了渠道与平台。自20世纪末以来,ATCM开始具体讨论包括海事风险在内的南极旅游规制问题。1999年,ATCM设立南极环境保护委员会(CEP)为常设委员会,环境问题正式成为会议主要内容;2001年,ATCM设立专门工作组讨论环境损害责任与赔偿问题,开始加大对环境问题的关注力度;2003年,ATCM设立一个南极旅游问题特别工作组,进一步加强对南极旅游的规制[①]。至此,南极旅游终于成为一个独立的讨论事项列入ATCM议程之中,并成为中心议题之一。

1991年,来自美国、英国、新西兰、澳大利亚等国的七家大型的从事南极旅游经营的公司联合组建的独立于南极条约体系的非政府组织性质的国际行业协会国际南极旅游业者协会(International Association of Antarctica Tour Operators, IAATO),其宗旨是

---

① 凌晓良、温家洪、陈丹红、李升贵:《南极环境与环境保护问题研究》,《海洋开发与管理》2005年第5期。

"推动和确保实施安全的和对南极环境负责的南极旅游",并提倡由南极旅游经营者来承担对南极的环境责任。截至目前,IAATO已经有118个会员、协会和分支机构。IAATO会员办事处遍布全球,并且每年通过该协会会员组织赴南极的游客量占到了总游客量的九成以上①。IAATO出台了一些被学界称为南极旅游"软法"的旅游行业法规和行动指南,对南极旅游海事风险进行了相对较为有效的规制,包括规制南极旅游经营者的《南极旅游从业者活动指南》和约束南极游客的《南极游客活动指南》以及《南极探访须知》等。IAATO虽然属于民间组织,但其在规制南极旅游海事风险方面的作用不容小觑:一是IAATO从1992年开始作为专家组织参加ATCM,并将ATCM上通过的建议或措施及时传达其会员,敦促会员在南极旅游经营中予以遵守②;二是对其会员的南极旅游活动进行严格监管,由于会员的大部分南极旅游须通过IAATO进行(经由IAATO的会员所组织的南极游客量占到了南极游客总量的九成以上),故该严格监管会得到各会员的遵守③。

3. 南极旅游海事安全风险的规制路径

目前,南极旅游海事风险的规制路径除了国际海事安全条约体系外,还包括南极条约体系和IAATO软法体系。

南极地区虽然主权不明确,但该地区并不是法律的"真空地带"。自1959年美国、苏联等12个原始缔约国签署《南极条约》开始,南极地区就处于南极条约体系所建立的独特的法律制度规制之中,其中包括南极旅游。南极条约体系是指以《南极条约》为核

---

① See IAATO, Report of the International Association of Antarctica Tour Operators 2013 – 2014, http://iaato.org/es/current-iaato-information-papers,访问日期:2016年8月28日。
② 吴依林:《关于开展南极旅游业的思考》,《中国海洋大学学报(社会科学版)》2010年第6期。
③ 王玮、南雁:《极地旅游,悄然走来》,《大自然》2012年第2期。

心与基础所形成的专门调整南极事务的国际法律规则体系,包括《南极条约》和《关于环境保护的南极条约议定书》等专项国际法律文件。

虽然1959年12月签署的《南极条约》并没有专门提及南极旅游海事风险规制内容,但其部分条款为实施规制提供了最基础的规定①。例如,《南极条约》第7条第5款规定了"提前通知程序",即缔约国对于其国内的或从其国内出发的船只、国民,前往南极进行考察之前要提前通知其他条约缔约方。该条款的规制内容可以解读为包括南极旅游活动,《南极条约》的缔约方需要将本国的游船或国民赴南极旅游的活动和从该国组织或出发的南极旅游活动等信息事先通知其他缔约国。各国赴南极旅游之前可以互通情报与信息,有利于实现互相监督,共同防止人类活动对南极环境造成损害。

《南极海豹保护公约》《保护南极动植物议定措施》《南极矿物资源活动保护公约》《关于环境保护的南极条约议定书》等则构成南极专项法律文件。其中,1991年通过的《关于环境保护的南极条约议定书》是为了补充《南极条约》的相关内容而首次建立了南极环境保护的全面的综合性的法律框架,亦是目前与规制南极旅游活动较为密切的国际专项法律文件。《关于环境保护的南极条约议定书》中最具有深远影响的内容在于其附件一《南极环境影响评价指南》和附件六《环境紧急事态责任》所分别规定的制度,即环境影响评价制度和环境损害责任赔偿制度,两者分别通过间接和直接的方式适用于南极旅游活动。例如,附件一《南极环境影响评价指南》根据《关于环境保护的南极条约议定书》第8条第2款的

---

① Asia N. Wright, "Southern Exposure: Managing Sustainable Cruise Ship Tourism in Antarctica", 39 Cal. W. Int'l L. J. 43, 2008, 70.

规定而间接适用于南极旅游活动,即"各缔约国应保证在规划阶段实行附件一所确定的评价程序,以便根据《南极条约》第 7 条第 5 款需事先通知的并且就依据科学研究计划在南极条约地区所从事的任何活动:在南极条约地区的旅游及一切其他政府性和非政府性活动,包括与此相关的后勤支援活动作出决定"。附件六《环境紧急事态责任》则直接规定适用于南极旅游活动:"该附件适用于在南极条约地区因科研活动、旅游和其他一切非政府性活动引起的突发事件,并预防和应对该种突发事件的措施和计划适用于进入南极条约地区的所有旅游船,也适用于南极条约地区和船舶有关的活动引起的环境突发事件。"就理论上而言,该议定书在环境保护的制度上实现了很多突破,必须承认其在南极环保制度方面作出了巨大贡献,尤其是有了一个可以直接完全适用于南极旅游的责任机制,该机制对旅游公司施加了更严格的约束,对环境也提供了充分的保障[①]。

南极旅游规制形式,除了条约外,还存在大量的软法规范,主要包括 ATCM 通过的各项建议和 IAATO 出台的各类指南。ATCM 通过的各项建议构成了南极旅游规制的主要规范[②]。例如,第 18 届 ATCM 通过的"建议ⅩⅧ-1"为游客、组织者以及经营者提供了较为具体的准则,以调整在南极地区组织和开展的旅游活动和非政府活动,如要求经营者应尽到组织游客们规范参观南极的主要职责,提供突发事件、废物处理、海洋污染的应急预案,确保所有的设备和后勤措施都符合南极条约体系所规定的标准,确保相关人员确保其探险不依赖于任何缔约国的援助,向游客介绍南极条约的相关条款,全程监督游客们的行为,并在旅游结束后三

---

① 吕忠梅:《〈环境保护法〉的前世今生》,《政法论丛》2014 年第 5 期。
② 陈力、屠景芳:《南极国际治理:从南极协商国会议迈向永久性国际组织?》,《复旦学报(社会科学版)》2013 年第 3 期。

个月内,将旅游的相关活动情况汇报给国家相关部门,包括船舶、船员、旅客以及参观地点①。IAATO 出台的指南是专门针对其会员制定的,主要内容包括充气船运营守则、专业探险活动守则、衣物消毒程序、南极站点选择指南以及紧急医疗撤离计划等内容。

4. 南极旅游海事风险法律规制尚存不足

南极旅游海事风险规制已初步建立较为完整的框架体系和制度内容,相关国际组织或机构针对缔约国、南极旅游经营人出台了相关的文件,为保障南极旅游活动中航行安全与海洋环境安全等方面做出了重要贡献。但是,由于南极区域特殊的法律地位、脆弱的生态系统、恶劣的自然环境,上述南极旅游规制文件及其内容仍存在一些不足,除了学者普遍认为的南极条约协商会议出台的建议和国际南极旅游协会发布的指南均无法律约束力外②,还突出体现在以下几个方面:

(1) 环境影响评价制度的缺陷。

南极旅游海事风险法律规制的不足,在内容方面除了 Polar Code 自身存在的缺陷无法有效规制南极旅游船源污染外,还体现为《南极环境影响评价指南》缺乏较为系统而明晰的评价标准。

作为《关于环境保护的南极条约议定书》附件一,《南极环境影响评价指南》对规制南极旅游海事风险具有一定意义,但该规定存在着内容较为模糊的问题。受目前科技水平、数据资料等条件限制,《南极环境影响评价指南》无法形成一个十分系统的体系对环境质量进行测评,没有严格的标准为活动进行划界或者进行直观评价,只能以活动对于环境影响程度是否属于"轻微或短暂的影响"为划分标准。但是,"轻微或短暂的影响"到底指的是什么程度

---

① 张丽珍:《南极旅游的国际法规制》,《中国海洋大学学报(社会科学版)》2009 年第 6 期。

② 顾婷:《南极旅游:现实挑战与法律应对》,《政治与法律》2010 年第 3 期。

的影响,其概念相对模糊。截至目前,议定书并没有做出界定,并且南极条约缔约国之间也没有做出明确解释。由于"轻微或短暂的影响"在评估过程中没有严格的考察指标,故第21届和第22届南极条约协商会议(ATCM)虽进行讨论,但最后因为无法达成一致意见而无疾而终,只能在实施过程中,结合具体活动情况进行综合考量。由于初步阶段评估活动对环境的影响程序是按照"适当的国家程序","适当"一词使得条约缔约方之间可以做出丰富的、范围不同的翻译和演绎,这就给缔约国留下了自由裁量的空间,其可以设计国内法降低"轻微或短暂影响"的标准,将其解释为对其最有利的标准,从而达到规避环评程序、逃避国际监督[1]。另外,《关于环境保护的南极条约议定书》只是赋予环境委员会和南极条约协商会议对全面环境评价草案的审议权,并没有否决权。也就是说,《关于环境保护的南极条约议定书》没有设定环评的决策机构,最后是否进行某项活动的决定权还在于缔约国自己手中。综上,环境质量评判标准存在语言上的模糊性缺陷,不仅在一定程度上削弱了环境评估的客观性和科学性,而且使相关的环评制度在一定程度上流于形式,达不到全面规制旅游活动的环境影响的效力。

(2)"条约必须信守"原则使相关规则无法强制约束第三国。

"条约必须信守"原则适用于条约的缔约国或加入国,条约对第三国遵循的是"既无损也无益"的习惯。换言之,条约的强制适用的国家只能是缔约国或加入国,对第三国没有强制约束力。《南极条约》是否能适用第三国,目前理论界存在不同观点。即使可以适用第三国,也需要借助缔约国或加入国的作用才能实现。况且,

---

[1] See Steven Li, "Antarctic Tourism: The Urgent Need for a New Comprehensive Regulatory Regime", New Zealand Journal of Environmental Law, Vol.17, 2013, 322.

目前发展中国家认为,《南极条约》事实上排除了发展中国家的参与。在此情形下,《南极条约》无法在事实上发挥着强制适用于非缔约国及其经营者的南极旅游行为。又如,《关于环境保护的南极条约议定书》也只能对缔约国产生效力,对于非缔约国没有法律效力,从而不能规制非缔约国及其经营者的南极旅游活动。即使《关于环境保护的南极条约议定书》第13条第5款中提到了南极条约协商会议(ATCM)可以提请非缔约国注意其在南极的活动对南极环境的影响,但提请并不能被视为使非缔约国承担了义务,因为在未得到非缔约国的书面同意之前,条约不得为非缔约国设定义务。

(3) 部分港口国监控无法实施和各国条约国内法转换存在差异

条约无论制定得多么完善,其规制南极旅游海事风险的关键最终取决于运行的效果,然南极海域的特殊法律地位和各国对于条约的国内法转换方式不同,使得相关条约在具体规制南极旅游海事安全风险的运行层面上达不到限期效果。

首先,部分港口国监控在南极海域无法实施。由于南极海域属于"公海",或者处于主权权利不明状态,因而南极海域并不存在港口国,自然也就不存在港口国监控。为了通过港口国监控实现对南极旅游的规制,目前具体实践主要存在两种类型:一是南极门户国的港口国监控;二是非南极门户国的港口国监控。澳大利亚、新西兰、智利、阿根廷和南非是南极五大门户国,但上述五国的港口国监控的水平存在差异,使得部分南极旅游船舶营运者通过停靠监控水平较弱的南极门户国而逃避监控水平较强的南极门户国的港口国监控。对于部分非南极门户国,即使设置了严格的港口国监控,也无法真正达到港口国监控的效果。例如,作为南极旅游的主要国家,美国基于本国前往南极海域旅游的船舶几乎没有美国籍的实际情况,加大了港口国监管在南极旅游的海事管理。其中,美国海岸警卫队作为一支美国海上综合执法队伍,担负港口国监督检查任务,力求达到有效的保护船舶安全和防止海域污染。但是,由于美国并不是前往南极的门户国,因此,美国海岸警卫队对南极旅游运营船舶的港口国监管鞭长莫及,缺乏效果。

其次,各国对于条约的国内法转换存在差异。南极旅游海事风险规制内容更多的属于公法范畴,故相关条约的履行是通过缔约国政府颁布国内法律法规的途径实现的。然不同缔约国对条约的国内法转换("并入"与"转化")所采取的标准并不一致,这为部分南极旅游经营人逃避相关监管提供了可乘之机。例如,澳大利亚作为前往南极地区旅游的门户港之一,通过"转化"方式积极履行相关国际条约,通过《南极条约(环境保护)(环境影响评价)规定 1993》《南极条约(环境保护)(废弃物管理)规定 1994》《环境保护(海洋倾废)法》《1983 年海洋保护(防止船舶污染)法》以及 2003 年《海上运输及近岸设施保安法》等实现对 MARPOL 和 SOLAS 等公约的国内法转化,但其中并没有关于南极海域航行船舶标准的明确规定,从而使澳大利亚的上述规定对部分悬挂他国国籍的南极旅游经营人缺乏有效的约束。《1983 年海洋保护(防止船舶污染)法》第三部分 B"防止污水污染"虽然规定了在南极地区禁止排放污水,并对违反此规定的船舶予以相应处罚,但该规定只适用拥有澳大利亚船籍的船舶,从而使该规定无法适用悬挂他国国籍的南极旅游经营人,进而影响了该规定的强制约束力。

二、难民和非安全移民选择经海路入境的海事安全风险

目前,《关于难民地位的公约》等国际公约对难民作出了明确的界定,但"学界对移民的界定毫无客观标准,一切取决于国家政策"[①]。故

---

① [澳大利亚]斯蒂芬·卡斯尔斯:《21 世纪初的国际移民:全球性的趋势和问题》,《国际社会科学杂志》2001 年第 3 期。

此,从法律角度讲,难民是非常具体的,移民则是泛指的①。基于上述考虑,"非安全移民"实际上有两种所指,一种是以移徙者的身份为视角,是指除了难民以外的非法移民、寻求避难者等,甚至包括从事偷渡或人口贩运的犯罪分子、恐怖分子②。另一种是以移徙的行为本身为视角,是指采用非法手段、通过非法途径达到移徙目的的活动,或在移徙过程中伴随或出现的较高风险③。本书"非安全移民"采第一种所指。随着陆地边境的封锁和难民申请的限缩,经海路入境成为目前难民和非安全移民选择的主要途径。目前,海上难民与非安全移民问题已突破欧洲,向全球扩散。难民选择经海路入境,伴随着诸多海事安全风险,亟须国际社会予以高度重视和规则。

1. 难民和非安全移民经海路入境的高风险性

根据联合国难民署(United Nations High Commissioner for Refugees, UNHCR)的统计,经"地中海航线"进入欧洲的难民和非安全移民的数量自 2014 年起开始大幅增长,2014 年超过 21.6 万人,2015 年超过 100 万人④,2016 年也高达 36.3 万人⑤。2017年 1 月至 7 月初的数量已超过 10 万人⑥。从全球范围看,难民和非安全移民经海路入境的航线主要有四条:一是"地中海航线",包括三条支路,即从北非的摩洛哥进入西班牙的"西线",从突尼

---

① 《欧洲现在纠结的一个问题是:移民和难民的区别在哪里?》,http://www.jiemian.com/article/382931.html,访问日期:2017 年 8 月 3 日。
② 徐军华:《论不推回原则在海上拦截中的适用》,《政法论坛》2017 年第 2 期。
③ 《国际海事组织秘书长在法律委员会第 102 届会议(LEG 102)开幕式上的讲话》,《国际海事公约研究》2015 年第 3 期。
④ 《2015 年抵欧难民破百万》,《大河报》2015 年 12 月 24 日第 A15 版。
⑤ 《2016 年葬身地中海的难民和非正常移民人数创新高》,http://news.xinhuanet.com/world/2017-01/07/c_1120264074.htm,访问日期:2017 年 8 月 3 日。
⑥ 《联合国:2017 年逾 10 万移民穿越地中海抵欧》,http://world.huanqiu.com/exclusive/2017-07/10937250.html,访问日期:2017 年 8 月 3 日。

斯、利比亚和埃及前往意大利的"中线"和从土耳其渡海前往希腊的"东线";二是"非洲之角航线",即从埃塞俄比亚和索马里越过亚丁湾和红海进入也门和沙特阿拉伯的航线;三是"东南亚航线",即从孟加拉国或缅甸经东南亚海域进入泰国或马来西亚的航线;四是"加勒比海航线",即越过加勒比海的入境航线[①]。

海上难民和非安全移民带来诸多海事安全风险。这主要体现在以下几个方面:一是大量难民和非安全移民乘坐不安全或不符合规定的危险超载船舶或水上装置,或者缺乏或没有合格海员驾驶载运难民和非安全移民的船舶,构成不安全海上航行行为。二是大规模海上搜救活动给沿海国搜救服务能力带来难以承受的负担,海岸警卫队、海军和救助的基础设施作为一个整体都已达到极限;大规模海上搜救活动也给商船带来难以承受的负担,毕竟为救助人命而改变预定航线,会对航运业、贸易、经济和全球供应链带来较为明显的损害,也给船员安全带来不可预知的风险。三是载运难民和非安全移民的船舶实施弃船行为,给附近海域船舶的安全和海洋环境带来威胁,破坏国际海上安全法规的遵约体系。例如,2014年12月"蓝天M"(Blue Sky M.)号货船和"艾萨丁"(Ezadeen)号货船弃船事件[②]。

难民和非安全移民经海路入境出现诸多海难事件。据UNHCR统计,仅在地中海丧生或失踪的人数,从2012年的500人增至2016年的5 000余人,增长了10倍(见表11)[③]。2015年,每269人经海路到达欧洲,就有1人丧生;2016年,这一比例上升到每88

[①] 陈君怡:《联合国难民署发布2014全球海上偷渡数据》,《中国海洋报》2014年12月16日第4版。

[②] 《国际海事组织秘书长在法律委员会第102届会议(LEG102)开幕式上的讲话》,《国际海事公约研究》2015年第2期。

[③] 任彦:《2017年通过海上进入欧洲的难民数量比2016年减少一半,然而——难民危机仍在"折磨"欧洲》,《人民日报》2018年1月16日第21版。

人就有1人丧生;"地中海航线"中的利比亚—意大利航线的死亡率更高,每47人就有1人丧生①。根据2017年1月至7月初的数据统计,"地中海航线"的死亡比例已达每44人就有1人丧生,是2016年的2倍。2015年,在希腊和土耳其海岸发生了近600起难民和非安全移民沉船溺水事故,相当于整个地中海2013年所有海上遇难事故的总和②。

表11　2012—2017年经地中海进入欧洲的难民和丧生或失踪人数

年　份	经地中海进入欧洲的难民人数	在地中海丧生或失踪的人数
2012	22 439	500
2013	59 421	600
2014	216 054	3 279
2015	1 015 078	3 735
2016	363 504	5 079
2017	171 635	3 116

难民和非安全移民经海路入境的高风险性,在客观上促使国际社会将风险管控的视角由陆上转移至海上,通过海上规制手段减少或避免伤亡事件的发生。尽管海上规制并不是解决难民和非安全移民问题的根本路径,但其具有相对独立性,既不同于对已入境的难民和非安全移民的安置,也不同于难民和非安全移民启程国所采取的管控措施,而是基于国际人道主义、人权保障和维护国际海上秩序的考虑,对难民与非安全移民在海上航程阶段所采取

---

① 《横渡地中海死亡数字大增,2016年是最多人死亡的年份》,http://www.unhcr.org/hk/8785-mediterranean-death-toll-soars-2016-is-deadliest-year-yet.html,访问日期:2017年5月17日。
② 何农:《2015年全世界流离失所人数创纪录》,《光明日报》2016年1月7日第12版。

的海上救助、海上犯罪惩治、国际合作等措施,因此,其构成海上难民和非安全移民"全链条管控"不可或缺的一部分。另外,难民与非安全移民的海上规制涉及航行安全、人命救助、海事信息平台构建等诸多专业性、技术性等问题,也涉及《国际海上人命安全公约》《1972年国际海上避碰规则公约》《1979年国际海上搜寻救助公约》等适用问题,非其他国际公约或治理手段所能涵盖或替代。2015年6月,国际海事组织(IMO)、国际移民组织(IOM)等共同承诺,进一步强化有关海上人命安全、搜救与便利海上交通的相关法律文件的规定,采取诸如建立所需的技术或咨询机构、合作建立机构间信息平台等行动,以有效应对海上难民和非安全移民的发展态势①。因此,基于人道主义和海上安全秩序等考虑,健全相关国际法律制度,以"一种合乎法律、符合人道主义标准以及可持续的方式"②治理海上难民和非安全移民问题,无疑是目前国际社会所面临的一项重要议题。

2. 难民和非安全移民入境的海上管控前置

"管控前置"是指边境控制措施的实施从本国领土延伸至本国领土之外的区域,体现了从传统的以"领土"为基础的边境控制制度向以"控制"功能为基础的边境控制制度的转变③。基于难民和非安全移民经海路入境的高风险性以及 UNCLOS 确立的海域制度和赋予沿海国的海疆安全管控权责,海上管控前置已然成为各沿海国广泛采取的应对之策。虽然这种做法虽然存在诸多主观诉

---

① 张艺严、韩佳霖:《IMO与IOM秘书长表态就不安全海上移民采取行动》,《中国海事》2015年第8期。
② 《国际海事组织召开高级别会议讨论海上不安全混合移徙问题》,http://www.un.org/chinese/News/story.asp?NewsID=23560,访问日期:2017年8月3日。
③ Seline Trevisanut, "The Principle of Non-Refoulement and the De-Territorialization of Border Control at Sea," Leiden Journal of International Law, Vol.27, No.3, 2014, p.662.

求,如最大限度减少难民和非安全移民经海路入境的数量,或者避免海上风险过度迁衍至陆域而引发一系列连锁反应等,但从《关于难民地位的公约》《联合国海洋法公约》《国际海上人命安全公约》等角度看,海上管控前置符合国际法确立的原则与制度,由此成为沿海各国广泛采取的一种法律措施。难民和非安全移民入境的海上管控前置依据除了沿海国承担海事安全保障责任之外,也包括以下两个方面[①]:

一是"难民不得推回原则"。"难民不得推回原则"是指任何国家不得以任何方式将难民推送至其生命或者自由可能受到威胁的领土边界,包括禁止引渡难民,不得将其推送至生命或者自由可能受到威胁的领土边界,禁止在边界拒绝难民入境,禁止将难民驱逐出境,等等。这一原则是相关国际难民公约确立的基本原则之一,签署相关公约的国家须遵守这一原则。作为国际社会应对难民问题过程中一项重要的习惯法原则,"难民不得推回原则"被各个国际组织和国家的法律文件和实践所肯定,是接收国对难民实施救助和保护的核心和基石。

作为一项习惯法规范,"不得推回原则"成为国际社会处理难民事务的一项基本原则,并加以适用。目前世界上共有140多个国家加入了1951年的《关于难民地位的公约》或1967年的《关于难民地位的议定书》,《关于难民地位的公约》对"不得推回原则"不允许作出保留,意味着各国均不得拒绝该条款并将该条款付诸实践。1967年的《领土庇护宣言》、1984年的《联合国反酷刑公约》及《卡塔赫那宣言》、1992年的《保护所有人免于强迫失踪宣言》等一系列文件均申明不得将难民推回至对其有危险的境地,尤其是《卡

---

① 陈敬根、刘刊斌:《难民和非安全移民海上管控前置的法律困境与对策》,《国际展望》2017年第5期。

塔赫那宣言》,宣布该原则是国际难民保护的丰碑,这一国际法规则在国际社会上应该得到承认和实践。同时,许多国家在国内法中对该原则也予以规定,如澳大利亚《1992年外国人法》、德国《1951年外国人法》等。

"难民不得推回原则"涵摄接收国的权利与义务的统一性,即接收国承担接收难民的义务,同时必然拥有对难民采取识别、管控等权利,包括权利行使的地域与范围。为缓解难民大量入境对本国经济社会带来的压力,在遵循"难民不得推回原则"的国际法要求下,沿海各国对经海路入境的难民不得不采取更加积极的预防措施,其中最为重要的是前置难民的管控区域,即将管控难民的区域由海岸或领海推及领海以外的海域,包括毗连区、专属经济区甚至公海。这实质上是"难民不得推回原则"赋予沿海国行使相应的管控权利在地域和范围上的体现,具备合法性。但是,海上管控前置并不存在法律上明确限定的海域及其范围,这为一些沿海国借此扩大海洋管辖权或树立海上管控壁垒提供了依据,易导致海上管辖权冲突和漠视海上人命安全的现象。尽管由"难民不得推回原则"延伸出来的海上管控前置措施存在一定不足,但对沿海各国来说,海上管控前置仍不失为一种提前介入海上难民管控的有效措施。

二是海难救助义务。海难救助又称海上救助,是指对遭遇海难的船舶、货物和客货运费的全部或部分,由外来力量对其进行救助的行为,且不论该救助发生在何种领域[①]。相关国际公约和几乎所有船旗国法均规定了海难救助义务。前者如《1910年统一海难援助和救助某些法律规定公约》第11条、《1989年国际救助公约》第10条、UNCLOS第98条、SOLAS第10条、《1979年国际海

[①] 司玉琢、吴煦:《雇佣救助的法律属性及法律适用》,《中国海商法研究》2016年第3期。

上搜寻救助公约》(SAR)第 3 章等规定,救助人命和遇险船舶是船长和沿海国的义务。后者如《美国法典》(U.S.C.)第 46 章 2304 条、《中华人民共和国海商法》第 174 条等规定,救助人命是船长在海上不可回避的义务。特别是后者的一些船旗国法规定,若违反此义务,有可能导致刑事责任,如《美国法典》第 2407 条的规定,船长回避救助人命最高判罚两年有期徒刑,俄罗斯《刑法》也将船长见死不救的行为规定为犯罪。

综上所述,船舶承担海上难民与非安全移民的救助义务构成一项国际强行法规定。其中,承担救助的船舶不仅包括商船,还包括军舰;承担救助的内容是在获得遇难船舶求救信号时,接收求救信号的船舶必须予以回应和提供可能帮助,但以救助对象在实施救助船舶的海域附近为限;不实施救助的船舶,则构成国际不法行为,需要承担一定的法律责任,其中国际公约一般规定缔约国须将该不法行为确定为违法或犯罪,并施加不低于国内法规定的同类或相似违法或犯罪行为所应承担的法律责任。

应当说,正是国际公约或国内法规定了施援海难救助构成船舶所有人、船舶经营人甚至船旗国须遵循的一项强行法规范,难民和非安全移民获得海上救助的权利得到了一定程度的法律保证。据统计,仅在 2014 年,超过 700 艘商船为救助人命而改变了航线。启动于 2013 年 10 月的"地中海行动"(Mare Nostrum)在 2014 年 10 月结束时已经在地中海区域营救了 15 万难民,其中包括 1.8 万名青少年。2016 年 8 月 29 日,意大利海巡队单日执行了 40 次救援行动,在地中海利比亚海岸共营救 6 500 名难民[①]。

3. 海上管控前置存在的法律困境

通过海上管控前置,强化对海上难民和非安全移民的治理,已

---

① 《难民安置难 欧洲隐现人道危机》,http://magazine.caijing.com.cn/20160909/4174777.shtml,访问日期:2016 年 9 月 9 日。

成为国际社会和相关沿海国首选的应对之策,但其也面临着如下一些法律困境[①]。

一是相关国际海事安全公约整体适用较为有限。尽管海上难民和非安全移民构成非传统海事安全风险之一,相关海事公约或文件可以成为规制海上难民和非安全移民的依据,但一般意义上的海事安全关切的是船舶航行安全和船源海洋污染[②],这除了从上述公约构成的体系得以印证外,还可以从IMO和各国的海事管理机构及其职责得到印证。IMO是专司海事问题的联合国专门机构,其成立之时的宗旨是"航行更安全、海洋更清洁",即海上航行安全和防止船舶造成海洋污染。尽管现在IMO的追求目标转变为"清洁海洋上安全、保安和高效的航运",即将"保安"与"航行安全""防污染"并列,同时增加新的追求目标,即"高效的航运",但其目标的实质内容并没有改变,即限定在"航行安全"和"防污染"两个方面。从各国海事主管机构的职责来看,"航行安全"和"防污染"也是其核心内容。例如,根据法律、法规的授权,中华人民共和国海事局负责行使国家水上安全监督和防止船舶污染、船舶及海上设施检验、航海保障管理和行政执法,并履行交通运输部安全生产等管理职能。又如,根据美国2002年《国土安全法》的规定,美国海岸警卫队肩负六项职责,即搜救、海洋安全、航行帮助、破冰、海洋生物资源保护、海洋环境保护。作为欧盟的海事管理机构,欧洲海事安全署负责减少海上事故的风险,防治船舶污染海洋环境及海上船只和人命的损失,协助执行相关的欧盟法规[③]。海上难

---

① 陈敬根、刘刊斌:《难民和非安全移民海上管控前置的法律困境与对策》,《国际展望》2017年第5期。

② 李志文、马晓路:《欧美国家海事立法对我国海事立法的启示》,《中国航海》2014年第2期。

③ EMSA Staff by Nationality 2015,EMSA,March 17,2017,http://www.emsa.europa.eu/about.html.

民和非安全移民的发展态势,使其成为当前海上管控的主要内容。纵览国际海事公约的调整内容和适用范围,国际海事公约对海上难民和非安全移民的整体适用性较弱,或者说从国际海事公约诞生和发展来看,海上难民和非安全移民并非其所直接调整的内容。在国际社会尤其是国际海事领域大力提议将国际海事公约适用于海上难民和非安全移民的情形下,如何进一步完善相关法律规定,以更好应对海上难民和非安全移民所带来的不安全、不受监管和非法的海上运输,成为当前国际海事公约必须面对的挑战。

二是"无效果无报酬"海难救助原则无法适用。为了鼓励救助遭遇海难的船舶,相关公约规定,救助人可以从被救助货物所有人处获得报酬,但其构成要件之一是此种救助须有效果,即海上救助取得全部或部分救助效果时,救助人有权获得相应的报酬支付。此原则被称为"无效果无报酬"(No Cure No Pay)原则[①]。海上救助相关判例裁定对实施海难救助的船舶给予相应报酬,目的在于借助奖励其在海上巨大风险下付出的努力以保障海事安全。[②] 但是,对于海上难民和非安全移民的救助,"无效果无报酬"原则却很难适用,从而在一定程度上影响相关救助的有效开展。

首先,尽管目前海上救助公约扩大了救助范围,如从《1910年统一海难援助和救助某些法律规定的公约》第1条规定的"处于危险中的海船、船上财物和客货运费"发展到《1989年国际救助公约》第1条规定的"任何船只、艇筏或任何能够航行的构造物""非永久性和非有意地依附于岸线的任何财产"和"海洋环境",但人命

---

① Ross. A. Albert, "Restitutionary Recovery for Rescuers of Human Life", California Law Review, Vol.74, No.1, 1986, p.85.
② Steven F. Friedell, "The Future of Maritime Law in the Federal Counts: A Faculty Colloquium: Salvage", Journal of Maritime Law & Commerce, Vol.31, No.2, 2000, pp.311-316.

始终不能成为海上救助的客体,因为无法以价格来衡量人命①。在"埃姆布勒姆"案(The Emblem Case)②中,法院就拒绝了人命救助单独的报酬请求权。海上难民和非安全移民的救助基本属于单纯的人命救助,从而使"无效果无报酬"原则无法适用,该原则所衍生的积极法律效果更无从体现。

其次,"无效果无报酬"原则无法适用于海上难民和非安全移民的救助可能催生道德风险。在海上救助义务构成一项国际强制法规范的前提下,由国家机关主导控制的救助可以通过行政经费列支而不涉及救助报酬的支付,但运输海上难民和非安全移民的船舶大多为非营运船舶,甚至是无法识别所有人或经营人的船舶。商业船舶实施海难救助,既不可能获得类似财政经费的资助,也不可能从载运难民和非安全移民的船舶所有人或经营人获得报酬,从而使救助的实施依赖于人性和价值选择③。此种情形极易引发道德风险,即可以施救的船舶,或为了避免因救助发生的绕航所产生的费用,或预判不可能获得相应报酬,而不予以施救。

最后,人命救助无法得到优先受偿。目前,相关法律对财产救助的优先受偿规定较为完备,如《1989年国际救助公约》第22条规定,有管辖权的法院或仲裁庭可根据案情先行支付公正合理的金额以及适当的担保。《中华人民共和国海商法》第22条为保护救助人利益,针对救助报酬费用的给付,也规定救助费用享有船舶优先权。然而关于人命救助优先受偿却较少有规定④。尽管国际公约或国内法规定船舶在救助时发生的绕航不属违约,规定承运

---

① The Plymouth Rock: S.D.N.Y., Vol.9, 1881, p.418.
② The Emblem: F. Cas. D. Me., Vol.8, 1840, p.641.
③ Grisby v. Coastal Marine Servo of Texas: Inc. 412 F., Vol.2, 1969, p.1021.
④ 傅廷中:《雇佣救助合同的性质及其法律适用》,《中国海商法研究》2016年第3期。

人救助行为不承担违约责任,但该些规定仅仅能够避免承运人的违约责任,而无法覆盖实施人命救助时所产生的偏航等其他费用①。在此情况下,人命救助的优先受偿更无从谈起,这显然无益于海上人命的施救。

三是单边海事管控存在法律冲突。一国采取单边主义,基于国际法所赋予的国家的主权、主权性权利和管辖权,即一国可依法创制本国的海事安全风险管控制度,并可以依据"平等者之间无管辖权"原则完全排除他国的干涉。基于国家主权对内效力的最高性和对外效力的独立性,地中海沿线欧盟沿海国、安达曼海沿线东南亚沿海国为管控经海路入境的难民和非安全移民,在单边海事制度创设与实施方面采取了更为严厉的手段,如要求驶往(入)本国海域的船舶提供船籍、船员构成、航程航速、船舶停靠港口等基本信息。一些国家或地区则采取更为严厉的单边海事管控措施。例如,欧洲联盟成员国 2015 年 9 月批准采取拦截难民船、充公或销毁非法载运人口的船只等军事行动,甚至在难民船仍未出航前就予以制止②。此种单边海事行为虽提高了海上安全管控和预警能力,但因其是否符合《联合国海洋法公约》和国际人道法以及能否获得联合国安理会的授权和相关国家认可等尚存疑义,且这一单边国家法律管控措施在事实上导致了国与国之间在海上安全风险管控方面的法律冲突,不利于确立一致的全球海上安全治理规则与标准③。为有效规制难民和非安全移民经海路入境的高风险性,保障海上安全和秩序,亟须对这些法律冲突予以协调。

四是不安全混合移民海上犯罪惩防机制尚待完善。海上难民

---

① 参见《中华人民共和国海商法》第 49 条和第 51 条第(7)项规定。
② 欧威:《欧盟各国批准在公海拦截难民船》,《中国海洋报》2015 年 9 月 22 日第 A4 版。
③ 陈敬根:《论海上防空识别区划设的合法性》,《政法论丛》2015 年第 6 期。

和非安全移民与偷渡、走私、贩卖人口等有组织跨国犯罪行为相混杂,这种情况随着经海路入境而变得严重。根据国际移民组织的数据,2014 年偷渡者达到 17 万人次,死亡 3 000 多人;2015 年偷渡者人数达 50 万人次,死亡人数攀升至 1 万人[①]。尽管国际社会出台了打击海上犯罪的相关公约,但主要是针对海盗、海上恐怖主义活动,较少涉及非安全移民,这使《制止危及海上航行安全非法行为公约》及其议定书等国际规范无法有效适用。虽然国际社会出台了《有关偷渡者的国际公约》《联合国打击跨国有组织犯罪公约》及《巴勒莫议定书》[②],但作为打击海上犯罪不可缺少的一环,海事执法不得不面对法律缺位的情况。特别是此问题涉及原籍国、过境国和目的国对人员甄别与登临检查和紧追的海事执法行为,涉及管辖与审判的海事司法行为,涉及罪犯的关押、收监与遣送等刑罚执行行为,并与属人主义、属地主义、保护主义等重叠,易引发国与国的司法主权纠纷。因此,如何构建有效的惩防体制与机制,在海事层面成立惩防有组织偷渡和非安全移民合作执行委员会,建立常态化和应急反应协助机制,共同提高防范抵御海事安全风险的能力,显得尤为迫切。

三、极地规则的调整对象亟须扩充

Polar Code 等极地规则的绝大部分内容集中在航行安全的规制方面,对于极地航行的环境保护内容规定的较少,亟须加以补充和完善。这主要体现在以下几个方面。

---

① 袁源:《难民的地中海悲歌》,《国际金融报》2015 年 6 月 1 日第 3 版。
② 《巴勒莫议定书》由两项议定书构成,即《关于打击陆、海、空偷运移民的补充议定书》(简称《偷运移民议定书》)和《关于预防、禁止和惩治贩运人口特别是妇女和儿童行为的补充议定书》(简称《贩运人口议定书》)。其中,《偷运移民议定书》重点选择了具有典型意义的海上偷运移民的犯罪行为,进而作出了详细规定,并将这些措施中的通行做法推及陆路和空路偷运移民的犯罪情形中。

1. 压舱水排放

为统一压载水排放标准,IMO虽然通过了《2004年国际船舶压载水和沉积物控制和管理公约》,对压载水的置换区域、置换标准、指标微生物排放浓度、检验和发证要求等做出了明确规定,但其无法有效管控船舶极地航行过程中压载水排放的更为严格要求的问题。然而做为保障极地海域船舶航行安全、海洋环境安全的Polar Code,却对船舶压载水填充与排放没有任何规定,这不能不说是该规则的一大缺憾。特别是南极海域因尚无"主权国家"存在而处于国家管辖真空情形,且相关国际组织也未建立有效的南极海洋保护区制度或压载水排放限制与禁止机制。综上,包括北极和南极的海域,其船舶压载水排放规制问题实则处于"空白"状态。

2. 黑碳排放

黑碳是由于石油燃料的不完全燃烧而产生的一种可强烈吸收太阳短波辐射,同时释放红外辐射、加热周边大气的由颗粒物质组成的碳化气溶胶,是大气中硫氧化物排放物中第二多的污染物形式的物质。黑碳除了对人体健康有害以外,因其在大气中留存时间为数日至几周,故可产生区域增温效应,进而对气候变化造成影响。当黑碳沉降在南极冰雪表面时,其可使对光面变暗,降低表面反照率,从而导致冰雪消融。正是由于黑碳与冰雪消融、气候变化之间的紧密关系,使得船舶极地航行黑碳排放问题广受国际社会的关注。但由于以下两个原因,Polar Code没有对黑碳排放问题做出规定:一是根据观测数据,北极大气中的黑碳浓度自1989年处于下降态势,而2005年后雪冰中的黑碳浓度与20世纪80年代的相比也没有明显变化。[①] 因此,没有证据表明黑碳加速了北极

---

① Doherty S, Warren S, Grenfell T, et al., 2010. Light-absorbing impurities in Arctic snow. Atmos. Chem. Phys., 10(23), 11647-11680.

海冰的消融。二是理论与实测数据表明,黑碳对气候变化的作用是复杂的:黑色颗粒吸收来自太阳的辐射,然后将热量散发出去;能促进云的形成,带来冷却或加热的影响;黑碳落在雪和冰的表面,促使气温升高,加速融化,但许多产生黑碳的来源可以排放出其他颗粒来抵消黑碳影响,达到冷却的效果。基于此,为解决船舶北极航行黑碳气溶胶排放问题,海洋环境保护委员会指示散装液体和气体分委会(BLG)完成如下工作:一是明确定义国际航行船舶排放黑碳排放;二是研究大部分国际航行船舶黑碳排放测量方法并确定最适当的测试方法;三是查找合适的国际航行船舶黑碳排放控制措施,以减少船舶北极航行黑碳排放对北极带来的影响[1]。由于船舶北极航行黑碳排放问题较为复杂,只能等到 BLG 取得研究结论后再议,故 Polar Code 对此问题暂未做出规定。Polar Code 的目的之一是防止船舶运营造成极地海域环境污染,加之极地海域的海洋生态环境非常脆弱,故 Polar Code 在制定过程中始终坚持高标准、严要求,理应对一切可能造成极地海域环境污染的行为予以禁止,其中应包括黑碳排放问题[2]。事实上,自 1890 年以来,仅黑碳的排放就已经足以导致北极地区的温度上升 0.5℃—1.4℃。遗憾的是,一些国家基于减少成本、避免技术改造等自身利益考虑安全,以黑碳排放与北极海冰消融之间的正相关关系不确定为由,拒绝就此问题予以规范。这不能不说是 Polar Code 的另一个遗憾。

3. 重油污染

重油(Heavy Fuel Oil, HFO)是以原油加工过程中的常压油,

---

[1] 国际海事研究会综合履约分委会:《国际海事组织海洋环境保护委员会(MEPC)第 62 次会议概要》,《综合履约》2011 年第 3 期。

[2] Ramanathan V, Carmichael G, 2008. Global and regional climate changes due to black carbon. Nature Geosci, 1(4), 221–227.

减压渣油、裂化渣油、裂化柴油和催化柴油等为原料调和而成的暗黑色液体。重油因比较黏稠、难挥发、上岸后很难清除,故又称可持久性油类。重油一般是原油在提炼汽柴油等轻质油品后剩下来的较重的油品,比重较高(比重超过 0.91),只能用来作为燃料使用,一般用于海船主机(大功率低速柴油机),是燃料油①中最重要的一种。但重油属于"油渣",含有大量的氮、硫、蜡质以及金属,故也是燃料油中最差的一种。重油燃烧或泄漏都会对海洋环境造成损害,因此,国际社会一直致力于重油的海洋环境污染防治规则的制定与实施。目前,国际社会对南极地区免遭重油污染做出了具有拘束力的规定,2010 年 IMO 海洋环境委员会第 60 次会议通过了一项新的 MARPOL 规则,并于 2011 年 8 月 1 日生效。该修正案在 MARPOL 附则Ⅰ中新增了第 9 章第 43 条规定,禁止下列物质作为散货运输或作为燃料运输和使用:15℃时密度大于 900 kg/m³ 的原油;15℃时密度大于 900 kg/m³ 或 50℃时动滞系数大于 180 mm²/s 的除原油以外的其他油类;或沥青、焦油及其乳化品。参与船舶安保或搜救行动的船舶可免于遵守该规定。② 但 Polar Code 以现阶段做出规定尚不成熟为由没有对北极海域免遭重油污染做出规范,而是继续允许船只使用重燃料油。这对北极海域环境保护是非常不利的,无法避免因海难事故导致重油在内的燃料油污染北极海域的风险。

4. 灰水排放

灰水是指来自厨房、洗衣房以及盥洗室等处的废水和废物,其

---

① 燃料油包括汽柴油、煤油、烧火油、煤焦油等油品,但通常所说的燃料油是指用于锅炉、船舶做燃料用的油品,主要是指重油、煤焦油、烧火油,汽柴油、煤油等则划归为成品油一列。

② 邹川:《极地规则:保护极地环境保障船舶安全》,《船舶标准化工程师》2013 年第 1 期。

与来自船舶卫生间、医务室、装载活动物处所的废水和废物等"黑水"共同构成船舶生活污水。生活污水对海洋环境和人类健康都存在潜在的危害。生活污水富含的有机物在水中微生物的作用下消耗大量的溶解氧,并使水质腐坏;固体悬浮物悬浮于水中,则影响着水的透光性,从而影响水生植物进行光合作用;污水中的大肠杆菌、肝炎病毒等病原微生物,如不进行处理直接排入海洋中,就容易引起疾病的传播,并可能引发人类大的瘟疫和灾难。

因此,国际社会非常重视船舶生活污水排放,MARPOL 73/78 附则Ⅳ"防止船舶生活污水污染规则"对船舶生活污水的排放进行了具体规制,即除下列情况外,禁止将生活污水排放入海:① 为保障船舶及船上人员安全或救护海上人命所必需,或由于船舶或其设备损坏而导致排放生活污水,且在发生损坏前后已采取了一切合理的预防措施来防止排放或使排放减至最低限度;② 船舶在距最近陆地 3 海里以外,使用主管机关按照公约所批准的设备,排放业经粉碎和消毒的生活污水;③ 在距最近陆地 12 海里以外,排放未经粉碎和消毒的生活污水。但是,在任何情况下,不得将集污舱中储存的生活污水顷刻排光,而应在航行途中,船舶以不小于 4 kn 的船速航行时,以中等速率排放,排放率应经主管机关根据国际海事组织制定的标准予以批准;当生活污水与具有不同排放要求的废弃物或废水混在一起时,除应满足 MARPOL 73/78 附则Ⅳ的规定外,还应符合其他附则的要求(MARPOL 73/78 附则Ⅳ第 8 条和第 9 条)。但由于 MARPOL 73/78 附则Ⅳ第 1 条第 3 款在制定时国际社会就船舶灰水的排放对海洋环境的危害程度问题没有科学认识,故上述规定仅限于黑水,对于灰水的排放则没有严格而明确的限制,允许直接排放,而只有当灰水混有粪便污水时才受约束。MARPOL 73/78 附则Ⅳ第 1 条第 3 款规定,生活污水系指:"(1) 任何型式的厕所、小便池以及厕所排水孔的排出物和其他废弃物;(2)医务室(药房、病房等)的面盆、洗澡盆和这些处所排水孔的排出物;(3)装有活畜禽货的处所的排出物;(4)或混有上述排出物的其他废水。"事实上,灰水对海洋环境的影响有时也是重大的,以船舶厨房灰水为例说明之。船舶厨房灰水是指来自船舶厨房、餐厅、餐具洗涤间等舱室内产生的含动植物油类产品的污水,以及相应舱室甲板漏水孔排出的污水。船舶厨房灰水成分较为复杂,富含动植物油脂、食物纤维、淀粉、脂肪、各类佐料、洗涤剂、蛋白质和动植物的悬浮残渣等;在中餐和晚餐时段形成瞬间排放,且排放流量大。船舶厨房灰水成分及其排放特征给海洋环境带来如下危害:① 排入海水中的船舶厨房灰水会在海面上形成油膜,这种油膜影响空气和水体的氧交换,进而降低复氧速率,同时分散于水中的油粒会消耗水中的溶解氧,使水质恶化。② 厨房灰水中含有丰富的 N、P 等元素,可造成水体富营养化,引起鱼类和水生生物的死亡。③ 厨房灰水的分解产物含有的许多有毒和致癌物质,其被海洋生物摄取后,不仅会造成海洋生物畸变,而且可通过食物链进入人体,从而对人体健康造成危害[①]。正是基于此认识,目前,一些国家(地区)已将"灰水"的单独排放也纳入船舶污水的管理范围,以规制船舶极地航行防止海洋污染为目标之一的 Polar Code,在其制定过程中,一些国家曾提出规制灰水排放的动议,然未获得会议支持,故尽管一些国家(地区)已将灰水的单独排放也纳入船舶污水的管理范围,即灰水的排放亦被要求达标排放,但 Polar Code 未对"灰水"的排放予以规制。

上述几个方面表明,Polar Code 只具有补强相关国际海事公约规制力度的作用,对亟须突出保护、填补空白等内容,其规制存

---

① 吴国凡、刘喜元:《大型船舶厨房灰水处理技术展望》,《中国水运》2006 年第 11 期。

在一定不足,进而在相当程度上削弱了 Polar Code 的预期效果。正如世界自然基金会挪威分会主席妮娜·詹森(Nina Jensen)所表示的:"我们担心,Polar Code 并没有解决一些重要的问题。"①除了 Polar Code 外,其他专门性船舶北极航行海事公法也存在一定不足,以《北极海洋油污预防与反应合作协定》为例。该协定完全没有就漏油应变设备的最低要求、建造救援井、清理油污或拯救受污染动物的方案提供引导,更没有提及具有威慑力的惩处机制、石油公司责任及跨国漏油事故安排,而仅仅以要求各国"确保尽力以现有资源去采取适当措施应对漏油事故"。因此,一旦出现漏油事故,北极理事会根本没有能力保护脆弱的北极环境,也绝不能确保肇事的石油公司承担责任。

---

① 《北极海域扩大　亟需航运新规则》,http://env.people.com.cn/n/2014/0124/c1010-24219674.html,访问日期:2017 年 12 月 20 日。

第七章
国际海事安全条约应对挑战的法律建议

尽管国际海事安全条约大部分是由 IMO 等相关国际组织创制的,但国际海事安全条约的执行依赖于各缔约国及其政府,IMO 等相关国际组织并没有这方面的权力。故此,缔约国是国际海事安全条约的执行主体,具体包括船旗国、沿岸国和港口国。缔约国执行国际海事安全条约的方式是缔约国将国际海事安全条约的规定适用于其船舶并采取相应的措施,对违反条约的行为进行处罚。基于海洋互通性和海事安全共利性,缔约国往往会通过区域性安排,形成合力,共同履行国际海事安全条约规定的义务。鉴于上述两个方面,国际海事安全条约应对挑战的法律建议包括以下几个方面。

第一节 全面引入目标导向型标准理念

目标导向型标准(Goal Based Standard,GBS)是指只设定目标,而没有强制规定符合标准的方法,同时允许使用经主管机关认可的替代方式实现设定目标。例如,为防止人们从船舷边上摔落是基于目标的标准,而现存的多数 IMO 规范中符合要求的方法是强制的,如"对于栏杆的高度、立柱的分布和间距做了明确规定",而按照 GBS,既可以是"按规定安装舷边护栏",也可以"使用经主管机关认可的替代方案",以达到防止人们从船舷边上摔落的目的"[①]。

一、GBS 的发展历程

肇始于巴哈马和希腊在 2002 年 11 月召开的 IMO 第 89 次理事会会议上提出的建议,即由 IMO 制定出一种新的船舶结构标准,该标准允许多种创新型的船舶设计,但必须保证船舶在适当的维护下,可以在其经济寿命中保持安全性;同时,该标准还须确保各方面均能容易地对船舶实施检验、检查及维护。

2003 年,IMO 第 23 届大会将制定 GBS 纳入了 IMO 战略计划,即 IMO 在国际公约的框架内,规定国际航行船舶必须满足的基本的结构建造标准,彻底改变船舶结构和建造标准完全由船级社制定的传统做法。具言之,IMO 制定船舶结构和建造标准的总体目标和功能要求,而船舶设计、建造、维护等具体技术标准,主要由 IACS 根据 IMO 设定的目标来制定[②]。

在 MSC 78 次会议上,巴哈马、希腊和 IACS 提出了著名的"五层立法框架"(five-tier system):第一层为"安全目标",要求船舶在设计和建造阶段满足安全航行的目标;第二层为"基于目标的功能标准",要求船舶结构符合特定功能;第三层为"符合性验证",旨

---

① 王文锦:《目标型船舶建造标准,我国造船工业的新挑战》,《机电技术》2010 年第 3 期。

② 周驰:《GBS:海事标准新基点》,《中国船检》2009 年第 7 期。

在由缔约国为造船公司设定一系列与船舶安全性能有关的标准，要求船公司提供相应证书证明其符合 GBS；第四层"技术性程序及指南、船级社规范和工业标准"，属于船舶设计和建造规范；第五层"船舶建造业的实用规则、安全和质量体系及航运界的船舶营运、维护、船员培训与配员等准则"，为主管机关、船级社、造船业或航运业采用的操作准则或规范①。GBS 只设定目标，而没有强制规定符合标准的方法，同时允许使用经主管机关认可的替代方式实现设定的目标。

二、GBS 的强制化

其实，GBS 的理念在此之前便存在 SOLAS 公约修正案中。例如，在 2000 年修正的 SOLAS 公约第Ⅱ-2 章第 2 条中，包含了防火安全目标、功能要求和应取得的效果，而第 17 条"替代设计和布置"为允许背离条款，即允许"消防安全设计和布置可以背离本章 B、C、D、E 或 G 部分的规定要求，但这些设计和布置须符合本章的消防安全目标和功能要求"，以及"当防火设计和安排背离本章中的描述性要求时，对替代设计和布置的认可、工程分析、评估等，均应符合本条款要求"。这意味着，当防火设计和安排符合该条款的防火安全目标和功能的要求时，主管机关有权认可替代的设计和布置，而不必遵守该章中的描述性规定（Prescriptive Regulation）。这种允许"安全等效替代"（Safety Equivalence）的情况在公约中是首次出现，也是 IMO 以非系统的形式引入 GBS 理念的一个极好例子。此外，在 2002 年 5 月 MSC"关于大型客船安全标准"的修订中，在 MSC/Circ.1002 号文件"对消防等效替代及

---

① 李伟芳、黄炎：《极地水域航行规制的国际法问题》，《太平洋学报》2017 年第 1 期。

布置的指南"中,以及在 MSC1/Circ.1212 号文件"对 SOLAS 第Ⅱ-1以及第Ⅲ章等效替代及布置的指南"中,都能见到 GBS 理念的应用和实践。

2007 年,MSC 83 次会议决定以修订 SOLAS 的方式使 GBS 成为强制性。2010 年 5 月,MSC 87 次会议通过了 GBS 一揽子 SOLAS 修正案,并通过了"散货船和油船目标性船舶建造国际标准"的决议和"国际散货船和油船目标型构造标准符合性验证导则"的决议。该修正案规定,正文第Ⅱ-1 章 A 部分第 2 条增加 GBS 标准的定义,A-1 章新增第 3—10 条"散货船和油船目标性标准",规定了该标准适用的船舶类型和时间,即第 3—10 条的实施时间向后延长 18 个月,即 2016 年 7 月 1 日签订合同,或 2017 年 7 月 1 日安放龙骨,或 2020 年 7 月 1 日交付的 150 米及以上的油船和散货船均适用本标准。对按照 GBS 设计和建造的船舶给出了原则性要求,即船舶的设计和建造应使之在特定的操作和环境状况下若适当操作和维护,在整个设计寿命期间,船舶在完整稳性和特定破损状态下能够安全且环境友好。同时,对"特定的操作和环境状况""特定的设计寿命""安全且环境友好""船舶建造档案"等给出了原则性要求。

三、目标型公约

GBS 理念应用于国际海事安全公约的修正和制定过程,进而由目标型标准引出目标型公约(Goal Based Convention)。目标型公约与描述型公约相对应,描述型公约注重描述具体的操作标准和要求,即通过描述性的文字,对船舶设计、建造、营运过程中的安全要求进行具体化,如"当存放的救生艇、筏距船首或船尾大于 100 米时,应在船尾或船首加配附加筏"。目标型公约则更注重目标的实现,更追求宏观控制,即在更高层次上提出公约的总体目标和功能要求,而具体标准则由缔约国根据总体目标和功能要求来制定。目标型公约由三个层级构成:第一层为"总体目标层",规定公约所要达到的目标;第二层为"功能层",规定达到公约要求的目标所需要的功能及实现要求;第三层为"指导层",具体规定各缔约国如何实施问题协调、跟踪、验证、报告、认可、评估等。在目标型公约框架下,各缔约国可以制定具体的达到公约目标的国家规范和行业标准①。

目标型公约具有如下几个优点:

一是可彻底解决发达国家长期技术垄断的问题。自 20 世纪 90 年代以来,IMO 和 IACS 制定和出台了一系列旨在提高船舶结构安全和环保性能的国际海事安全公约,但由于发展中国家在造船技术能力方面与发达国家相比存在严重悬殊,始终不能摆脱对发达国家的长期依赖,并为此付出较大的经济代价。目标型公约只规定总体目标和功能要求,具体技术操作则由各国依据本国国情和实践自由决定,故而可彻底解决发达国家长期技术垄断的问题,有力地保障了发展中国家的权益,并有助于航行安全与船舶成本之间的平衡。

二是可充分发挥各国的主观能动性和创造性。由于各国经济和技术发展水平不一致,故要求各国均执行统一的技术标准和操作,在客观上实难达到。目标型公约只规定一个总体目标和功能要求,各国可以充分利用各自优势、采取各自措施来满足和适应公约要求,从而可充分发挥各国的主观能动性和创造性,进而在全球形成良性的国际海事技术竞争机制。

三是可有力助促国际海事安全公约的实施。国际海事安全公约的目标虽然一致,但大都从具体的标准要求层面来规定缔约国

---

① 邱奇:《目标型公约是大势所趋?》,《中国船检》2010 年第 11 期。

的实施行为,以达到公约目的,这在相当程度上降低了公约的灵活性,甚至会导致公约缺乏普遍可操作性,部分国际海事安全公约因此广受发展中国家的质疑,实施效果不尽如人意。目标型公约只设定目标和要求而不设定方式,采取何种方式则交由缔约国自由选择,从而增加了国际海事安全公约的灵活性、可操作性和可实施性。综上,将 GBS 理念和方法引进国际海事安全管理便成为新世纪造船、航运、检验、监督管理的必然趋势,不仅现有的描述性公约、规则遵循 GBS 理念,而且区域性法规、国内法规以及船级社的规则均遵循 GBS 理念。这对现有公约将是一个巨大的变革,这种变革不仅仅是某一条具体的技术条款的变化,而是对于"标准的标准"即标准原则的更新。这一巨大变革将对船东、船舶设计公司、船厂、船用配套设备厂商、船级社、船旗国以及港口国均产生极为深远的影响①。

  Polar Code 正是顺应了这种趋势,在其第 I - A 篇"安全措施"(Safety Measures)中采用 GBS 理念和方法,在整体上按照"目标—功能性要求—描述性条款"的 Goal-based 结构来编排。Polar Code 根据各成员国形成的共同价值制定了总体目标,并以此目标指导各章的编写,各章均包含目标、功能要求和具体规定,要求极地水域航行船舶基于操作评估,设计具备抵御预期环境条件的操作能力和限制,并建立基于风险的极地水域操作程序,构成船舶安全管理体系一部分,以实现极地航行安全的"双保险"。例如在第3章船舶结构中,首先确立该章目的在于确保船材尺度及结构完整性;规定了实现目标的功能要求,包括计划在低温条件航行的船舶,须使用适合在极地工作温度下运行的材料,而且加强冰区船舶的结构设计须在可预见冰况下能承受预期的结构负荷。根据该功

---

  ① 周驰:《GBS:海事标准新基点》,《中国船检》2009 年第 7 期。

能性要求,章节最后制定了若干满足要求的具体规定,如船舶裸露结构的材料须经主管机关或认可组织的批准,并基于国际海事组织接受的或其他同级安全水平的标准等①。

但需注意的是,根据 MEPC 66 的审议结果,Polar Code 第Ⅱ-A 篇"防污染措施"(Pollution Prevention Measures)不再采用 GBS 编写模式,目标、功能要求等内容均已删除,仅保留了具体规定②。

第二节 构建有效的区域性海事制度安排

基于海洋的互通性以及船舶全球流动性特征,决定了仅凭一国或基于一国考虑而采取的海事安全管控行为,很难高效地应对海事安全风险。区域性海事制度安排因实现了在特定海域内的监督内容统一、标准要求一致,进而有力地保障了该特定海域的船舶运营安全和海事监管秩序,故其可有效避免基于国家管辖权的海事安全制度自身存在的缺陷,在事实上成为一种较优的制度选择。针对基于区域性安排的海事制度易形成"划海而治"和"分而治之"状态的弊端,可采取以下几种对策。

一、持续协调各区域性海事制度安排的内容与标准

持续协调各区域性海事制度安排的内容与标准,构建彼此借鉴的运行体制与机制,使监督内容、标准要求趋于同一化,从而避

---

① 白佳玉:《国际极地航行治理新法规》,《中国社会科学报》2015 年 7 月 13 日第 7 版。
② 韩佳霖、张爽:《极地规则制定进程对我国参与国际海事事务的启示》,《中国航海》2015 年第 2 期。

免船舶利用不同区域性海事制度安排的差异实施选择性的驶入或驶离。Paris MoU、Tokyo MoU、Indian Ocean MoU、Abuja MoU、Riyadh MoU 各自的制度安排并不相同,在选船机制、检查频次、禁令内容等存在一定差异。这种差异不利于整体海上安全的保障,船舶经营人会选择各区域性安排具体措施存在的差异而规避安全监管,因此,需要统一上述区域性安排的措施,使其在体制与机制方面达到统一性。

二、积极构建覆盖海域更广的区域性海事制度安排

除了地中海、红海等水质特别敏感的海域仍实施单独的安排外,积极构建覆盖海域更广的区域性海事制度安排,及早确立基于四大洋的区域性海事制度安排。

鉴于 Paris MoU、Tokyo MoU 已经建立起较为完善的制度与机制,可在其基础上进一步统一相关区域性安排所实施的措施:一是统一侧重检查的船舶遴选标准,对存在安全航行缺陷、发生海难事故、违规排放污染物质、载有污染货物等船舶列为区域性安排的侧重检查对象。二是明确检查的船舶比例与间隔期,使每年接受区域性安排实施的船舶检查的数量比例和间隔期不低于可有效抵制低标准船舶驶入或驶经相关海域所应达到要求,对存在明显证据证明可能再次带来海上安全风险的船舶,则可以实施再次检查,而不受船舶检查的比例和间隔期的限制。三是通过禁令方式拒绝存在船旗被列入"黑名单"或船舶两年内发生三次滞留等情形的船舶驶入或驶经相关海域。

三、区域性安排的法律化

区域性安排法律化的最为理想模式是通过国际海事组织的立法倡议,召开缔约国外交大会,赋予区域性安排的法律约束力,但

此模式涉及与既存区域性安排的适用海域、选船机制、责任承担等诸多内容的协调,也涉及召集国的遴选与认可、相关国家的参加意愿、安排内容论证等外交努力与谈判,非在短时间内所能成就,因此,较为实际的做法可采取以下两种途径:

(1) 借鉴 Paris MoU"补强机制",从外部实现区域性安排的强制约束力。如上所述,区域性安排是成员国之间议定的一种自我协调机制,且皆以不具有内在强制约束力的谅解备忘录形式体现,其实施与否、遵守效果如何取决于各成员国的利益权衡与舆论压力[1]。在此情况下,只能通过外在力量,使区域性安排获得一种强制约束力。Paris MoU"补强机制"可成为一种借鉴。

区域性安排"弱强制性""划海而治"使得各成员国的承诺并无拘束力,部分成员国囿于技术、人力或物力条件所限,或受利益驱动,客观上存在着放松对入港船舶进行充分监管的可能性,从而导致一个最突出的现象是低标准船不减反增。Paris MoU 在实施初期也遇到类似情况。基于区域性安排的"备忘录"性质,解决区域性安排"弱强制性"问题,只能从外部施加影响。欧盟采用的是"指令"途径。在欧盟法体系中,根据《欧共体条约》第 249 条的规定,"指令"是与"条例""决定"并列的欧盟二级法律渊源,所不同的是,"指令"是专门针对成员国设定的以达到某种目的和获得某种结果为内容的规范,但在所采取的形式和方法等方面赋予成员国一定的酌定权[2]。《欧共体条约》第 249 条规定:"对于每个被指令的成员国,指令对于将获得的结果方面具有约束力,但是应当为该成员国留有可供选择的形式和方法。"由此可见,"指令"仅对将达到的目的和得到的结果具有约束力,而对于行为的形式和方法则不加

---

[1] Jun Zhao. Non-Traditional Maritime Security and International Cooperation. Hong Kong L. J, Vol.45, 2015.

[2] 曾令良:《论欧共体法与成员国法的关系》,《法学论坛》2003 年第 1 期。

限定。"指令"的法律约束力、灵活性等特征,较为符合区域性安排的自我协调性,也满足了区域性安排法律化的时代需要。实践证明,通过"指令"补强 Paris MoU 的法律拘束力,实现了 Paris MoU 管控海上安全风险的预期效果,得到了国际海事组织的充分肯定。虽然其他区域性安排因不存在类似欧盟这一超主权国家的组织而无法通过"指令"的立法形式赋予区域性安排的法律效力,但 Paris MoU"补强机制"仍有一定的借鉴意义,即通过外部措施或力量在实际上赋予区域性安排的法律拘束力,如适当让渡检查权、协同海上执行等[1]。

(2) 转化为一种区域习惯(法)规则。确立某项规则是否具备习惯(法)规则,有两个经典的判断标准,即国家实践和法律确信。国际法院在"北海大陆架案"中认为:"习惯国际法的要素主要应在国家的实践行为和法律确信中寻找,这一点是不言自明的。"[2]习惯(法)规则包括国际习惯(法)规则和区域习惯(法)规则,两者均须具备国家实践和法律确信的判断标准。所不同的是,国际习惯(法)规则要求"国家实践"是"广泛且具有实质上的一致性","广泛"意味着主体并非是所有国家,而区域习惯(法)规则要求的是区域内所有国家的实践须全体一致;国际习惯(法)规则要求的"法律确信"并非所有国家皆具备如此主观要素,个别国家不具备此要素,仍不影响某一规则的国际习惯(法)规则的法律属性,而区域习惯(法)规则要求的是区域内所有国家均具备"法律确信"这一主观要素。区域性安排在较难满足国际习惯(法)规则必备要素的情况下,则较易符合区域习惯(法)规则的判断要求,因为目前的区域性

---

[1] John R. Crook. Contemporary Practice of the United States Relating to International Law. Am J. Int'l L, Vol.100, No.1, 2006.

[2] Germany vs. Denmark & Holland(North Sea Continental Shelf Case),http://www.icj-cij.org/docket/index.php? P1=3&p2=5,访问日期:2018 年 3 月 15 日。

安排的成员国均具有通过践行区域性安排规定的措施以消弭或避免海上安全风险发生的主观诉求[①]。另外,从理论上讲,如果成立的区域性安排涵盖的海域较广、参加的成员国较多,且在措施上大体一致而不存在较多、较明显的规则冲突,那么,基于区域性安排的"不优惠原则",即每一成员国确保对非成员国船舶适用法律文件进行检查时不给予任何优惠待遇,成员国船舶与非成员国船舶无差别性地一体适用法律文件,诸多区域性安排因符合本身极有可能成为一项国际习惯(法)规则。

第三节 协调相关国家的单边海事安全制度

船旗国、沿岸国和港口国因属人管辖、属地管辖等在实质上承担着保障海事安全和贯彻执行海事安全条约的最为重要的职责。缔约国及其依船旗国、沿岸国和港口国角色,根据 UNCLOS 和海事安全条约规定的义务,结合本国国内法赋予的职权及其行使方式,对危及海事安全的行为予以惩防[②]。但如前所述,澳大利亚、美国等国家实施的 MIS、CSI 和 PSI 等制度虽有效保障了本国自身的海事安全,但该些制度极具单边性,在事实上导致了国与国之间的海事安全风险管控的法律冲突,不利于塑造海事安全治理规则与标准的全球一致性,故协调相关国家的单边海事安全制度成为一项急迫任务。

[①] 郭德香、李敬昌:《论习惯法规则在国际海洋法领域的特殊重要性》,《山东警察学院学报》2015 年第 3 期。

[②] 张敏、王新辉:《南海事安全国际合作的困境与出路》,《中国海商法研究》2016 年第 1 期。

一、关注单边国家海事安全制度的协调

之所以要关注和协调国家的单边海事安全制度,原因在于以下三个方面:

(1) 国家拥有领土主权和属地管辖权以及对船舶的拟制属人管辖权,这构成国家实行单边风险管控的国际法基础。内水和领海是一国领土的构成部分,一国对内水和领海具有绝对的主权,拥有绝对的属地管辖权。根据 UNCLOS 的规定,一国对公海上的悬挂本国国旗的船舶拥有专属管辖权。因此,一国可基于主权和属地、属人管辖权创制本国的海上安全风险管控制度,并依据"平等者之间无管辖权"原则可以完全排除他国的干涉。

(2) 各国出于自身利益或战略的考量会制定宽严程度不同的海上安全风险管控制度。事实上,部分国家囿于其自身的立法、执法和司法能力与水平以及文化传统、经济发展水平、战略利益等考量,在客观上也不得不制定和实施与海上安全风险管控国际规则不同的制度与措施,包括严于其和弱于其的海上安全风险管控制度。这种基于自身利益或战略的考量也在相当程度上影响着区域性安排,从而所共同创制和遵守的区域性安排在事实上并没有达到预期的管控效果。

(3) 尽管存在全球性的海事安全条约和"条约信守原则",但国际法领域并不存在一个凌驾于国家主权之上的权力组织或执法部门,如 UNCLOS"既没有成立正式的机构对《公约》的有关条款作出权威的解释,也没有设立组织机关对缔约国履行《公约》的义务进行审查和监督"[①],故国际海事安全条约的执行最终须依赖于

---

① 杨泽伟:《论 21 世纪海上丝绸之路建设与国际海洋法律秩序的变革》,《东方法学》2016 年第 5 期。

各缔约国，包括船旗国、沿岸国和港口国，即缔约国执行海事安全条约的方式是缔约国将海事安全条约的规定适用于其船舶并采取相应的措施，对违反条约的行为进行处罚。

二、协调内容与途径

由于主权的固有法律性质以及"平等者之间无管辖权"，加之UNCLOS 等国际公约对此并无明确的约束规范，故此，针对澳大利亚、美国等国家实施的单边海事安全制度，较为合理的解决办法即是协调该些国家的相关制度，使其能在遵循国际法原则的基础上适度削弱其中不合理的制度。

由于海事安全具有明显的国际性、共通性、低政治敏感性和突出的国际法义务性，因此，协调相关国家单边风险管控行动并不存在较大阻碍，故可通过提高相关国家对海事安全制度的统一化进程的认识等措施，尽量弱化或避免海上安全风险管控领域中"特殊区域""单边主义"的盛行。

另外，可借助海事安全条约强制履约审核进行"再协调"。履约审核是指条约缔约国基于"条约必须信守"原则接受相关组织对其履行条约义务情况进行评估、审核和监督，以促进条约目标的实现。自 2016 年起，IMO 对所有成员国实施强制性的履约审核，并完善了履约审核机制，要求审核结果被纳入 IMO 综合技术合作项目之中，以期对各成员国和 IMO 管制程序提供有针对性的援助和能力建设，进而促使各成员国积极履行条约义务和提高履约水平。海事安全条约强制履约审核对国家和区域性安排提出了严峻挑战。由于目前各国并没有全部建立起完备的履约机制，不论是海事立法系统的不完备所造成的适用条约混乱，还是执法过程中的权责不清所造成的执法"冲突"，这些都在客观上影响了各国和区域性安排接受 IMO 实施强制审核的进程。为进一步加强各国管控海上安全风险的能力和提升海上安全保障水平,可借助海事安全条约强制履约审核进行"再协调"①,包括进一步完善海事立法体系,明确海事执法部门职责,提高执法效率,积极完善海事监管措施等。

第四节 完善相关的国际海事安全法律制度

国际海事安全法律冲突的协调解决的是法律体系构成的内在自洽性,若构建统一的国际海事安全法律体系,需要在协调冲突的基础上,进一步完善国际海事安全法律制度。只有通过外部的冲突协调和内部的制度完善,才能为最终达致 IMO 和国际社会设定的国际海事安全法治秩序奠定坚实基础,才能共同构建通畅安全高效的海上运输通道②。

一、完善船舶检查制度

目前,各类国际海事安全法律对船舶检查制度规定得并不统一,这既不利于统一国际海事安全管控内容,也不利于推进海运便利化建设和保障船舶所有人、经营人等的切身权益。笔者认为,当前需要从以下三个方面构建船舶检查制度:

(1)明确应受监控的船舶。以下船舶将被考虑为优先检查对象:引水或港口当局报告,存在影响安全航行缺陷的船舶;装载污

---

① BANG H, JANG D, "Recent development in regional memorandums of understanding on port state control", *Ocean Development and International Law*, Vol.43, No.2, 2012, p.84.

② Debora Schweikart, Dire Straits. The International Marine Organization in the Bosporus and Dardanelles. U. Miami Y. B. Int'l L, Vol.5, 1996-1997.

染货物时,未按要求进行报告的船舶;被港口当局通报的船舶;被相关方(船长、船员,任何与船舶安全有关的人或组织)就船上生活和工作环境或船舶防止污染进行投诉的船舶等。曾有下列情况的船舶也应纳入监控的范围:在航行途中发生了碰撞、搁浅;被控告违反了有害物质和污水排放的相关规定;进行不安全方式的操纵,或未遵守安全航行程序的情况;进行了其他的不当操作,以致威胁到人员、财产、环境。

(2)明确检查的船舶数量与间隔期。区域性海事制度安排可以规定,每年实施检查的数量应达到年度平均抵达南极区域的船舶数量的一定比例(比例25%)。一般情况下,船舶接受了检查后的一定时期内,则可不对该艘船舶进行检查,除非船舶存在要求进行再次检查的明显证据。

(3)船舶的扩大检查。可以根据需要,对某些船舶采取强制性扩大检查,如船龄15年以上的客船,相关监控数据显示存在较大潜在风险的船舶等。

其中,对于赴南极旅游的船舶,不分吨位和船龄,有下列情况之一者将被拒绝进入南极水域:船旗列明在"黑名单"上的船舶、船舶两年内发生三次滞留等。拒绝进入南极海域的禁令在船舶纠正缺陷后可驶入南极海域,但该船舶必须由提出禁令港口当局在双方接受的港口完成一次检查,检查范围至少包括扩大检查的范围。

二、完善船员安全法律制度

船舶安全是直接关系船员生命安全的重大问题,同时也影响船公司的生存和发展,所以船舶安全管理一直是国际航运界关注的焦点,也是船公司管理工作的重要部分。为了减少海难事故造成的伤亡与损失,国际海事组织在国际航行船舶中强制实施《国际安全管理规则》,提高船员安全意识,减少船舶事故发生。目前,国际法上有关船员保护的规定着重在于确定船员及其管辖权的归属,没有在各国合作的基础上达成一个共识。

《国际安全管理规则》的核心内容是要求船舶和船公司建立和实施一整套安全管理体系,并通过运行安全管理体系控制船舶安全中的人为因素,进而减少船舶安全事故。但是,安全管理体系在具体运作过程中还存在很多问题,有必要制定完善的管理体系,实现对可控因素的有效管理,降低船舶遇难风险,保障船员安全。

(1) 完善安全管理体制。目前的安全管理规则对船舶安全管理提出一般要求,但具体到如何确保每一条款有效实施等没有明确的规定。因此,需要完善船员安全管理机构的设置,明确各部门职责,并且实现有效衔接。同时推进安全质量标准化,导入危害识别和风险评价方法,利用统一的评价体系,对航行过程中可能遇到的危害进行评估,从而确定需要进行危险部署的情况,标识需要定期测试和检查的关键点,进一步完善管理体制。另外,还需要合理的奖惩机制对船员进行激励,适当利用经济杠杆的调节作用,健全和完善安全责任奖惩机制和严格的考核制度、责任制度,并且将考核项目尽可能细化,定期检查责任制的执行情况,在内外合力的作用下提高安全工作的质量。

(2) 确定切实有效的风险控制措施。进一步明确适用的公约和法规、标准要求,识别和评价船舶安全风险,针对每一安全风险,确定切实有效的风险控制措施,完善运行机制和控制机制,确保航运生产经营符合有关公约和法律法规要求,做到规范化和标准化,实现对所有识别安全风险的全面控制。

(3) 提高船员安全技能,提高船员安全意识。这一点在极地航行领域尤为迫切。在选聘极地航行船员时应该适当提高门槛,确保船员能够适应极地航行的环境,注重船员的安全特征与能力,确定船员的资历和业务能力,并且对其不断提高,利用更多的形势对其进行经常性安全教育,使极地航行船员懂得更多的安全知识,掌握在遇到事故或特殊情况的时候应采用的应对措施和技巧。增强船员的安全意识,加强安全宣传、教育和安全活动,在全体船员中营造风险防范意识,提高其发现和认识危害的能力与后果,促使其形成安全动机,主动掌握避免危险和防止事故的技能,采取安全行为,充分认识到安全的重大意义,提高其责任心,杜绝违章指挥和操作,真正做到防患于未然。保护船员的安全和权益是一项长期而艰巨的任务,目前关于极地航行船员的安全制度还处于起步阶段,相关政策研究和保护机制并不成熟,有待于进一步发展和完善,对极地航行船员保护的工作仍然任重而道远。[①]

三、健全极地海事生态保护应急制度

健全极地海事生态保护应急制度,对于维护极地海事生态安全、防治极地海事生态安全事故或事件具有重要的意义。海事生态安全事故或事件是指源于船舶的一些突然发生的,造成或可能造成海洋生态环境重大污染或破坏,严重影响海洋环境与资源的事件或事故。一般具有突发性、危害性、紧急性等特点[②]。基于船源污染对海洋生态破坏的加重以及人类对海洋开发保护经验的不足,亟须建立极地海事生态保护应急制度。

(1) 赋予一定的组织以应急管辖权。在极地生态安全紧急状态出现之后,该组织能够设立应急指挥部或者指挥小组,统一负责对该状态进行领导和指挥,并且能够及时反映,采取果断措施,依

---

① 陈敬根:《南极旅游海事风险的法律规制:规范构成与制度完善》,《法学杂志》2017年第1期。
② 张丽英、邵晨:《近岸油污赔偿机制的国际新动向——以OPOL机制及其国际化为视角》,《中国海商法研究》2016年第2期。

靠各国的力量,团结合作,共同应对。

(2) 制度设计必须加强对极地海洋生态环境中可预测到的生态安全紧急状态进行预防、检测、评估、处置的科学研究工作,并且建立健全有关信息网络和资料中心,方便各国进行资源共享,同时加强也要求各国保证一定的资金投入,并且对在紧急状态中做出贡献的人给予适当奖励。

(3) 建立极地海事生态保护预防制度、应急报告制度和信息发布制度,有关组织及时提出应急预案的建议,对特别重大的生态保护海事案件建立专门的调查处理制度,在特大事故发生或组织专门的调查组进行调查,查明事故真相写出调查报告,提出妥善处理方案和有关恢复生态环境的措施,为以后工作提供借鉴意义[①]。

四、加强南极旅游海事安全风险的规制

结合南极旅游海事风险规制的迫切性、相关规制存在的不足以及南极区域特殊的法律地位,本书提出如下完善建议。

目前,南极旅游的游客人数已经超过了南极科考人员人数,南极旅游已经成为南极地区最大规模的人类活动,而南极条约体系中却没有创设强有力的规制南极旅游的法律规范,这将导致南极旅游活动因缺乏全面系统的法律规范而威胁南极地区由南极条约所创设的和平目的使用、保护南极环境的初衷,故建议从以下两种途径予以规制:

(1) 适时制定统一的规制南极旅游的法律规范。制定统一的规制南极旅游的法律规范需要确定立法模式、立法技术和规制内容。

---

① 陈敬根:《南极旅游海事风险的法律规制:规范构成与制度完善》,《法学杂志》2017年第1期。

从立法而言,采用何种法律形式进行规范,进而形成南极旅游综合性的国际法律制度,是南极旅游法治建设面对的一个首要问题。根据目前的法律制度,有三种立法模式可以选择:一是增加针对南极旅游的专项条约;二是借鉴《环境紧急事态责任》的做法,在《南极条约环境保护议定书》之下设立专门规定南极旅游的附件;三是 ATCM 制定新的旅游建议、措施。本书认为,第一种模式最为现实,且操作性更强。

首先,制定南极旅游专项条约可以解决现有环保规范缺乏针对性的问题,并缓解现行国际条约与国内法的冲突。旅游活动涉及多方主体、多种旅游形式和内容,覆盖面非常广,如果没有综合性的条约进行规范,很难对旅游活动做好全面约束,引起的旅游环境问题也无法直接找到明确规定作为处理依据。

其次,《关于环境保护的南极条约议定书》被认为是与南极旅游规制最密切相关的法律,故借鉴《环境紧急事态责任》的做法,在《南极条约环境保护议定书》之下设立专门规定南极旅游的附件,确实能够在一定程度上缓解南极旅游问题,但在具体推进过程中,这一模式因各方意见分歧较大而未能实现,以《关于环境保护的南极条约议定书》的附件专门规制南极旅游的模式很难实现。另外,南极旅游已经不仅仅是环境问题,单纯依靠一个公约附件而没有其他相关条约的支撑显然无法解决日益迫切的南极旅游规制问题[①]。

最后,实践表明,南极条约协商会议(ATCM)通过的措施一般都不具有强制性,缺乏具体性、系统性,因此,即使全面系统规制南极旅游的措施通过之后,也无法知悉其所能发挥的实际作用。

---

① 张丽珍:《南极旅游的国际法规制》,《国海洋大学学报(社会科学版)》2009 年第 6 期。

如何快速制定和实施专门规制南极旅游的法律规范,可以借鉴《南极海洋生物资源保护公约》的处理方式,即由 ATCM 设立一个《南极旅游环境保护管理条约》作为专项条约,专门规定南极旅游过程中涉及的环境保护问题,同时借助 IAATO 的作用,争取所有参与南极旅游活动的国家加入该条约,形成相互监督的机制,为南极环境带来更全面的保护。专项旅游条约的立法思路,可从南极旅游概念界定进行入手,引入旅游活动一般原则,进而将旅游经营者责任和义务、游客的具体行为规范、船舶航行的要求、旅游活动环境影响评价制度以及损害赔偿制度全部囊括其中,从而使南极旅游各相关主体都能有法可依,以充分满足国际社会应对南极旅游业飞速发展的法律制度的刚性需求。

专项旅游条约的具体规制内容,应尽量整合现行国际公约及决议的相关内容,吸收环境影响评估和环境损害赔偿法律制度,具体包括以下几个方面:其一,明确该条约适用于世界各国南极旅游的活动,任何活动都需要遵守条约的规定,主要适用对象为参与南极旅游活动的经营者和旅游者;其二,吸收借鉴 Polar Code 中关于船舶和船员的要求,任何将要驶入南极进行旅游活动的船舶都应当配备完善的措施,不排放污水,有专属的压载水处理设备,禁止有可能发生重油污染的船舶驶入南极;其三,需要对旅游活动经营者做出明确的义务规定,可以参考 IAATO 在此方面的规定,开展活动前需要通知报告并进行环境评估,对登陆游客的人数进行限制,活动中对其游客行为进行引导和监督,将对南极生态系统的人为影响降到最低,真正做到"只带走经历与回忆";其四,明确违背条约的责任承担,对于任何违反条约要求的主体,包括旅游者和旅游经营者,都规定相应的处罚措施,情节轻微者处罚款,严重者则计入行业诚信档案,与 IAATO 实现信息互通,在日后进行旅游活动之时给予更严格的准入标准,这种强制性也是避免条约成为一纸空文的有力保证①。

(2) 逐步确立某些海事规则的国际习惯地位。基于条约不对第三国设定义务的原则，现行与南极旅游海事风险规制有关的条约不能约束非缔约国行为；基于南极"主权冻结状态"的事实，一国有关规制南极旅游海事风险的国内法不能依据国内法的属地管辖原则约束另一国行为，从而使得非缔约国及其经营人的行为时常处于不受相关规范调整的状态，这也是南极旅游海事风险规制面临的最主要的问题。基于国际习惯普遍约束力的特征，规制非缔约国及其经营人的南极旅游行为的途径，应是积极宣传、践行相关南极旅游规范，争取为更多的国家，尤其是非缔约国的承认与实践，进而使该些规范成为国际习惯，从而达到有效规制南极区域任何国家、任何经营人等的所有南极旅游行为的目的。

习惯是"作为通例之证明而经接受为法律者"，故此，确立某些南极旅游规则的国际习惯属性，需要从两方面进行：其一，某一或某些南极旅游的惯常做法被各国在相当长时期内"反复"和"前后一致"的予以实践；其二，各国认为某一或某些南极旅游的惯常做法有其存在的必要性，并自愿接受其约束。

在目前的南极旅游实践中，以下两类规则均有可能确立为南极旅游国际习惯：一是类似《南极条约》《关于环境保护的南极条约议定书》等多边条约，其所确定的某些规则，因关涉南极环境、生态、科研秩序等而正被越来越多的非缔约国认为是应当或必须依循的规则，并已在一个相当长时期内反复实践着，故而极有可能确立为南极旅游国际习惯。二是IAATO确立了行业自律规范，随着IAATO及其会员的努力推行，赴南极旅游的游客严格遵行，各

---

① 法丽娜：《基于均衡原理探索环境利益可持续发展的立法设计》，《政法论丛》2015年第3期。

国政府的广为认可,相关国际组织的积极倡导,更易成为南极旅游国际习惯规范。

当前国际社会应更为重视南极旅游国际习惯的确立及意义,ATCM、IMO、IAATO等应当积极推进国家间的合作,促使非条约缔约国认同、实践相关南极旅游规范,同时积极证成南极旅游国际习惯的存在,以便实现将更多的南极旅游规则提升为国际法习惯,从而在国际习惯的层面上为开展南极旅游活动的各国创设法律义务,共同保护南极环境①。

五、完善难民和非安全移民海事安全风险规制

结合海上难民和非安全移民规制的迫切性、相关国际法律规制存在的不足以及构建海上法治秩序的迫切诉求,除了借助和创新区域性安排的基础上,还需在以下三个方面进行规制:

1. 适时制定专门规制海上难民和非安全移民的法律规范

目前,经海路入境成为难民和非安全移民选择的主要渠道,但相关国际海事规范囿于关切船舶、船载货物与人员的安全以及防治船源污染等领域,并没有创设专门针对海上难民和非安全移民的法律规范,使得以避免海难发生为主要目标的国际海事规范无法有效应对日趋严重的海上难民和非安全移民发展态势,进而无法有效管控相关海难事件的发生,也无法真正实现海上安全秩序目标,故适时制定专门规制海上难民和非安全移民的海事法律规范成为时代发展的迫切要求。

制定专门规制海上难民和非安全移民的海事法律规范,首先要解决的法律问题是立法模式的确定,即是采取专项性海事规范

---

① 龚迎春:《试论〈南极条约〉体系确立的环境保护规范对各国的效力》,《外交评论(外交学院学报)》1990年第3期。

模式,还是采取修正案模式,或是采取制定指南或建议的模式。

2015年,国际海事组织以阿拉伯语、中文、英文、法语和西班牙语五种语言公布了《海上救助:适用于难民与移民的原则与实践指南》,在援引国际海事法和国际难民法相关规定的基础上详细规定了船长、政府和救助协调中心对救助海上遇险者提供援助时的程序,体现了国际海事组织及船舶工业界在开展国际人道主义救助中的贡献。但是,该指南本身只是一种程序性的实操手册,不具有法律拘束力,其在规制海上难民和非安全移民方面难以发挥预期作用。若要实现有效规制,较优的模式是专项性海事规范或修正案。

创制专项性海事规范,涉及召开缔约国大会或外交会议、案文草拟和讨论、缔约国签署或批准、符合生效条件等诸多限制,非在短时期内所能实现。例如,2017年1月1日生效的《极地航行规则》,从2009年国际社会提出立法建议至生效,用时近8年;若考虑《极地航行规则》的起源,可追溯至20世纪30年代芬兰和瑞典政府颁布的《芬兰—瑞典冰级规则》,则用时数十载;而且,由于《极地航行规则》涉及海上航行和海洋环境保护两个方面,基于国际海事组织内设机构的分工和规范创制权限,这两个方面相关规范的最终通过都历时很长,也付出很多努力。又如,于2016年11月24日正式生效的《2014年国际船舶压载水和沉积物控制与管理公约》,因其须满足签署批准国家超过30个且世界船舶吨位达到35%之后的12个月才可以生效,导致该条约从2004年通过至正式生效,历时12年。

海事公约领域独特的修正程序使修正案模式成为目前较为可行的选择。为促进公约技术性条款的及时更新,国际海事引入了"默示修正程序"。如前所述,"默认修正程序"是指在修正案通过之日后一年内或在修正案中规定的期限内,如提出书面反对的缔约国不到 1/3 或其商船吨位少于世界商船总吨位 50%，则应视为该修正案已被接受，并自被视为已被接受之日起 6 个月后，该修正案对所有缔约国生效，并具有约束力①。与"默示修正程序"相对应的是"明示修正程序"，即只有在缔约国政府的 2/3 多数接受之日起 12 个月后，才对所有缔约国政府生效。在海事公约缔约国政府日趋增多的情况下，达到"明示修正程序"生效条件显然并非易事。例如，1960 年《国际海上人命安全公约》生效之后出台了多个修正案，但皆因未满足"明示修正程序"要求而未能生效。1974 年《国际海上人命安全公约》改为"默示修正程序"后的实践证明，该模式是修正技术性附则并使之生效最快速、最有效的方式，且迄今为止，该公约 1974 的修正案，均已生效，从而有力地保障了海事安全。

另外，国际立法组织还通过将相关规制内容以新增章节的形式列在公约项下并借以"默示修正程序"的适用而达到快速使该新增章节生效的目的。例如，1994 年 5 月召开的缔约国大会通过了《国际海上人命安全公约》新增第Ⅺ章（加强海上安全的特别措施）。由于该章内容②在本质上属于须遵循"明示修正程序"的范畴，这使其生效时间变得不确定，但以公约新增章的形式列入公约项下，则可直接适用"默示修正程序"，从而使相关内容在很短时间内获得通过并生效。

综上所述，可借鉴相关国际海事公约"默示修正程序"，以修正案模式对《制止危及海上航行安全非法行为公约》及其议定书等海事公约进行修改，增设规制海上难民和非安全移民的内容，并使其

---

① 参见《国际海上人命安全公约》第 8 条和《1973 年国际防止船舶造成污染公约》第 16 条。

② 内容包括：被认可组织的授权（第Ⅰ/6 条）、加强检验（第Ⅰ/10 或Ⅰ/11 条）、船舶识别符号（第Ⅰ/15 条）、港口国对操作要求的控制（第Ⅰ/19 条）。

快速通过和生效。

2. 完善海难救助制度和信息交流共享机制

海上救助"无效果无报酬"原则的确立,宣告了在海事领域构建纯人命救助和人命救助责任努力的失败,这在一定程度上是以"对价"来鼓励船舶所有人或经营人对海难实施救助,从而导致对人命的漠视①。为了有效对海上难民和非安全移民施以救助,需要完善海难救助制度。

(1)需要确定人命的海难救助客体的属性。虽然人命无法通过金钱来衡量,但海难救助制度本身并非仅着眼于一种对价的计算,而是通过补偿鼓励救助行为本身。从这一角度看,确立人命的海难救助客体具有理论正当性。正是基于此,才能理解为何在"兰波水上飞机基地"案(Lambros Seaplane Base v. Batory)②和"通用直升机"案(Sullivan v. General Helicopters)③等案例中,法院在裁定给予水上航空器的救助方以补偿时并不考虑水上航空器是否属于救助客体的范围即船舶,而是将海上救助的适用范围确定为救助行为本身④。正如美国上诉法院在"半岛号"案(The Peninsula Case)中所指出的,尽管救助人命是一项"神圣的义务",但当救助人提供了有效救助时,实则保护了他人的利益,对于好心的救助人(good samaritan),应当获得与其支付的费用相等的补偿⑤。在"半岛号"案(The Peninsula Case)中,Overseas Progress 船上的一名水手在

---

① Jason Parent,"No Duty to Save Lives, No Reward for Rescue: Is that Truly the Current State of International Salvage Law?"Annual Survey of International and Comparative Law,Vol.12,No.1,2006,p.130.

② Lambros Seaplane Base v. Batory, 215F. 2d, Vol.2, 1954, p.228.

③ Sullivan v. General Helicopters,564 F. Supp. 2d,Vol.2, 2008, p.496.

④ Martin J. Norris, "Marine Salvage for Fallen Aircraft?" New York University Law Review, Vol.30, 1955, p.1208.

⑤ 袁曾:《空难水上救助的道德困境与海上人命救助制度的完善》,《法学杂志》2017年第6期。

航行过程中突发心脏病。另一艘名为 Canberra 的商船接到求救后迅速接载水手前往陆地接受治疗并获得救治。在航行过程中，Canberra 号上的医生为其实施了手术，并偏航了 232 海里。在沟通救助的过程中，Overseas 号的船长表明其将向船东争取报销相关费用，事后船东仅支付了 248 美元手术费用。Canberra 号的船东就此提起诉讼，要求对方船东支付偏航等费用共计 12 108.95 美元①。

(2) 需要确立人命救助报酬的优先受偿。救助人命是一项道德责任和神圣义务，当确立人命为一项独立的海上救助客体后，人命的至上性必然使人命救助报酬优先于其他救助报酬而受偿，即"人命救助具有相对于其他救助的优先权"②。正如英国《1894 年商船法》第 544 条第 2 款和《1995 年商船法》第 92 条之规定：人命救助的报酬应当优先于其他救助报酬得到支付。换言之，在获救船舶船东支付救助报酬时，人命救助报酬的受偿应该优先于财产等其他类型救助报酬的受偿。英国《1894 年商船法》第 544 条规定：① 当救助人在英国领水内为英国船舶或外籍船舶上的人命提供了全部或者部分救助服务，或在英国领水外为英国船舶提供了人命救助，船舶、货物、用具的所有者应当为人命救助人支付合理的报酬，并在可能涉及的争议中确定；② 人命救助的报酬应当优先于其他救助报酬得到支付；③ 当船舶、货物或用具全损后，或获救价值不足以偿付全部请求或实际支出的救助费用时，贸易大臣经过考虑后，能够决定从海商基金中支付合理的未付救助报酬。《1995 年商船法》第 92 条规定：在英国的领水内，救助不管是英国

---

① The Peninsula v. Oriental Stern Navigation Co., 553 F. 2d., Vol.2, 2006, p.830.

② Joseph Kay, The Law Relating to Ship-masters Seamen: Their Appointment Duties Powers Rights 1894, Cambridge: Arkose Press, 2015, p.567.

本籍船舶或是悬挂他国船旗的船舶涉及遇到危险的人命时,或在英国领水以外救助英国本籍船舶上的遇险人时,获救船舶或财产的所有人应支付报酬给予人命救助的救助人①。

(3) 需要确立在救助无效果或效果不明显时的特别补偿制度。目前,特别补偿制度适用于海洋环境救助领域,源于 1978 年"阿莫科·卡迪兹"(Amoco Cadiz)号油船泄露事件②后国际社会要求对环境救助支付报酬以增强救助效果,并具体体现在劳氏 1980 年版救助标准合同格式(Lloyd's Open Form 1980,LOF80)创设的"安全网条款",即救助方至少可获得相当于救助花费的补偿,并可获得救助花费的 15% 的增额。《1989 年国际救助公约》第 14 条进而规定,对环境有损害威胁的船货救助且无财产救助报酬时,救助人有权获得其花费的特别补偿。特别补偿制度的确立,使救助的实际效果并非支付报酬的必要因素,从而极大地提高了救助人的救助热情③。正如布莱顿(Brandon)法官在"唯一船员"案(The Unique Mariner Case)④中所指出的,包含"船东互保协会特别补偿条款"(Special Compensation P&I Club Clause,SCOPIC)在内的劳氏救助合同能够强加给救助人尽最大努力救助遇险船舶和货物的责任。《1989 年国际救助公约》下的特别补偿无法适用于单纯的环境救助,且仅规定船舶所有人为特别补偿支付主体。为弥补此不足,1999 年 8 月,"船东互保协会特别补偿条款"(Special Compensation of P&I Club Clause,SCOPIC)正式投入使用,将特别补偿转嫁由船东互保协会承担。救助双方按照劳氏救

---

① 陈敬根、刘刊斌:《难民和非安全移民海上管控前置的法律困境与对策》,《国际展望》2017 年第 5 期。
② The Amoco Cadiz, Lloyd's Law Report, Vol.2, 1984, p.304.
③ 袁曾:《海上救助人命优位权制度的构建》,《社会科学》2016 年第 4 期。
④ The Unique Mariner, Lloyd's Law Rep., Vol.2, 1979, p.37.

助合同(如 LOF 2011 等)签订救助合同时,被救助人将按照约定的费率支付报酬,救助的实际效果并非报酬支付的必要因素。SCOPIC 条款被广泛应用于传统"无效果无报酬"合同。可以借鉴此制度,在人命救助无效果或效果不明显时,由船舶所有人向人命救助人支付酬金,并借助相关强制保险制度安排,使人命救助报酬的支付最终由保赔协会支付,以增加救助人获取报酬的可能性,提高救助人在海上救助人命的积极性。

3. 完善海难救助信息交流共享机制

一般意义上的海上救助针对的是商船或渔船船员,国际海事组织、国际气象组织等提供信息和技术平台支持,但海上难民与非安全移民的海上救助超出既定平台支持,实质上处于空白状态。由于经海路入境的难民和非安全移民往往跨越不同海域,这导致不同海域的难民与非安全移民信息交流与共享存在实质性障碍,无法实现全球性有效管控。因此,需要国际社会创新救助路径与措施,创建统一的海上难民与非安全移民海事信息交流与共享机制,研究和创建全球性海事信息交流与共享机制。

参考文献

一、著作

1. 司玉琢.海商法专论[M].北京：中国人民大学出版社,2007.
2. 胡正良,韩立新.海事法[M].北京：北京大学出版社,2009.
3. 危敬添.国际海事条约的历史和现状概览[M].北京：人民交通出版社,2010.
4. 危敬添,姚文兵.国际海事条约概览[M].大连：大连海事大学出版社,2007.
5. 杨泽伟.国际法析论[M].北京：中国人民大学出版社,2007.
6. 陈爱平.船舶操纵与避碰[M].北京：人民出版社,2012.
7. 王效文.中国海商法论[M].上海：上海法学编译社,1930.
8. 威廉·台特雷.国际海商法[M].张永坚,译,北京：法律出版社,2005.

9. 王千华,白越先.海商法[M].广州:中山大学出版社,2003.
10. 张湘兰.海商法[M].武汉:武汉大学出版社,2008.
11. 王秀芬.船员法研究[M].北京:法律出版社,2009.
12. 黄风.国际刑法学[M].北京:中国人民大学出版社,2007.
13. 李浩培.条约法概述[M].北京:法律出版社,1987.
14. 邵津.国际法:第5版[M].北京:北京大学出版社,高等教育出版社,2014.
15. 万鄂湘,石磊,杨成铭,邓洪武.国际条约法[M].武汉:武汉大学出版社,1998.
16. 周洪钧.国际法:第2版[M].北京:中国政法大学出版社,2008.
17. 交通运输部国际合作司.国际海事组织概览(2010年修订版)[M].大连:大连海事大学出版社,2011.
18. 江苏海事局.常用国际海事公约研究和应用[M].大连:大连海事大学出版社,2006.

二、论文

1. 白佳玉,李玲玉,陈敬根.论特别敏感海域制度在南中国海环境保护中的适用[J].中国海商法研究,2015(4).
2. 白佳玉.国际极地航行治理新法规[N].中国社会科学报,2015-07-13(7).
3. 曹勇.STCW公约马尼拉修正案的主要修正内容[J].航海技术,2011(4).
4. 程群.浅议俄罗斯的北极战略及其影响[J].俄罗斯中亚东欧研究,2010(1).
5. 陈起漂.《1972年国际海上避碰规则》背离条款浅析[J].中国水运,2009(9).

6. 陈越.海洋健康的保证——1996议定书[J].海洋开发与管理,1997(1).

7. 陈力,屠景芳.南极国际治理:从南极协商国会议迈向永久性国际组织?[J].复旦学报(社会科学版),2013(3).

8. 陈丹红.南极旅游业的发展与中国应采取的对策的思考[J].极地研究,2012(1).

9. 陈君怡.国际海事组织通过极地航行新规则[N].中国海洋报,2014-11-25(A4).

10. 陈君怡.联合国难民署发布2014全球海上偷渡数据[N].中国海洋报,2014-12-16(4).

11. 陈敬根,刘刊斌.难民和非安全移民海上管控前置的法律困境与对策[J].国际展望,2017(5).

12. 陈敬根.论海上防空识别区划设的合法性[J].政法论丛,2015(6).

13. 陈敬根.南极旅游海事风险的法律规制:规范构成与制度完善[J].法学杂志,2017(1).

14. 陈敬根,汪阳.海洋法律争端中海事安全议题的导入[J].江西社会科学,2017(6).

15. 成纪麟.IMO成员国自愿审核机制介绍[J].航海技术,2007(5).

16. 傅廷中.雇佣救助合同的性质及其法律适用[J].中国海商法研究,2016(3).

17. 法丽娜.基于均衡原理探索环境利益可持续发展的立法设计[J].政法论丛,2015(3).

18. 范育军.相关国际海事公约的产生及发展规律[J].中国海事,2012(10).

19. 冯光,张建业,喻太君,何亮.极地航行法规与准则现状[J].船舶力学,2017(z1).

20. 甘政.东京备忘录新检查机制对比现行巴黎和东京备忘录检查机制[J].中国海事,2014(1).
21. 关正义,李婉.海商法和海事法的联系与区别——兼论海商法学的建立与发展[J].法学杂志,2012(6).
22. 郭德香,李敬昌.论习惯法规则在国际海洋法领域的特殊重要性[J].山东警察学院学报,2015(3).
23. 龚立仁.邮轮失事给南极游敲响警钟[N].中国旅游报,2007-11-30(9).
24. 龚迎春.试论《南极条约》体系确立的环境保护规范对各国的效力[J].外交评论(外交学院学报),1990(3).
25. 顾国良.美国"防扩散安全倡议"评析[J].美国研究,2004(3).
26. 顾婷.南极旅游:现实挑战与法律应对[J].政治与法律,2010(3).
27. 韩佳霖,张爽,吕晓燕,郑苗壮.全球海洋治理下的特别敏感海域制度[J].中国航海,2017(3).
28. 韩佳霖,张爽.极地规则制定进程对我国参与国际海事事务的启示[J].中国航海,2015(2).
29. 海盐.集装箱安全倡议的进展[J].海运情报,2015(1).
30. 何农.2015年全世界流离失所人数创纪录[N].光明日报,2016-01-7(12).
31. 黄娜.1996议定书的生效将增强国际规则对海中倾倒废弃物的管理[J].中国海事,2006(4).
32. 焦晓娇.海上安全与贸易自由:港口国监控制度与海运服务贸易的冲突与协调[J].法学杂志,2013(6).
33. 金秋,魏琼.主要海运国家海上事故调查及审判制度的比较研究[J].北京工商大学学报(社会科学版),2007(6).
34. 贾建伟."四型海事"战略构架下的中国海事的未来[J].中国水运,2013(11).

35. 江国青.国际法与国际条约的几个问题[J].外交学院学报,2000(3).
36. 劳辉.MARPOL73/78 历年修正案纲要[J].交通环保,1998(6).
37. 李天生.论海商法的概念、调整对象与属性[J].大连海事大学学报(社会科学版),2012(6).
38. 李志文,高俊涛.北极通航的航行法律问题探析[J].法学杂志,2010(11).
39. 李志文,马晓路.欧美国家海事立法对我国海事立法的启示[J].中国航海,2014(2).
40. 李志文,马晓路.我国海事立法中的国际公约有关问题研究[J].学术论坛,2014(5).
41. 李龙飞,刘敬军.注重《STCW 95》修正案的要求 加强船员适任能力检查[J].水运管理,2003(10).
42. 李伟,张国伟,李守超.巴黎备忘录和澳大利亚拒绝进港制度研究及对策[J].航海技术,2015(5).
43. 李伟芳,黄炎.极地水域航行规制的国际法问题[J].太平洋学报,2017(1).
44. 李永鹏,陈爱玲.极地航行的相关规则及最新进展[J].青岛远洋船员职业学院学报,2012(4).
45. 李桢,裘建伟.IMO 成员国自愿审核机制的现状、趋势和挑战[J].世界海运,2007(1).
46. 李良勇.俄南极受困船被指是观光而非科考[N].新华每日电讯,2014-01-10(8).
47. 凌晓良,温家洪,陈丹红,李升贵.南极环境与环境保护问题研究[J].海洋开发与管理,2005(5).
48. 廖诗评.司法视野下国际强行法规则的新发展——基于不同机构司法实践的一个比较分析[J].华东政法大学学报,2008(6).

49. 林德辉.极地规则及其相关 IMO 和 IACS 文件若干问题浅述[J].船舶,2016(5).
50. 林德辉.MSC 94 及其通过的极地规则等简介[J].船舶,2015(2).
51. 刘洪云.海事公约对第三国产生效力之原理[J].中国海事,2008(8).
52. 刘惠荣,李浩梅.北极航行控制的法理探讨[J].国际问题研究,2016(6).
53. 刘惠荣,黄旻.国际海事组织法律规则探析及其对我国的启示[J].海洋开发与管理,2011(2).
54. 刘仲华,商璐.中国成为北极理事会正式观察员 将在科研、环保等领域继续为北极事务做贡献[N].人民日报,2013-05-16(22).
55. 刘锟,姜旭阳.论谅解备忘录的法律效力[J].商务与法律,2002(2).
56. 龙涛,王峥嵘.极地规则呼之欲出[J].中国船检,2013(12).
57. 罗文.也谈"海事"与"海商"概念的区别[J].世界海运,1998(5).
58. 吕忠梅.《环境保护法》的前世今生[J].政法论丛,2014(5).
59. 迈克尔·里查德森.东南亚海事安全[J].东南亚纵横,2005(3).
60. 欧威.欧盟各国批准在公海拦截难民船[N].中国海洋报,2015-09-22(A4).
61. 潘敏.中国参与北极事务应多管齐下[N].经济参考报,2013-06-18(5).
62. 裘晓星.国际海上人命安全公约(SOLAS)的几个重大突破[J].上海造船,1997(1).
63. 邱奇.目标型公约是大势所趋?[J].中国船检,2010(11).
64. 钱晨康.《极地规则》效应[J].中国船检,2014(12).
65. 钱晨康.船舶在北极地区高寒水域航行、停泊注意事项[J].航海技术,2016(1).
66. 钱媛媛.21世纪海上丝绸之路背景下亚太地区港口国监控的

区域协调问题研究[J].中国海商法研究,2016(2).
67. 齐壮,王凤武,刘强,等.港口国监督中船舶滞留原因[J].航海技术,2014(6).
68. 曲亚囡.IMO 审核机制下国际海事公约在中国立法转化研究[D].大连:大连海事大学,2014.
69. 任彦.2017 年通过海上进入欧洲的难民数量比 2016 年减少一半,然而——难民危机仍在"折磨"欧洲[N].人民日报,2018-01-16(21).
70. 司玉琢,吴煦.雇佣救助的法律属性及法律适用[J].中国海商法研究,2016(3).
71. 石春雷.南海建立特别敏感海域问题研究[J].南海学刊,2015(3).
72. 宋巍.国际海事组织极地航行规则的发展历程[J].中国海事,2013(9).
73. 沈肇圻.《1979 年国际海上搜寻救助公约》的诞生[J].中国船检,2017(10).
74. 孙凯,郭培清.北极理事会的改革与变迁研究[J].中国海洋大学学报(社会科学版),2012(1).
75. 孙光圻.海运业应纳入国家发展战略[N].中国交通报,2018-03-20.
76. 宋丰亮."海事"与"海商"概念的区别[J].世界海运,1998(1).
77. 汤旭红,蔡存强.特别敏感海域和特殊区域的对比研究[J].中国航海,2007(3).
78. 危敬添.《制止危及海上航行安全非法行为公约》2005 年议定书简介[J].中国远洋航务,2007(1).
79. 危敬添.2001 年国际控制船舶有害防污底系统公约(AFS)生效在即[J].中国远洋航务,2008(3).

80. 危敬添.船舶压载水和沉积物控制和管理的有关规则和公约[J].世界海运,2007(4).
81. 危敬添.关于《2000年有毒有害物质污染事故防备、反应与合作议定书》[J].中国远洋航务,2008(2).
82. 王家兵.海上反恐与登临法律制度的完善[J].太平洋学报,2009(11).
83. 王宁.世界海难事故现状分析及应对措施[J].世界海运,2010(7).
84. 王艳华,王长生."协和"号事故调查报告摘要[J].国际海事公约,2013(5).
85. 王洋.第十届北极理事会部长级会议召开[N].中国海洋报,2017-06-02(A4).
86. 王燕舞,张达勋.冰级定义的有关分析及建议[J].上海造船,2010(4).
87. 王德岭,郑剑.《极地规则》生效下的船舶设备配备和履约[J].航海技术,2017(4).
88. 王娉娉.方便旗船船旗国监控与港口国监控的关系问题探讨[J].现代商贸工业,2012(12).
89. 王自磐,陈丹红,赵萍,姜梅,龙威.南极人类活动的环境负效应与管理对策[J].海洋开发与管理,2008(7).
90. 王玮,南雁.极地旅游,悄然走来[J].大自然,2012(2).
91. 王文锦.目标型船舶建造标准,我国造船工业的新挑战[J].机电技术,2010(3).
92. 吴磊明.国际航行警告系统扩大到北极水域[J].水运管理,2011(4).
93. 吴依林.关于开展南极旅游业的思考[J].中国海洋大学学报(社会科学版),2010(6).

94. 吴益民.二氧化碳海洋封存的国际法问题探析[J].法学,2014(2).
95. 吴国凡,刘喜元,周红权.国际防止船舶污染海洋公约现状及发展趋势[J].船海工程,2010(6).
96. 吴国凡,刘喜元.大型船舶厨房灰水处理技术展望[J].中国水运,2006(11).
97. 吴帅.港口国监督的发展趋势与我国的应对措施[J].对外经贸,2012(11).
98. 辛金强,钟灿.对"背离"规则的理解和运用[J].世界海运,2008(2).
99. 徐军华.论不推回原则在海上拦截中的适用[J].政法论坛,2017(2).
100. 徐骅.北极航运观察[N].中国交通报,2013-05-08(7).
101. 许运秀.冰区航行船舶规范标准的发展[J].中国船检,2010(9).
102. 杨泽伟.论21世纪海上丝绸之路建设与国际海洋法律秩序的变革[J].东方法学,2016(5).
103. 杨培举.国际海事公约"修行"之路[J].中国船检,2013(5).
104. 杨文.同程牵手北欧邮轮包船玩南极[N].扬子晚报,2015-11-18(A36).
105. 余甬帆.试探名词"海商法"之源[J].中国海商法年刊,2008(1).
106. 余民才.对我国关于《防扩散安全倡议》立场之重新审视[J].法商研究,2009(6).
107. 于洪波.IMO成员国审核发现对我国履约借鉴作用分析[J].中国海事,2011(5).
108. 俞成国,徐翠明.关于防止倾倒废弃物及其它物质污染海洋公约[J].交通环保,1988(Z1).
109. 袁源.难民的地中海悲歌[N].国际金融报,2015-06-01(3).
110. 袁曾.空难水上救助的道德困境与海上人命救助制度的完善[J].法学杂志,2017(6).
111. 袁曾.海上救助人命优位权制度的构建[J].社会科学,2016(4).
112. 曾令良.论欧共体法与成员国法的关系[J].法学论坛,2003(1).
113. 张晏瑲.和平时期的海洋军事利用与海战法的最新发展[J].东方法学,2014(4).
114. 张志刚.IMO批准《73/78防污公约》的1997议定书[J].交通环保,1998(2).
115. 张丽英,邵晨.近岸油污赔偿机制的国际新动向——以OPOL机制及其国际化为视角[J].中国海商法研究,2016(2).
116. 张艺严,韩佳霖.IMO与IOM秘书长表态就不安全海上移民采取行动[J].中国海事,2015(8).
117. 张敏,王新辉.南海海事安全国际合作的困境与出路[J].中国海商法研究,2016(1).
118. 张硕慧.特殊区域和特别敏感海域[J].交通环保,2000(4).
119. 张爽.国际海事组织海洋环境保护委员会第71届会议(MEPC 71)情况简报[J].世界海运,2017(12).
120. 张俊杰.极地航行安全之约[J].中国船检,2013(7).
121. 张丽珍.南极旅游的国际法规制[J].国海洋大学学报(社会科学版),2009(6).
122. 邹川.极地规则:保护极地环境保障船舶安全[J].船舶标准化工程师,2013(1).
123. 宗刚.世界海事中心伦敦[J].中国港口,2009(8).
124. 周超.《极地航行规则》正式生效 国际极地环境保护有规可依[N].中国海洋报,2017-01-13(A4).

125. 周驰.GBS:海事标准新基点[J].中国船检,2009(7).
126. 郑慧.国际海事条约基本制度研究——以四大支柱性国际海事条约为视角[D].大连:大连海事大学,2012.
127. 船舶能效设计指数 EEDI[J].船舶标准化工程师,2012(1).
128. [澳大利亚]斯蒂芬·卡斯尔斯.21世纪初的国际移民:全球性的趋势和问题[J].国际社会科学杂志,2001(3).
129. 国际海事组织秘书长在法律委员会第102届会议(LEG 102)开幕式上的讲话[J].国际海事公约研究,2015(3).
130. 2015年抵欧难民破百万[N].大河报,2015-12-24(A15).
131. 国际海事研究会综合履约分委会.国际海事组织海洋环境保护委员会(MEPC)第62次会议概要[J].综合履约,2011(3).
132. 巴黎备忘录和东京备忘录将联合开展港口国监督消防安全系统集中检查[J].海事快讯,2012(6).
133. 东京备忘录将启动新的检查机制[J].海事快讯,2013(3).
134. 极地规则:保护极地环境保障船舶安全[J].船舶标准化工程师,2013(1).
135. IMO成员国自愿审核机制简介[J].中国海事,2006(4).
136. STCW公约马尼拉修正案解读组.STCW公约马尼拉修正案解读[J].世界海运,2011(1).
137. 许民强.国际海事安全法律制度研究[D].大连:大连海事大学,2015.

三、外文文献

1. Arthru Alan Severance. The Duty to Render Assistance in the Satellite Age. Cal. W. Int'l L. J, Vol.36, No.1, 2006.
2. Asia N. Wright. Southern Exposure: Managing Sustainable Cruise Ship Tourism in Antarctica. 39 Cal. W. Int'l L. J. 43,

2008，70.

3. Agreement on Cooperation on Marine Oil Pollution, Preparedness and Response in the Arctic, Kiruna, Sweden, May 15, 2013, MM08_agreement_on_oil_pollution_preparedness_and_response_in_the_arctic_formatted.pdf.

4. Aaron D. Buzawa. Cruising with Terrorism: Jurisdictional Challenges to the Control of Terrorism in the Cruising Industry. Tulane Maritime Law Journal, Vol. 32（2007）. p.196.

5. Agreement on Cooperation on Aeronautical and Maritime Search and Rescue in the Arctic, Seventh Ministerial Meeting of the Arctic Council, Nuuk, Greenland, May 11-12, 2011.

6. BANG H, JANG D. Recent development in regional memorandums of understanding on port state control. Ocean Development and International Law, Vol.43, No.2, 2012, p.184.

7. Debra Doby. Whale Wars: How to End the Violence on the High Seas. J. Mar. L. & Com, Vol.44, No.1, 2013.

8. David A. Gantz, Regional Trade Agreement: Law, Policy and Practice, Durham: Carolina Academic Press, 2009, pp.42-48.

9. Debora Schweikart, Dire Straits. The International Marine Organization in the Bosporus and Dardanelles. U. Miami Y. B. Int'l L, Vol.5, 1996-1997.

10. Doherty S, Warren S, Grenfell T, et al., 2010. Light-absorbing impurities in Arctic snow. Atmos. Chem. Phys., 10(23), 11647-11680.

11. Ethan C. Stiles, Current International Law to Combat

Modern Sea Piracy, Transnational Law Review, 2004, p.311.
12. IMO, Ship's Routeing, 5th ed., IMO, London, 1984.
13. Felicity Attard. IMO's Contribution to International Law Regulating Maritime Security. J. Mar. L. Com, 2014, 45(10).
14. Grisby v. Coastal Marine Servo of Texas: Inc. 412 F., Vol.2, 1969, p.1021.
15. Jason Parent. No Duty to Save Lives, No Reward for Rescue: Is that Truly the Current State of International Salvage Law?. Annual Survey of International and Comparative Law, Vol.12, No.1, 2006, p.130.
16. John R. Crook. Contemporary Practice of the United States Relating to International Law. Am J. Int'l L, Vol. 100, No.1, 2006.
17. Jun Zhao. Non-Traditional Maritime Security and International Cooperation. Hong Kong L. J, Vol.45, 2015.
18. Joseph Kay. The Law Relating to Ship-masters Seamen: Their Appointment Duties Powers Rights 1894, Cambridge: Arkose Press, 2015, p.567.
19. Juan L. Pulido Begines. The EU Law on Clasification Societies: Scope and Liablity Issues. J. Mar. L. & Com, Vol. 36, No.10, 2005.
20. Lambros Seaplane Base v. Batory, 215F. 2d, Vol.2, 1954, p.228.
21. Martin J. Norris. "Marine Salvage for Fallen Aircraft?. New York University Law Review, Vol.30, 1955, p.1208.
22. The Peninsular v. Oriental Stern Navigation Co., 553 F. 2d., Vol.2, 2006, p.830.

23. The Amoco Cadiz, Lloyd's Law Report, Vol.2, 1984, p.304.
24. The Unique Mariner, Lloyd's Law Rep., Vol.2, 1979, p.37.
25. The Plymouth Rock: S.D.N.Y., Vol.9, 1881, p.418.
26. The Emblem: F. Cas. D. Me., Vol.8, 1840, p.641.
27. Ozcayr, Z. Oya. The use of port state control in maritime industry and application of the Paris MOU. Ocean and Coastal Law Journal, Vol.14, No.2, 2009.
28. Patrick T Maher, Margaret E Johnston. Risk and a changing environment for Antarctic tourism. Current Issues in Tourism, Vol.14, No.4, 2010, pp.387–399.
29. Paul Arthur Berkman, Lars Kullerud, Allen Pope, Alexander N. Vylegzhanin, Oran R. Young. The Arctic Science Agreement propels science diplomacy, Science 03 Nov. 2017, Vol.358, Issue 6363, pp.596–598.
30. Ross. A. Albert. Restitutionary Recovery for Rescuers of Human Life. California Law Review, Vol.74, No.1, 1986, p.85.
31. Rebecca Fantauzzi, Rascals, Scoundrels, Villains, Knaves. The Evolution of the Law of Piracy from Ancient to Present. Int'l Legal Info, Vol.36, No.4, 2011.
32. Ramanathan V, Carmichael G, 2008. Global and regional climate changes due to black carbon. Nature Geosci, 1(4), 221–227.
33. Sullivan v. General Helicopters, 564 F. Supp. 2d, Vol.2, 2008, p.496.
34. Steven F. Friedell. The Future of Maritime Law in the Federal Counts: A Faculty Colloquium: Salvage. Journal of

Maritime Law & Commerce, Vol.31, No.2, 2000, pp.311 - 316.
35. Steven Li. Antarctic Tourism: The Urgent Need for a New Comprehensive Regulatory Regime. New Zealand Journal of Environmental Law, Vol.17, 2013, p.322.
36. Seline Trevisanut. The Principle of Non-Refoulement and the De-Territorialization of Border Control at Sea. Leiden Journal of International Law, Vol.27, No.3, 2014, p.662.
37. Shane Pollin. Getting Bearings: A Practitioner's Guide to Researching Maritime Law on the Internet . Tul. Mar. L. J, Vol.22, No.4, 1997.
38. Thomas J. Schoenbaum, Jessica C. Langston. An All Hands Evolution: Port Security in the Wake of September 11th. Tul. L. Rev, 2003, 77(6).
39. Woodruff A. Polk. Welcome to the Hotel Antarctica: the EPA's Interim Rule on Environmental Impact Assessment of Tourism in Antarctica. 12 Emory Int'l L. Rev. 1395, 1400 - 01(1998).

后记与致谢

2013年9月和10月,习近平主席分别出访哈萨克斯坦和印度尼西亚,并分别提出了共建"丝绸之路经济带"和"21世纪海上丝绸之路"的倡议。2017年10月,习近平总书记在党的十九大报告中强调,要以"一带一路"建设为重点,遵循共商共建共享原则,加强创新能力开放合作,形成陆海内外联动、东西双向互济的开放格局;党的十九大审议并一致通过十八届中央委员会提出的《中国共产党章程(修正案)》,同意将坚持正确义利观,推动构建人类命运共同体,遵循共商共建共享原则,推进"一带一路"建设等内容写入党章。这充分体现了在中国共产党领导下,中国高度重视"一带一路"建设、坚定推进"一带一路"国际合作的决心和信心。"一带一路"倡议更获得国际社会的高度赞同。2016年11月17日,联合国第71届大会通过决议,欢迎"一带一路"等经济合作倡议,呼吁各国为"一带一带"提供安全保障环境。此倡议得到193个会员国的一致赞同，"一带一路"由此从一国倡议上升为联合国倡议。2017年3月17日，联合国安理会以15票赞成，一致通过第2344号决议，呼吁国际社会通过"一带一路"建设等加强区域合作，敦促各方为"一带一路"建设提供安全保障环境，共同构建人类命运共同体。

2015年4月，发展改革委、外交部和商务部联合发布的《推动共建丝绸之路经济带和21世纪海上丝绸之路的愿景与行动》，将"21世纪海上丝绸之路"框架思路界定为"将贸易从中国沿海港口过南海引向印度洋，并延伸至欧洲；要以重点港口为节点，共同建设通畅安全高效的运输大通道"。通畅安全高效的运输大通道内含着海事安全的诉求，这一诉求在全球法律治理构建进程必然离不开国际海事安全条约的保障与完善。这构成了本书开展相关研究的逻辑起点。

国际海事安全条约的创制主体众多，体系庞大，规范的技术性特征明显，故此，尽管笔者耗时3年的时间不断调整本书的撰写框架，力求脉络清晰、逻辑自洽、要点明确，并使研究成果契合"21世纪海上丝绸之路"提出的建设"通畅安全高效的运输大通道"的目标，但囿于笔者能力与水平有限，本书的遗漏、错误不可避免，敬请读者见谅和批评指正。

感谢中国海商法协会副会长许民强教授为本书撰序。感谢袁曾博士、陈敬明博士对本书相关文献的收集、整理和相关观点的共同探讨。

感谢上海大学出版社傅玉芳编审、王悦生编辑，其敬业精神和对工作的认真负责的态度，使本书的出版质量得到保证。

感谢上海文化发展基金会图书出版项目基金对本书的资助。

陈敬根
2018年4月于上海大学宝山校区泮池